依据教育部《大中小学国家安全教育指导纲要》编写

中小学
国家安全教育教程

主编　马瑞映
副主编　柯西钢　郭祥超

陕西师范大学出版总社

图书代号：JY20N2256

图书在版编目（CIP）数据

中小学国家安全教育教程 / 马瑞映主编. — 西安：陕西师范大学出版总社有限公司, 2020.11

ISBN 978-7-5695-1582-4

Ⅰ. ①中… Ⅱ. ①马… Ⅲ. ①国家安全—安全教育—中小学—教材 Ⅳ. ①G634.201

中国版本图书馆CIP数据核字(2020)第231799号

中小学国家安全教育教程
ZHONGXIAOXUE GUOJIA ANQUAN JIAOYU JIAOCHENG

马瑞映　主编

出 版 人	刘东风
出版统筹	杨　沁
责任编辑	关　婷　曹小荣　郭建刚
责任校对	张　甜　胡　彤
出版发行	陕西师范大学出版总社有限公司 （西安市长安南路199号 邮编710062）
网　　址	http://www.snupg.com
印　　刷	西安牵井印务有限公司
开　　本	787 mm × 1092 mm　1/16
印　　张	21
字　　数	260千
版　　次	2020年11月第1版
印　　次	2020年11月第1次印刷
书　　号	ISBN 978-7-5695-1582-4
定　　价	58.00元

读者购书、书店添货或发现印刷装订问题，请与本社营销部联系、调换。
电话：（029）85307864　85308170　传真：85303879

前 言

国家安全是安邦定国的重要基石,是和发展并重的需要办好的一件大事。维护国家安全是全国各族人民根本利益所在,是实现"两个一百年"奋斗目标、实现中华民族伟大复兴中国梦的重要前提。教育是国之大计、党之大计,在构筑国家安全牢固防线的过程中发挥着基础性和关键性作用。在中小学坚持以总体国家安全观为指导,进一步加强国家安全教育,是全面贯彻党的教育方针、坚持社会主义办学方向、落实立德树人根本任务的迫切要求,是全民国家安全教育的重要内容,可以有效增强和提升广大中小学师生国家安全意识和能力,推动在教育系统乃至全社会形成维护国家安全的强大合力,对经济社会更为安全发展、人民美好生活实现以及党和国家的事业兴旺发达、长治久安具有基础性和战略性意义。

为深入贯彻党的十九大精神和习近平总书记总体国家安全观,全面落实党中央关于加强大中小学国家安全教育有关文件精神和教育部《关于加强大中小学国家安全教育的实施意见》，落实《中华人民共和国国家安全法》"将国家安全教育纳入国民教育体系"的法定要求，建设适应加强中小学国家安全教育要求的高素质专业化创新型教师队伍和管理队伍，提升中小学教师和管理人员实施国家安全教育的意识和能力，辐射带动中小学生国家安全意识和维护国家安全能力的有效形成，开展专门针对中小学教师和管理人员的国家安全教育迫在眉睫。教材是前提和关键，这也成为我们编写本书的初衷之所在。

加强中小学国家安全教育，旨在补齐中小学国家安全教育的短板，推动国家安全教育覆盖中小学各学段，融入教育、教学、管理活动各层面，贯穿人才培养全过程，实现国家安全教育进学校、进课堂、进教材、进头脑，提高师生国家安全意识和维护国家安全的能力，强化责任担当，在中小学牢固构筑国家安全人民防线，培养德智体美劳全面发展的社会主义建设者和接班人，培养担当民族复兴大任的时代新人，真正做到为党育人、为国育才。

为了达到上述目标和期待，我们组织陕西师范大学等单位的相关专家共同编写了《中小学国家安全教育教程》，本书共分七个部分：第一部分中小学国家安全教育的重要意义。主要阐述中小学国家安全教育的现实意义、政治意义和育人意义。第二部分中小学国家安全教育的总体要求。主要阐述中小学国家安全教育的指导思想、遵循的基本原则以及坚持总体国家安全观的要求。第三部分中小学国家安全教育的目标任务。主要立足中小学生身心发展特点和国家社会要求阐述小学、初中和高中阶段国家安全教育的目标任务。第四部分中小学国家安全教育的主要内容。主要阐述各重点领域安全的重要性和基本内容、我国各重点领域安全面临的主要威胁与挑战、维护我国各重点领域安全的途径与方法。第五部分中小学国家安全教育的知识图谱。主要分阶段呈现小学、初中和高中各重点领域安全的重要性和基本内容、面临的主要威胁与挑战、维护的途径与方法。第六部分中小学国家安全教育的实现路径。主要阐述国家安全教育的专门课程和专题教育、融入各学科教育教学的国家安全教育、国家安全教育依托的校园文化和社会资源以及相关评价。第七部分中小学国家安全教育的机制保障。主要阐述中小学国家安全教育的法律法规政策保障、组织领导和督导检查、专业指导以及师资队伍建设等。

目前中小学国家安全教育在全国尚属起步阶段，本书编写团队所在的陕西师范大学作为组长单位牵头研制了国家《大中小学国家安全教育指导纲要》，向中央和地方有关单位报送多项有关国家安全及国家安全教育的咨询报告，组织编写抗击新冠肺炎疫情的多种心理健康教育手册和读本，在全国率先招收总体国家安全观专项计划博士，接受《光明日报》《陕西教育》记者专访,实现国家安全教育、心理防疫的舆论引导,受委托承担教育部全国国家安全教育培训方案研制任务,在国家安全教育的人才培养、科学研究、社会服务、资政建言、舆论引导方面积累了丰富成果和经验,为本书的编写奠定了良好基础。相信在全体编写人员的共同努力下,一定会向广大中小学教师和管理人员呈上一本高质量的中小学国家安全教育教材。

编者

2020年10月

目 录

第一章　中小学国家安全教育的重要意义……001

第一节　中小学国家安全教育的现实意义……003
一、国际形势和周边安全环境严峻复杂……003
二、国内安全面临多种风险挑战……007
三、国家安全教育纳入国民教育体系的政策和法律要求……010

第二节　中小学国家安全教育的政治意义……013
一、贯彻落实总体国家安全观，走中国特色国家安全道路……014
二、强化责任担当，在中小学筑牢国家安全防线……018
三、推动全社会形成维护国家安全的强大合力……021

第三节　中小学国家安全教育的育人意义……024
一、全面增强师生国家安全意识，自觉做国家安全的维护者……024
二、有效提升师生维护国家安全能力，切实维护国家安全……028
三、培养担当民族复兴大任的时代新人……031

第二章　中小学国家安全教育的总体要求……036

第一节　中小学国家安全教育的指导思想……038

一、以习近平新时代中国特色社会主义思想为指导 ……………038
二、贯彻党的教育方针………………………………………041
三、落实立德树人根本任务…………………………………044

第二节　中小学国家安全教育遵循的基本原则………………046
一、坚持正确方向……………………………………………047
二、坚持依法开展……………………………………………049
三、坚持统一规划……………………………………………052
四、坚持遵循规律……………………………………………054
五、坚持方式多样……………………………………………058

第三节　坚持总体国家安全观…………………………………060
一、国家安全的重要性………………………………………061
二、以人民安全为国家安全的基石…………………………069
三、总体国家安全观的五大要素和五对关系………………071

第三章　中小学国家安全教育的目标任务………………087

第一节　小学国家安全教育的目标任务………………………090
一、了解国家安全基本常识…………………………………090
二、启蒙国家安全意识………………………………………094
三、培养爱国主义情感………………………………………096

第二节　初中国家安全教育的目标任务………………………097
一、初步了解总体国家安全观………………………………098
二、掌握国家安全基础知识…………………………………100
三、增强国家安全意识和爱国主义情感……………………106

第三节　高中国家安全教育的目标任务……………………108
一、树立总体国家安全观……………………………………108
二、全面系统掌握国家安全基础知识………………………110
三、初步具备维护国家安全的能力…………………………115

第四章　中小学国家安全教育的主要内容………………………119
第一节　政治安全………………………………………………120
一、政治安全的重要性和基本内容…………………………121
二、我国政治安全面临的主要威胁与挑战…………………125
三、维护我国政治安全的途径与方法………………………129

第二节　经济安全………………………………………………134
一、经济安全的重要性和基本内容…………………………135
二、我国经济安全面临的主要威胁与挑战…………………138
三、维护我国经济安全的途径与方法………………………141

第三节　军事安全、科技安全、文化安全、社会安全…………146
一、军事安全、科技安全、文化安全、社会安全的重要性和基本内容……………………………………………147
二、我国军事安全、科技安全、文化安全、社会安全面临的主要威胁与挑战……………………………………151
三、维护我国军事安全、科技安全、文化安全、社会安全的途径与方法……………………………………………154

第四节　国土安全、生态安全、资源安全………………………157
一、国土安全、生态安全、资源安全的重要性和基本内容…158

二、我国国土安全、生态安全、资源安全面临的主要威胁与挑战……161

三、维护我国国土安全、生态安全、资源安全的途径与方法……163

第五节 网络安全、核安全、海外利益安全……166

一、网络安全、核安全、海外利益安全的重要性和基本内容……166

二、我国网络安全、核安全、海外利益安全面临的主要威胁与挑战……169

三、维护我国网络安全、核安全、海外利益安全的途径与方法……171

第六节 新型领域安全（太空安全、深海安全、极地安全、生物安全）……174

一、新型领域安全的重要性和基本内容……174

二、我国新型领域安全面临的主要威胁与挑战……177

三、维护我国新型领域安全的途径与方法……180

第五章 中小学国家安全教育的知识图谱……184

第一节 小学国家安全教育知识图谱……185

第二节 初中国家安全教育知识图谱……194

第三节 高中国家安全教育知识图谱……208

第六章　中小学国家安全教育的实现路径⋯⋯⋯⋯⋯⋯⋯220

第一节　专门课程和专题教育⋯⋯⋯⋯⋯⋯⋯⋯⋯⋯⋯223
一、地方课程⋯⋯⋯⋯⋯⋯⋯⋯⋯⋯⋯⋯⋯⋯⋯⋯224
二、校本课程⋯⋯⋯⋯⋯⋯⋯⋯⋯⋯⋯⋯⋯⋯⋯⋯226
三、讲座⋯⋯⋯⋯⋯⋯⋯⋯⋯⋯⋯⋯⋯⋯⋯⋯⋯228
四、参观调研⋯⋯⋯⋯⋯⋯⋯⋯⋯⋯⋯⋯⋯⋯⋯⋯229

第二节　融入各学科教育教学⋯⋯⋯⋯⋯⋯⋯⋯⋯⋯⋯231
一、课程要求⋯⋯⋯⋯⋯⋯⋯⋯⋯⋯⋯⋯⋯⋯⋯⋯232
二、课程内容⋯⋯⋯⋯⋯⋯⋯⋯⋯⋯⋯⋯⋯⋯⋯⋯232
三、课程实施⋯⋯⋯⋯⋯⋯⋯⋯⋯⋯⋯⋯⋯⋯⋯⋯234

第三节　校园文化和社会资源⋯⋯⋯⋯⋯⋯⋯⋯⋯⋯⋯239
一、依托平台组织活动⋯⋯⋯⋯⋯⋯⋯⋯⋯⋯⋯⋯240
二、发挥专业力量的作用⋯⋯⋯⋯⋯⋯⋯⋯⋯⋯⋯245
三、利用校外基地和设施⋯⋯⋯⋯⋯⋯⋯⋯⋯⋯⋯246

第四节　教育评价⋯⋯⋯⋯⋯⋯⋯⋯⋯⋯⋯⋯⋯⋯⋯⋯250
一、评价原则⋯⋯⋯⋯⋯⋯⋯⋯⋯⋯⋯⋯⋯⋯⋯⋯250
二、评价实施⋯⋯⋯⋯⋯⋯⋯⋯⋯⋯⋯⋯⋯⋯⋯⋯252

第七章　中小学国家安全教育的机制保障⋯⋯⋯⋯⋯⋯⋯257

第一节　中小学国家安全教育的法律法规政策保障⋯⋯⋯⋯258
一、《中华人民共和国国家安全法》⋯⋯⋯⋯⋯⋯⋯259
二、国家安全相关法律法规⋯⋯⋯⋯⋯⋯⋯⋯⋯⋯265

三、加强大中小学国家安全教育的有关文件……………………269
第二节　中小学国家安全教育的组织领导和督导检查…………271
　　一、坚持党对国家安全工作的绝对领导……………………272
　　二、建立健全国家安全教育组织机制………………………276
　　三、建立健全中小学国家安全教育督导检查机制…………279
第三节　中小学国家安全教育的专业指导………………………282
　　一、建立健全中小学国家安全教育咨询指导体系…………282
　　二、积极开展中小学国家安全教育学术研究研讨…………285
　　三、逐步完善中小学国家安全教育评估服务体系…………287
第四节　中小学国家安全教育的师资队伍建设…………………289
　　一、全员培训…………………………………………………289
　　二、专题专项培训……………………………………………292
　　三、专业骨干教师培养………………………………………295

参考文献………………………………………………………………301
附　　录………………………………………………………………308
后　　记………………………………………………………………322

第一章 中小学国家安全教育的重要意义

 **内容提示**

国家安全是安邦定国的重要基石,保证国家安全是坚持和发展中国特色社会主义的头等大事。我国改革发展面临的严峻风险挑战、将国家安全教育纳入国民教育体系的政策和法定要求迫切需要在中小学大力开展国家安全教育。加强中小学国家安全教育对于贯彻落实总体国家安全观,走中国特色国家安全道路,在中小学筑牢国家安全人民防线乃至在全社会形成维护国家安全的强大合力具有重要政治意义;对于提升师生的国家安全意识和能力,引导学生成长为能够担当民族复兴大任的时代新人具有现实的教育意义。

 **目标学习**

了解我国在新时代面临的严峻复杂的内外形势和前所未有的风险挑战,了解将国家安全教育纳入国民教育体系的政策和法定要求;理解加强中小学国家安全教育的重要政治意义和教育意义;掌

握在中小学筑牢国家安全防线的必要性和要求，掌握学校国家安全教育推动全社会形成维护国家安全强大合力的机制，掌握中小学国家安全教育对于提升师生的国家安全意识和能力、引导学生成长为时代新人的作用。

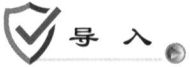 导 入

国家安全意味着什么？国家安全和我们的日常生活到底是相距遥远，还是息息相关？维护国家安全只是国家安全机关、公安机关、军队的职责，还是我们每个人的责任义务？我国对于国家安全教育特别是中小学国家安全教育有哪些具体要求？我们如何在中小学筑牢国家安全防线，推动在全社会形成维护国家安全的强大合力？中小学国家安全教育对于师生发展特别是学生成长具有什么重要意义？让我们带着这些问题，开始本章的学习和研究。

国家安全是指国家政权、主权、统一和领土完整、人民福祉、经济社会可持续发展和国家其他重大利益相对处于没有危险和不受内外威胁的状态，以及保障持续安全状态的能力。国家安全是人民幸福安康的基本要求，是安邦定国的重要基石。保证国家安全是我们党巩固执政地位、坚持和发展中国特色社会主义的头等大事。无论保障国家安全状态还是提升保障安全状态的能力，都迫切需要大力开展国家安全教育，中小学国家安全教育是全社会国家安全教育的重要内容和基本支撑，是事关国泰民安的战略性、基础性、长期性事业。

第一节　中小学国家安全教育的现实意义

在中华民族伟大复兴战略全局和世界百年未有之大变局中，我国发展仍然处于重要的战略机遇期，同时也面临着更加严峻复杂的内外环境，必须统筹发展和安全，增强忧患意识，做到居安思危，保证国家安全，善于在危机中育先机，于变局中开新局。在新时代，进一步全面加强国家安全体系和能力建设需要全社会各方面密切配合、共同努力，中小学国家安全教育是完善国家安全体系、加强国家安全能力建设、增强全民国家安全意识、推动全社会形成维护国家安全强大合力的迫切要求、重要部分和必要途径。

一、国际形势和周边安全环境严峻复杂

当今世界正处于大发展大变革大调整时期，和平与发展仍然是时代的主题。同时，国际形势复杂多变，全球动荡源和风险点增多，不稳定性不确定性明显增强，我国外部安全环境面临前所未有的风险挑战。

（一）波谲云诡的国际形势

当前世界多极化、经济全球化、文化多样化、社会信息化深入发展的同时，却也仍是在曲折中前行，给全世界带来了传统和非传统交织的多种威胁。当前世界大国关系加速分化，大国战略竞争加剧，各种争端与摩擦此起彼伏、相互交织。西方霸权主义、单边主义、保护主义等对国际形势产生全局性和战略性影响。世界强国为实现所谓"绝对安全"，以强大军事实力为支撑，对其他国家频繁

实施或威胁实施军事干涉；为实现经济利益最大化，逆全球化潮流而动，试图重塑国际经贸规则；打着"民主""人权"旗号，向发展中国家输出民主模式、推动"颜色革命"，企图颠覆对方政权。美国更是以"世界警察"自居，推行西方主导的价值体系，对于国际规则经常合则用、不合则弃，相继退出多个国际组织和多边协议，拒绝履行承诺过的义务。中东、非洲等地区冲突和局部战争持续不断，欧洲等面临着恐怖主义、有组织犯罪、毒品贸易、人口贩运等日益复杂的安全威胁；国际金融危机所带来的深层次影响仍然存在，全球经济复苏乏力和增长动能不足；侵害个人隐私、侵犯知识产权、网络犯罪、网络恐怖主义等成为全球公害；埃博拉病毒、新冠肺炎等重大传染性疾病所带来的公共卫生安全和生物安全问题威胁着人类的健康和生命；因干旱、蝗灾、疫情等影响粮食生产，进一步加剧了全球粮食市场的不稳定，威胁着全球的粮食安全；地震、海啸、洪水、山火、冰川融化等重大自然灾害频发，气候变化以及生态环境整体不容乐观，给人类敲响了警钟；欧洲难民危机所带来的社会动荡以及经济危机不断激增；核武器扩散风险、核事故等依然存在，尤其是国际恐怖主义威胁的加剧，潜在的核恐怖主义威胁着国际社会的安全；太空霸权论和军备竞赛论甚嚣尘上，太空军事化、不合理利用和竞争日益加剧，太空威胁和冲突苗头不断涌现；深海和极地作为未来战争的战略基点，成为各国明争暗斗的新焦点和新领域。

外部敌对势力一直试图对我国进行"西化"和"分化"，亡我之心、乱我之心不死。西方有些国家以"自由""民主"为幌子，利用台湾、香港、新疆、西藏等问题干涉我国内政，对民族宗教问题借机炒作，不断大肆宣扬"意识形态终结论"和"社会主义失败论"，企图达到"西化"和"分化"我国的图谋。他们还综合采用经济制裁、科技垄断、网络威胁、非军事化打击等手段对我国施压。正如习近平总书记所指出的：西方国家无论是从国际战略格局上，还是从意识形态上，都不希望看到我们这样一个社会主义大国顺利实现和平发展。我们越是发展壮大，他们就会越焦虑，就越要加大对我国实施"西化""分化"的力度。尤其是近几年来，美国对我国全方位遏制打压，其他少数西方国家也参与对我国的打压，少数周边邻国在领土和海洋权益等方面不断制造摩擦。美国对我国全方位遏制打压体现在人员往来、学术交流、人文交流、造谣抹黑、围堵打压中方高科技企业、关闭总领馆等方面，破坏中美之间的关系，煽动两国民意的对立，损害两国互信的根基。其他少数西方国家也对我国进行打压，在涉及我国核心利益的问题上频繁采取挑衅性举动，导致国际安全风险变数增大。特别是在全球遭受新冠肺炎疫情冲击之际，少数国家咄咄逼人，不断对我国发动贸易战、舆论战、技术战、网络战，严重威胁我国主权、安全和发展利益。面对外部势力的各种干扰，习近平总书记提出：必须高度警惕国家被侵略、被颠覆、被分裂的危险，改革发展稳定大局被破坏的危险，中国特色社会主义进程被打断的危险。

（二）复杂敏感的周边环境

中国周边国家众多，其中有些国家与我国有领土及海洋权益纠纷，影响我国国土、军事等多个领域的安全。中印边界问题是历史遗留问题，长期未能得到解决；中日关系虽然有所缓和，但是日本在钓鱼岛、东海大陆架划界等问题上与我国争议不断；部分东盟国家在南海问题上不断掀起风波。

周边部分地区复杂形势对我国安全造成不利影响。朝鲜半岛局势一向高度敏感复杂，战略博弈呈现的新态势加剧了复杂态势；中亚地区由于宗教极端势力和西方势力的介入，其安全形势复杂多变；印度和巴基斯坦的争端不断，两国在军事、政治、外交、地缘战略等方面摩擦不断，博弈加剧，使该地区的局势呈现更多的不确定性；缅甸由于宗教、经济、民族、地理特征和社会环境等方面的原因，国内形势错综复杂。

域外大国的影响，使各种威胁呈现叠加之势。随着世界经济和战略重心向亚太地区的转移，美国持续推进亚太"再平衡"战略，强化其地区军事存在和军事同盟体系。某些域外国家也极力插手南海事务，个别国家对华保持高频度海空抵近侦察，热炒南海"航行自由"，海上方向维权斗争将长期存在。美国在南海周边加强军事干预、举行联合军演、强化军事存在、加快南海军事部署、挑拨中国与周边国家的关系，加剧了南海的复杂形势，对我国构成了直接或间接、现实或潜在的挑战和威胁，增大了我国维护国家主权的难度。

总之，国际形势和周边环境局势不稳定不确定因素复杂多变，各因素联动叠加，对在更高层次上推动共建"一带一路"、构建新型国际关系和人类命运共同体、走近世界舞台中央、参与引领全球治理体系改革、打造更加完善的全球伙伴关系网络带来具有新的特点的多方面的重大挑战。

严峻复杂的国际形势和周边安全环境要求我们做好应对外部环境长期复杂变化的准备。正如习近平总书记指出的：我们要坚持底线思维，做好较长时间应对外部环境变化的思想准备和工作准备。中小学国家安全教育着眼于对学生进行长期、系统、规范的国家安全教育，使学生在国家安全理论知识储备、忧患意识和底线思维、防范化解国家安全风险能力方面都能够准备充分，更好应对外部长期复杂变化。因此，中小学国家安全教育对于应对我国复杂多变的国家安全外部形势非常必要。

二、国内安全面临多种风险挑战

当前我国即将全面建成小康社会、实现第一个百年奋斗目标，在此基础上，我们将开启全面建设社会主义现代化国家新征程，向第二个百年奋斗目标进军。我国已进入高质量发展阶段，发展前景十分光明，同时改革发展稳定任务艰巨繁重，发展不平衡不充分问题仍然突出，面临的风险挑战也十分严峻。在当前和今后一个时期，各种可以预见和难以预见的风险因素明显增多，各种风险挑战不断积累甚至集中显露，面临的重大斗争不会少。外部敌对势力针对我国进行的渗透颠覆破坏活动从来没有停止过，严重威胁我国的政权安全、制度安全和意识形态安全；受境外势力渗透颠覆活动、境内宗教极端活动的影响，我国仍然面临着暴力恐怖活动、民族分裂活动、宗教极端活动的威胁，反恐怖、反分裂、反极端斗争任务依然艰巨；泥石流、台风、洪水、森林火灾、地震等各种重大自然灾害频繁发生，土地沙化、水资源短缺、能源短缺、环境污染等所带来的生态安全、资源安全问题不断升级，不仅威胁着人民的安全，也给我国经济社会发展造成很大的损失；随着人工智能、云计算、区块链、大数据等新一代信息技术的发展和突破，在经济金融快速发展过程中，金融领域风险持续暴露，网络诈骗、网络暴力、网络谣言、信息泄露所带来的网络安全问题不断凸显；人口增加、饮食结构改善和工业用粮的快速增加使我国粮食需求呈现刚性增长，加上优质耕地减少、浪费粮食现象严重等，造成粮食安全问题突出；新冠肺炎疫情等重大传染性疾病等所引发的公共卫生安全和生物安全问题给我国带来了很多全新的挑战和巨大冲击；"港独""台独""东突""藏独"的分裂图谋和活动对国家安全造成了巨大危害；和平开发和利用太空、深海、极地等的努力也面临着多方面威胁和挑战。

当前我国国家安全内涵和外延比历史上任何时候都要丰富，时空领域比历史上任何时候都要宽广，内外因素比历史上任何时候都要复杂，维护国家安全和社会稳定的任务十分艰巨。2019年9月3日，习近平在中央党校（国家行政学院）中青年干部培训班开班式上发表重要讲话强调：在前进道路上我们面临的风险考验只会越来越复杂，甚至会遇到难以想象的惊涛骇浪。我们面临的各种斗争不是短期的而是长期的，至少要伴随我们实现第二个百年奋斗目标全过程。必须增强"四个意识"，坚定"四个自信"，做到"两个维护"，坚定斗争意志，当严峻形势和斗争任务摆在面前时，骨头要硬，敢于出击，敢战能胜。凡是危害中国共产党领导和我国社会主义制度的各种风险挑战，凡是危害我国主权、安全、发展利益的各种风险挑战，凡是危害我国核心利益和重大原则的各种风险挑战，凡是危害我国人民根本利益的各种风险挑战，凡是危害我国实现"两个一百年"奋斗目标、实现中华民族伟大复兴的各种风险挑战，只要来了，我们就必须进行坚决斗争，而且必须取得斗争胜利。

必须统筹发展和安全，在危机中育先机，于变局中开新局。发展和安全是一体之两翼、驱动之双轮。发展是安全的基础和目的，安全是发展的条件和保障。发展是党执政兴国的第一要务。没有经济社会的快速发展，要确保国家长治久安、保证社会安定和谐、实现人民安居乐业，都是不可能的。对于一个国家来说，保证安全是头等大事。统筹发展和安全有着复杂的、多层次的战略考量，既要面对历史遗留问题、解决现实的突出问题，又要努力构建未来的秩序。要坚持自己的发展道路而不受干涉，就必须居安思危，以发展成就来捍卫道路安全，来反证"历史的终结"并非西方声称的唯一模式，进而为各个国家选择符合自己的发展道路、推动全球安全与治理提供可资借鉴参考的中国方案与中国智慧。习近平总书记在看望参加全国政协十三届三次会议的经济界委员时提出：在危机中育新机，于变局中开新局。危机、风险、挑战、磨难等，都是客观存在或客观可能，必须实事求是看待，辩证主动转化。有困难、有风险、有危机、有曲折并不可怕，关键在于要勇于面对，善于克服和战胜它们。所谓机遇，从来都是由成功应对一系列危机、成功实现危机转化而来的。因此，危和机同生并存，克服了危即是机，失去了机即是危。比如，新冠肺炎疫情毫无疑问是一次危机，但只要科学运用总体国家安全观，科学防治，精准施策，就能化危为机。中小学国家安全教育能够让学生清醒地认识到国家发展并不是一帆风顺、风平浪静的，各个领域在发展过程中都时时刻刻充满机遇和挑战，危与机并存。只有学生认识到我们国家安全所面临的危机，才能激发学生维护国家安全的责任心，才能提高学生维护国家安全的意识，学生才能在平时的学习和生活中自觉维护国家安全。所以，中小学国家安全教育非常必要，势在必行。

三、国家安全教育纳入国民教育体系的政策和法律要求

党的十八大以来，党中央和习近平总书记反复强调要在全党全社会加强国家安全教育。2014年4月25日，在十八届中共中央政治局第十四次集体学习时的讲话中，习近平提出：各地区各部门要各司其职、各负其责，密切配合、通力合作，勇于负责、敢于担当，形成维护国家安全和社会安定的强大合力；要加强对人民群众的国家安全教育，提高全民国家安全意识。2016年4月14日，习近平在首个全民国家安全教育日到来之际作出指示，要以设立全民国家安全教育日为契机，以总体国家安全观为指导，全面实施国家安全法，深入开展国家安全宣传教育，切实增强全民国家安全意识。要坚持国家安全一切为了人民，一切依靠人民，动员全党全社会共同努力，汇聚起维护国家安全的强大力量，夯实国家安全的社会基础，防范化解各类安全风险，不断提高人民群众的安全感、幸福感。设立国家安全教育日说明国家安全教育是非常必要的，进一步将其纳入国民教育体系也是必然要求。2017年10月18日，习近平在党的十九大报告中强调加强国家安全教育，增强全党全国人民国家安全意识，推动全社会形成维护国家安全的强大合力。2019年10月，党的十九届四中全会指出：以人民安全为宗旨，以政治安全为根本，以经济

安全为基础，以军事、科技、文化、社会安全为保障，健全国家安全体系，增强国家安全能力。2020年6月2日，习近平在专家学者座谈会上强调：人民安全是国家安全的基石。要强化底线思维，增强忧患意识，时刻防范卫生健康领域重大风险。国家安全教育体现在各个领域、各个方面，要求全社会各行各业的人民形成维护国家安全的合力，共同为维护国家安全贡献自己的力量。

2015年通过并实施的《中华人民共和国国家安全法》是以习近平同志为总书记的党中央积极推进国家安全工作理论和实践创新，是一部具有综合性、全局性、基础性的重要法律，在国家安全法律制度体系中起统领作用。该法第九条规定：维护国家安全，应当坚持预防为主、标本兼治，专门工作与群众路线相结合，充分发挥专门机关和其他有关机关维护国家安全的职能作用，广泛动员公民和组织，防范、制止和依法惩治危害国家安全的行为。预防为主、标本兼治、广泛动员公民就需要从小培养公民国家安全意识，这需要依靠国民教育来实现。该法第十一条规定：中华人民共和国公民、一切国家机关和武装力量、各政党和各人民团体、企业事业组织和其他社会组织，都有维护国家安全的责任和义务。教育部门需要引导公民担负起维护国家安全的责任和义务。该法第十五条规定：国家防范、制止和依法惩治任何叛国、分裂国家、煽动叛乱、颠覆或者煽动颠覆人民民主专政政权的行为；防范、制止和依法惩治窃取、泄露国家秘密等危害国家安全的行为；防范、制止和依法惩治境外势力的渗透、破坏、颠覆、分裂活动。近年来大学生泄露国家秘密、危害国家安全的行为时有发生，而他们之中的大部分人甚至没有意识到其行为危害了国家安全,有必要从小对学生进行国家安全教育,从小培养其维护国家安全的意识和能力。该法第二十三条规定:国家坚持社会主义先进文化前进方向,继承和弘扬中华民族优秀传统文化,培育和践行社会主义核心价值观,防范和抵制不良文化的影响,掌握意识形态领域主导权,增强文化整体实力和竞争力。教育是实现文化传承、培育社会主义核心价值观、增强文化软实力的主要手段。该法第七十六条规定:国家加强国家安全新闻宣传和舆论引导,通过多种形式开展国家安全宣传教育活动,将国家安全教育纳入国民教育体系和公务员教育培训体系,增强全民国家安全意识。这进一步夯实了将国家安全教育纳入国民教育体系的法律依据。

为深入贯彻党的十九大精神和习近平总书记总体国家安全观,落实党中央关于加强大中小学国家安全教育有关文件精神和"将国家安全教育纳入国民教育体系"的法定要求,教育部于2018年4月印发了《关于加强大中小学国家安全教育的实施意见》,要求各地学校结合教育系统实际,做好大中小学国家安全教育相关工作,使广大学生牢固树立总体国家安全观,增强国家安全意识。该实施意见指出,加强大中小学国家安全教育至关重要,使广大学生牢固树立国家安全意识,是立德树人的重要任务,是全民国家安全教育的重要内容,是党和国家的一项基础性、长期性、战略性工程,事关人民安居乐业,事关党和国家兴旺发达、长治久安。这就明确了加强学生国家安全意识教育的重要性与战略性。加强大中小学国家安全教育的目标是构建中国特色国家安全教育体系,把国家安全教育覆盖国民教育各学段，融入教育教学活动各层面，贯穿人才培养全过程，实现国家安全教育进学校、进教材、进头脑，提升学生国家安全意识，提高维护国家安全能力，强化责任担当，筑牢国家安全防线，培养德智体美全面发展的社会主义建设者和接班人，培养担当民族复兴大任的时代新人。在具体落实方面，该实施意见要求，各地各校要加强组织领导，认真落实学生国家安全教育各项任务要求，定期研究国家安全教育工作，形成党委和政府领导、教育行政部门主导、其他部门协作、学校组织实施的工作格局。要强化业务指导，开展国家安全教育教学的研究、咨询、指导、评估、服务等工作，组织开展高校国家安全教育教材和中小学教材修订审查，进一步发挥示范引领作用。要开展教育督导，将国家安全教育开展情况纳入年度督导计划，将督导评价结果纳入年度考核指标体系，定期开展专项督导。要确保经费投入，充分利用各种经费渠道，积极吸纳符合条件的社会力量参与国家安全教育资源建设。总之，该实施意见从各个方面对国家安全教育纳入国民教育体系进行了详细规定。

第二节　中小学国家安全教育的政治意义

教育是维护国家安全的柔性力量，也是维护国家安全不妥协的坚韧力量。全面加强中小学国家安全教育对于在新时代进一步全面加强国家安全体系和能力建设具有重大的政治意义。

一、贯彻落实总体国家安全观，走中国特色国家安全道路

2014年4月15日，习近平在中央国家安全委员会第一次会议上发表重要讲话，首次提出总体国家安全观：增强忧患意识，做到居安思危，是我们治党治国必须始终坚持的一个重大原则。我们党要巩固执政地位，要团结带领人民坚持和发展中国特色社会主义，保证国家安全是头等大事。当前我国国家安全内涵和外延比历史上任何时候都要丰富，时空领域比历史上任何时候都要宽广，内外因素比历史上任何时候都要复杂，必须坚持总体国家安全观，以人民安全为宗旨，以政治安全为根本，以经济安全为基础，以军事、文化、社会安全为保障，以促进国际安全为依托，走出一条中国特色国家安全道路。党的十九大报告指出：国家安全是安邦定国的重要基石，维护国家安全是全国各族人民根本利益所在。要完善国家安全战略和国家安全政策，坚决维护国家政治安全，统筹推进各项安全工作。健全国家安全体系，加强国家安全法治保障，提高防范和抵御安全风险能力。严密防范和坚决打击各种渗透颠覆破坏活动、暴力恐怖活动、民族分裂活动、宗教极端活动。2018年4月17日，习近平在十九届中央国家安全委员会第一次会议上发表重要讲话：前进的道路不可能一帆风顺，越是前景光明，越是要增强忧患意识，做到居安思危，全面认识和有力应对一些重大风险挑战。要聚焦重点，抓纲带目，着力防范各类风险挑战内外联动、累积叠加，不断提高国家安全能力。国家安全教育有利于防患于未然。2019年1月21日，习近平在省部级主要领导干部坚持底线思维着力防范化解重大风险专题研讨班开班式上强调，面对波谲云诡的国际形势、复杂敏

感的周边环境、艰巨繁重的改革发展稳定任务，我们必须始终保持高度警惕，既要高度警惕"黑天鹅"事件，也要防范"灰犀牛"事件；既要有防范风险的先手，也要有应对和化解风险挑战的高招；既要打好防范和抵御风险的有准备之战，也要打好化险为夷、转危为机的战略主动战。2020年2月14日，习近平在中央全面深化改革委员会第十二次会议中强调：要从保护人民健康、保障国家安全、维护国家长治久安的高度，把生物安全纳入国家安全体系，系统规划国家生物安全风险防控和治理体系建设，全面提高国家生物安全治理能力。总之，总体国家安全观所涵盖的领域越来越多，内容越来越丰富。坚持总体国家安全观，是习近平新时代中国特色社会主义思想的重要内容。坚持总体国家安全观在党的十九大报告中被确立为新时代坚持和发展中国特色社会主义的十四条基本方略之一，并写入修改后的《中国共产党章程》。全面坚持总体国家安全观，对于我们走中国特色国家安全道路具有重要的现实意义。

总体国家安全观对国家安全内涵和外延的概括，可以归结为五大要素和五对关系。五大要素，就是以人民安全为宗旨，以政治安全为根本，以经济安全为基础，以军事、科技、文化、社会安全为保障，以促进国际安全为依托。五对关系，就是外部安全和内部安全彼此联系，互相影响；国土安全和国民安全有机统一；传统安全威胁和非传统安全威胁相互影响，并在一定条件下可能相互转化；发展和安全是一体之两面；自身安全和共同安全密不可分。这五对关系，准确反映了辩证、全面、系统的国家安全理念，是对传统安全理念的超越。根据总体国家安全观，国家安全体系涉及十二个重点领域和四个新型领域安全，分别是政治安全、国土安全、军事安全、经济安全、文化安全、社会安全、科技安全、网络安全、生态安全、资源安全、核安全、海外利益安全、新型领域（太空、深海、极地、生物）安全。

习近平在十九届中央国家安全委员会第一次会议上指出：坚持人民安全、政治安全、国家利益至上的有机统一。人民安全是国家安全的宗旨，政治安全是国家安全的根本，国家利益至上是国家安全的准则。2020年6月，习近平在专家学者座谈会上指出：人民安全是国家安全的基石。民惟邦本，本固邦宁。安全是人民的基本需要，没有人民安全，就没有人民幸福；人民安全是国家安全的深层因素，没有人民安全，也难有国家安全。新冠肺炎疫情是一次公共卫生安全危机，对人民生命安全和身体健康造成严重威胁，在很多方面涉及国家安全。打赢疫情防控阻击战，就是保障人民安全、维护国家安全的伟大斗争。习近平总书记深刻总结抗击疫情的宝贵经验，明确提出"人民安全是国家安全的基石"这一重要论断。这既是为构建强大的公共卫生体系提供理论支撑，更是为坚持总体国家安全观确立根本准则。政治安全攸关我们党和国家安危，其核心是政权安全和制度安全。维护政治安全的主要任务包括：坚持中国共产党的领导，维护中国特色社会主义制度，坚持马克思主义的指导地位，发展社会主义民主政治，健全社会主义法治，强化权力运行制约和监督机制，保障人民当家作主的各项权利。政治安全是国家安全的根本，经济、社会、网络、军事等领域安全的维系，最终都需要以政治安全为前提条件；其他领域的安全问题，也会反作用于政治安全。只有从维护政治安全的高度来谋划和推进其他各个领域的安全，才能更好地保障国家利益，实现党的长期执政和国家长治久安。当前，我国处于全面深化改革的关键时期，既需要有改的勇气和闯的劲头，又要有战略定力和底线思维，守住政治安全的防线，决不能在根本性问题上出现颠覆性错误。只有在我国的国家政权、意识形态和党的执政地位等不受干扰和威胁的情况下，中国特色社会主义事业才能够健康长久发展。国家利益是国际关系中作用最持久、影响力最大的因素，关系到民族生存、国家兴亡，反映了绝大多数人民的共同需求。作为社会主义国家，我们的国家利益就是全体人民的根本利益，维护国家利益就是维护人民的根本利益。国家安全的根本使命就是捍卫国家利益。随着我国与世界联系的不断深入，国家利益逐渐超越传统的领土范围，向周边乃至全球拓展，向网络空间、极地、国际海底、外层空间等领域拓展，国家利益拓展到哪里，国家安全边界就到哪里。

国家安全是人民幸福安康的基本要求，是安邦定国的重要基石。党的十九大报告明确指出，我国社会的主要矛盾由人民日益增长的物质文化需要同落后的社会生产之间的矛盾转化为人民日益增长的美好生活需要和不平衡不充分的发展之间的矛盾，其中美好生活需要包括安全的需要，就是增强人民群众的获得感、幸福感、安全感，让人民群众有更多、更直接、更实在的获得感、幸福感、安全感。我们党始终不渝坚持带领人民创造美好生活，不断提高人民群众获得感、幸福感和安全感就必须把人民对美好生活的向往落实到实现好、维护好、发展好最广大人民根本利益上。中国共产党的追求就是让老百姓生活得越来越好，党的一切工作就是要为老百姓排忧解难谋幸福。正如习近平总书记所说，人民对美好生活的向往就是我们的奋斗目标。实现奋斗目标，需要补短板、锻长板，形成有效的社会治理和良好的社会秩序，使人民获得感、幸福感、安全感更加充实、更有保障、更可持续。总体国家安全观就是回应人民对国家安全的新期待，顺应了世界发展变化的新趋势。

通过中小学国家安全教育，能够推动中小学师生在学思践悟中学懂弄通做实习近平总书记的总体国家安全观，进而在学校乃至全社会更好贯彻落实总体国家安全观，促使全体人民坚定走中国特色国家安全道路的信心、决心和意志。

二、强化责任担当，在中小学筑牢国家安全防线

在强化中小学国家安全责任、筑牢国家安全防线上，我们要立足于防，在积极防范的基础上有效应对和化解与国家安全相关的重大风险。既要警惕"黑天鹅"事件，也要防范"灰犀牛"事件。在过去看来难以预测的"黑天鹅"事件已经部分转化为"灰犀牛"事件，但是"灰犀牛"庞大的风险体量依然会经常战胜人们有限的认知、麻痹大意的心理，从而带来巨大的损害。以防控风险为主线，既要防控特定领域主要安全风险，又要防范不同领域安全风险叠加共振；既要有防范风险的先手，也要有应对和化解风险挑战的高招；既要打好防范和抵御风险的有准备之战，也要打好化险为夷、转危为机的战略主动战。这样，即便出现了重大风险，也能扛得住、过得去。因而坚持底线思维，立足于防又能有效处置，是统筹应对国家安全风险的基本要求。

在当前国家安全形势出现诸多新特点的背景下，在中小学加强国家安全人民防线建设势在必行。"天下虽安，忘战必危。"国家安全是一个国家生存和发展的基石，事关国家的生死存亡，每一个人都肩负维护国家安全的责任和义务。当前，我国正处于社会转型期，社会矛盾逐渐凸显，可预见以及不可预见的风险不断增加，国内外安全因素错综复杂，面临着对外维护国家主权和发展利益，对内维护政治安全和社会稳定的双重压力。各种安全问题的相互交织，给总体国家安全带来了严峻的挑战。在这种复杂的背景下，西方意识形态和社会政治文化思潮对于校园的渗透日益加剧，经由学校这样一个平台深刻影响着国家和社会的和谐与稳定。中小学生作为未来社会主义现代化建设的主力军和国家安全的捍卫者，是国家的未来和希望，增强中小学生国家安全意识教育是我们的当务之急。

中小学国家安全教育通过传播一定社会的政治意识形态，提高年轻一代维护国家安全的意识，完成年轻一代的政治社会化。我国学生长期生活在和平稳定的社会环境中，对国家安全所面临的挑战和风险缺乏切身体会，很难充分理解国家安全形势的复杂局势，很难意识到维护国家安全的重大责任。每一个教育工作者都有责任和义务来帮助学生增强国家安全意识，提高他们关注国家安全问题的自觉性，唤醒他们的忧患意识，激发他们维护国家安全的责任心，帮助他们树立总体国家安全观。这是我国的迫切需求，也是时代的召唤。维护国家安全不仅要增强国家安全意识，还需要切实提高维护国家安全的能力。中小学通过国家安全教育可以普遍提高学生维护国家安全的能力，在中小学筑牢国家安全人民防线。中小学筑牢国家安全防线、维护国家安全意识和维护国家安全能力缺一不可。国家安全既包括国家安全的状态，也包括保障国家持续安全状态的能力。国家安全能力建设就是通过增强全民保障国家持续安全的能力，确保国家始终处于安全的状态。国家安全教育是国家安全能力建设的重要组成部分。

中小学国家安全教育是增强中小学生国家认同、政治认同的重要环节。加强中小学生国家安全教育，首先在于引导中小学生树立"国家安全、荣誉和利益高于一切"的价值观，其次是在思想上高度认同党的领导和中国特色社会主义制度，最后落实到行动上自觉维护国家安全。国家认同、政治认同是中小学生核心素养的重要内容。培育中小学生的政治认同、国家认同是中小学国家安全教育的根本任务，也是判断国家安全教育有效性的标准。同时，中小学生的国家认同、政治认同也是国家统一、社会稳定、民族团结的重要保障，是社会主义意识形态建设的核心目标之一。巩固和提升国家认同、政治认同关涉党和国家的最高利益，关涉中国特色社会主义事业的成功。因此，对青少年进行历史教育、国情教育、世情教育，帮助他们树立正确的历史观、国家观、安全观，培育和增进他们对国家的归属感、责任感、使命感，有效提升他们的国家认同、政治认同，是有计划、有步骤地推进青少年国家安全教育的重要环节。总之，教师和学生是任何一个时代国家安全稳定和变革的中坚力量，加强中小学国家安全教育有利于国家的安全稳定，有利于国家的长治久安，有利于我国的社会主义现代化建设。

三、推动全社会形成维护国家安全的强大合力

国家安全是国家生存发展最基本、最重要的前提,关系着国家稳定、社会发展和民生大计,涉及国家和每个公民的根本利益,不仅是国家的事情,而且也与每个公民息息相关。维护国家安全是全国各族人民根本利益所在,每个人都必须意识到,维护国家安全不仅仅是国家的责任,也是每个公民的义务。每个人都要坚决维护国家主权、安全、发展利益,在全社会形成维护国家安全的强大合力。党的十九大报告提出:加强国家安全教育,增强全党全国人民国家安全意识,推动全社会形成维护国家安全的强大合力。需要通过常态化的安全教育与熏陶培养,让国家安全意识真正能够深入每个人的内心,成为社会公众的自觉行为。作为社会的一员,我们需要时刻牢记维护国家安全是全社会共同的责任,增强国家安全意识和法治观念,增强维护国家安全和利益的责任感、使命感,自觉维护国家安全和利益,维护社会稳定,为实现中国梦、为建设社会主义现代化强国创造良好的政治环境和社会环境。只有当每个公民都将维护国家安全看作自觉行为,愿意为维护国家安全贡献自己的力量,国家安全利益才能得到更持久和更可靠的保障。习近平总书记指出:既重视国土安全,又重视国民安全,坚持以民为本、以人为本,坚持国家安全一切为了人民、一切依靠人民,真正夯实国家安全的群众基础。这强调了人民群众在维护国家安全中的主体性地位,国家安全依靠人民则是继承和发扬了中国共产党群众路线的传统,体现了"从群众中来到群众中去"的国家安全工作方针,真正夯实了国家安全的群众基础。由此,总体国家安全观把中国共产党

全心全意为人民服务的宗旨和人民至上的理念,全面贯彻到了国家安全领域,因而是一项重要的国家安全民心设计和民心工程。国家安全需要人人参与,维护国家安全人人都是主角。《中华人民共和国国家安全法》明确规定中华人民共和国公民、一切国家机关和武装力量、各政党和各人民团体,企业事业组织和其他社会组织,都有维护国家安全的责任和义务,并明确了公民和组织应当履行的维护国家安全的义务。要建立健全维护国家安全工作责任制,落实责任,强化措施,确保各地区各领域切实维护国家安全。此外,每个公民都应该积极支持和协助国家安全专门机关的相关工作,如实提供情况和证据,做到不拒绝、不推辞、更不以暴力威胁等形式妨碍国家公务。

学校国家安全教育通过多种途径推动全社会形成维护国家安全的强大合力。首先,学校国家安全教育有利于学生对历史的铭记,帮助每个公民意识到国家安全曾经遭受的严重威胁。历史是最好的教科书、最好的清醒剂。国家安全教育使得每个公民牢记近代中国被侵略被剥削、中国人民被残杀被奴役的惨痛教训,认清近代中国民族危机的根源,激发每个公民维护国家安全的决心,树立为中华民族伟大复兴而奋斗的远大理想。其次,学校国家安全教育提供多种平台传播国家安全知识,促进全民国家安全意识的不断提升。通过教育、培训平台等进行系统的全民国家安全教育,借助现代先进的信息技术,将国家安全面临的挑战以新闻报道、纪录片、微电影等形式展示出来,让公民直观体验国家安全问题,比如我国面临的国土争端、军事威胁、经济纠纷、意识形态侵袭、资源短缺、环境污染、核威胁以及太空、深海、极地、生物等新型领域挑战等，从而塑造全民国家安全的共同观念，形成国家安全教育共同体，推动国家安全知识和技能的传播。再次，学校国家安全教育动员能够凝聚起全社会维护国家安全的力量。通过国家安全观教育、主权意识教育、爱国主义教育、法律意识教育、公民国家责任教育等，帮助公民牢固树立起维护国家利益和安全的民族认同，将国家安全教育纳入国民教育体系和公务员教育培训体系，扩大国家安全教育的社会影响力和覆盖面，积极应对信息化社会的挑战，培育公民信息安全意识和能力，增强全社会维护国家安全的意识和能力。人民群众是国家安全的智慧来源和力量保证，加强全民国家安全教育意识，形成全体人民自觉主动维护国家安全的有利局面，为实现中华民族伟大复兴的中国梦提供坚实保障。最后，学校国家安全教育提升每个公民维护国家安全的防范、化解能力。党的十九届四中全会指出：加强国家安全人民防线建设，增强全民国家安全意识，建立健全国家安全风险研判、防控协同、防范化解机制。全国各族人民要团结起来，筑起一道维护国家统一、民族团结和社会稳定的铜墙铁壁，坚决打好国家安全工作的整体仗，坚决打赢这场人民战争，坚决维护法律权威和社会和谐安定，掌握推进依法治国、维护社会和谐安定的国家安全工作主动权。国家安全涉及社会生活的各个方面，所以要树立公民的国家安全意识。比如，公民在上网、与境外人员沟通以及面对敏感问题时，一定要提高法治意识，强化国家安全观念，提高警惕意识，坚守底线，以防被外国情报人员蛊惑而危害国家安全。随着社会的发展，国家间的较量更多是依赖现代信息技术，计算机和手机等泄密事件频发。面对这种局势，我们国家要自上而下建立互联网风险防控机制，建立健全相关法律法规；同时，要自下而上普及法律法规，加强保密知识技能学习等。

第三节 中小学国家安全教育的育人意义

中小学国家安全教育主要指向学生的国家安全意识和能力提升，全面加强中小学国家安全教育对于培养德智体美劳全面发展的社会主义建设者和接班人、培养担当民族复兴大任的时代新人具有重大的现实意义。

一、全面增强师生国家安全意识，自觉做国家安全的维护者

在改革开放的和平环境中成长起来的青年人，往往对于国内外安全领域面临的复杂形势缺乏真切的体会和感受，国家安全意识比较薄弱，对于国家安全的急切性缺乏必要的了解，很难充分意识到国家安全面临的严峻形势，缺少必要的忧患意识，对于危害国家安全的行为缺乏敏锐辨别能力。很多人甚至认为维护国家安全只是国家安全部等特定部门的事情，与个人没有太大关系，这种观念对于维护国家利益是不可取的，这种意识对于保障国家安全是不利的。在这种意识下，在利益诱导的情况下做出危害国家安全的行为的例子并不少见。古语曰："生于忧患，死于安乐。"历史证明，一个国家安全意识缺乏的民族，只会被动挨打。全体人民必须认清国家安全形势，增强忧患意识，树立国家安全意识和观念。安而不忘危，存而不忘亡，治而不忘乱。国家安全与每一个公民息息相关，

每个人都应该自觉主动提高维护国家安全的意识，防患于未然，积极防范风险挑战，为国家安全尽自己力所能及的一份力量。此外，要充分利用各种形式的新闻媒体大力宣传国家安全知识，普及国家安全法律法规，营造良好的宣传教育氛围。

在中小学，广大教师对国家安全知识的系统学习还不够，对于社会的复杂和国家面临的挑战缺乏真切的体会和认识，维护国家安全的意识、忧患意识和底线意识也比较薄弱，遇到国家安全问题不能做到积极主动应对、防微杜渐、未雨绸缪。在面对传统的危害国家安全行为时，缺乏基本的风险意识和必要的敏感性；在面对网络安全，生态安全，核安全，太空、深海、极地、生物等新型领域安全问题时不能见微知著。教师的国家安全教育意识是影响中小学国家安全教育成效的关键。教师具备足够的国家安全意识有利于在中小学生成长过程中达到"不令则从""春风化雨"的效果，有力帮助中小学生国家安全意识的培养和形成。因而教师要绷紧国家安全意识教育之弦，依托课堂教学、课外活动、班级管理等途径向学生传递国家安全知识和重视国家安全的思想观念，并积极促进向学生的日常行为习惯转化，从而在国家安全教育方面做到守土有责、守土负责、守土尽责。

在中小学，广大学生由于从小较少接受系统规范的国家安全教育，其维护国家安全的意识也普遍薄弱。学生由于长期生活在校园中，缺乏社会经验和对外界危险的清晰认知，对危害我国政治、文化和网络安全等行为不能做出清晰的判断，特别是对外部敌对势力的"糖衣炮弹"缺乏抵抗能力，保密意识和国家安全责任意识薄弱，从而影响了国家的安全和稳定。因此国家安全教育应该从娃娃抓起，从小对中小学生进行政治、经济、文化、社会、军事、国土、科技、网络、生态、资源、核、海外利益、太空、极地、深海、生物等方面的安全教育，激发中小学生保护国家、维护国家安全的潜力，提高学生的国家安全意识、保密意识和防范风险的意识，增强他们的社会责任感，使学生从自身做起并自觉监督他人不做危害国家安全的行为，立志为维护国家安全贡献自己的一份力量。增强学生的社会责任感与学生发展核心素养中培养学生的社会责任、国家认同和国际理解的责任担当不谋而合。学生要能明辨是非，具有规则与法治意识，积极履行公民义务，理性行使公民权利；要有国家认同，有国家意识并能自觉捍卫国家主权、安全、尊严和发展利益，有文化自信并尊重和弘扬中华民族优秀传统文化、革命文化和社会主义先进文化，有为实现中华民族伟大复兴中国梦而不懈奋斗的信念和行动；要有国际理解能力，关注人类面临的全球性挑战，理解人类命运共同体的内涵与价值等。中小学国家安全教育有利于实现学生发展核心素养中对国家安全的要求，增强中小学生社会责任感，提高其维护国家利益和尊严的国家认同感，从国际理解的角度维护国家安全等。近几年，因学生安全意识缺乏而威胁国家安全的事件时有发生。西安一名成绩优异的研究生，在学校安排下赴台湾交流期间被台湾间谍引诱、拉拢，其本人因为给台湾间谍提供情报接受调查，同时也失去了不错的工作。这样的事件令人痛心，也为我们敲响了警钟：国家安全教育必须从小开始，国家安全意识必须从小培养，从中小学教育开始。

通过中小学国家安全教育增强师生国家安全意识包括以下具体内容。首先，要认识国家安全的重要性。在引导师生思考国家安全对于国家生存和发展、人民幸福安康重要性的基础上阐述国家安全的重要性：国家安全是国家生存与发展的重要保障，国家安全是人民幸福安康的前提。其次，在理解国家安全重要性的基础上，进一步引导师生认识我国国家安全面临的复杂形势，增强忧患意识和底线意识。我国面临着国土和海洋权益争端、军事威胁、经济制裁、意识形态侵袭、网络攻击、信息泄露、资源短缺、环境污染、核威胁以及太空、深海、极地、生物等新型领域的挑战，正是基于国家安全形势所面临的新挑战，我们必须要坚持总体国家安全观，坚决从各个领域维护国家安全。在认识我国国家安全面临的复杂形势基础上，强化忧患意识，对于威胁国家安全的各种因素保持高度的政治敏锐性，充分估计困难和风险，做到防微杜渐、有备无患、防患于未然。同时，要增强底线意识，守住加快构建生态功能保障基线、环境质量安全底线、自然资源利用上线三大红线；有创新意识，既要有防范风险的先手，也要有应对和化解风险挑战的后招；有斗争意识，勇于斗争同时也要善于斗争，着力化解风险挑战，在原则问题上寸步不让，在策略问题上灵活机动，在斗争中谋求合作和共赢。再次，引导师生认真学习关于国家安全和保密等相关工作的法律法规、规章制度，增强维护国家安全的法治意识和保密意识。严格按照有关国家安全的法律规定，积极履行维护国家安全的法定义务，不断提高防范意识和防范能力。提升保密意识，充分认识到保密工作对于国家安全的重大意义，充分认识到在新形势下做好保密工作的极端重要性和复杂性、艰巨性，认真落实保密相关的法律法规，切实增强保密意识，提高保密的紧迫感和责任感，为维护国家安全贡献自己的力量。最后，引导师生积极宣传国家安全，形成扩散效应。仅仅依靠师生提高国家安全意识是远远不够的，需要师生积极宣传、引导身边人提升维护国家安全的意识，从而形成全社会维护国家安全的氛围，发挥国家安全教育的最大效应。

二、有效提升师生维护国家安全能力，切实维护国家安全

由于历史和现实原因，我国公民维护国家安全的能力普遍比较欠缺。大部分人认为维护国家安全是国家安全部门、公安部门、保密部门和军队的事情，和自己没有关系，当身边出现危害国家安全的事件和行为时，要么没有察觉，要么视而不见，要么不知所措，在受到敌对势力诱骗、威胁时，不知道该如何正确应对。维护国家安全的能力相对薄弱，具体表现为对风险的研判能力欠缺、防范风险的能力不够、化解风险的能力不足。对风险的研判能力欠缺，对网络上危害国家安全的言论缺乏辨别能力，对不法分子利用拍照等手段窃取国家机密的行为没有研判能力；防范风险的能力不足，缺乏对风险的预判和防范，无法做到防微杜渐、防患于未然、见微知著等；化解风险的能力不足，当遇到危害国家安全的行为时，往往会不知所措、手足无措，无法找到合适的方式来应对和化解国家安全风险，无力把对国家安全的危害降到最低。

在中小学，广大教师从事国家安全教育的意识和能力普遍不足。教师缺乏维护国家安全的意识，维护国家安全的能力比较薄弱，当他们面临国家安全问题时，研判能力、防范能力、处置化解能力都不够。在面对十几个重点领域的国家安全问题时，缺乏对重大风险和重大威胁的有效识别和准确判断能力；在防范威胁国家安全的风险时，无法做到居安思危、未雨绸缪，缺乏忧患意识和战略定力，不能及时准确做出战略判断和战术决断，影响了防范效果；在应对化解威胁国家安全的风险挑战时，无所适从，找不到有效消除风险、持续保证安全状态的正确方法和合理手段。教师在维护国家安全方面能力的欠缺主要是由于没有系统接受过维护国家安全能力的教育，缺乏维护国家安全的实践经验。因而需要切实提高教师维护国家安全的能力，推动国家安全教育的长效发展。

在中小学，广大学生维护国家安全的能力迫切需要提升。学生对于国家安全领域的知识了解甚少，在维护国家安全意识欠缺的情况下，维护国家安全能力也相应不足。首先表现为对风险的研判能力缺乏。中小学生的人生观、世界观和价值观正处于形成之中，对于很多复杂的国家安全事件还缺乏成熟的认知和判断，无法准确快速识别危害国家安全的行为。其次，学生防范风险的能力有待提高。正是由于学生是成长中的人，他们很多思想和认知还比较稚嫩，一些别有用心的人便会利用学生的这个特点，对学生进行威逼利诱，在各种"糖衣炮弹"的轰炸下，使学生放松了警惕并做出危害国家的行为。再次，学生化解风险的能力不够。很多学生缺乏应对和化解风险的能力，不知道如何正确处理才能将危害国家安全行为的危害降低。尤其是现代网络的不断发展，很多学生面对网络的威胁，往往听之任之，无法采取有效措施来维护网络安全。教师需要引导中小学生正确理解和把握我国安全形势面临的挑战，增强其维护总体国家安全的能力，引导其树立总体国家安全观，进而使他们自觉肩负起维护国家安全的责任。

通过中小学国家安全教育提升师生维护国家安全的能力包括以下具体内容：第一，从小事培养学生参与维护国家安全的能力，让学生认可自己维护国家安全的能力。可以教育学生从节约一滴水、节约一粒粮食等这些看似平凡的小事做起，这些实际就是维护国家的水资源安全、粮食安全，也就是维护国家安全。第二，培养师生对国家安全风险的研判能力。提升师生对风险的研判能力需要加强师生维护国家安全常识、基础知识和政策法律法规的学习。通过维护国家安全常识、基础知识和政策法律法规的教育，普及国家安全常识，让师生在维护国家安全方面具备基本素养，从而能够识别危害国家安全的行为，辨别危害国家安全的事件。第三，培养师生对国家安全风险的防范能力。要提高师生对风险的防范能力首先需要认识风险，所以需要学习总体国家安全观，认识到国家安全不仅仅是政治安全，而是包括十二个重点领域以及四个新型领域的国家安全，并在学习的过程中融入具体案例，引导师生认识国家安全，从而提升其防范国家安全风险的能力。第四，培养师生对国家安全风险的处置化解能力。需要让师生认真体会现实中危害国家安全的案例，详细讲解在案例中对危害国家安全行为处理的经验教训，并给予师生正确处理方案的指导。提供国家安全事件的模拟练习，使师生在模拟练习中更深刻体会和理解如何正确化解危害国家安全的各种行为。第五，提升师生维护国家安全的斗争本领。师生要以居安思危的政治清醒、坚如磐石的战略定力、勇于斗争的奋进姿态，主动投身到各种国家安全的斗争中去。发扬斗争精神,增强斗争本领,讲求斗争艺术。坚持师生维护国家安全的忧患意识和保持战略定力相统一,战略判断和战术决断相统一,坚持斗争过程和斗争实效相统一。在原则问题上寸步不让,在策略问题上灵活机动。要团结一切可以团结的力量,调动一切积极因素,争取斗争胜利。

三、培养担当民族复兴大任的时代新人

新时代我国教育要培养担当民族复兴大任的时代新人,学生的国家安全意识和能力是时代新人素养中的重要部分。因为中国特色社会主义要统筹发展和安全,中小学生作为社会主义现代化的建设者和接班人,不仅是改革发展的参与者和促进者,也是维护国家安全的积极参与者、国家安全的坚定捍卫者。在参与和促进改革开放中,他们要勇做走在时代前列的开拓者、奋进者和奉献者。作为维护国家安全的参与者和捍卫者,他们要有维护国家安全的信念、本领和担当,要明辨是非、保持战略定力、恪守正道、发扬斗争精神,在国家安全等重大原则性问题上要守住底线红线,不惧怕困难,自觉主动维护国家安全,在为中华民族伟大复兴历史进程提供安全保障中实现人生价值。

加强中小学国家安全教育有助于落实立德树人根本任务,培养时代新人。中小学生正处于人生观、价值观和世界观培育和形成的关键期,加强中小学生的国家安全教育,能够为增强他们维护国家安全的意识和能力提供持久的精神动力、坚实的智力支持和牢靠的思想保证。以爱国主义为核心的民族精神与以改革创新为核心的时代精神的相互融合,构成立德树人的精神支撑,而国家安全教育

是爱国主义的基本内容，所以，国家安全教育有助于立德树人，有助于时代新人的培养。爱国主义始终是把中华民族坚强团结在一起的精神力量，始终是激励中华民族自强不息的强大力量。我们要大力弘扬爱国主义精神，增强民族自豪感和自信心，积极主动维护国家安全，强化国家安全底线思维。加强中小学生总体国家安全观教育，深入阐释国家安全是人民生存、发展、幸福的最基本前提。深入阐释我们党始终是最坚定的爱国者和卫国者，勇于并善于维护国家安全，有利于引导中小学生深刻懂得只有坚持将爱党、爱国和爱社会主义相结合，爱国主义才是鲜活的、真实的。加强学生总体国家安全观教育有利于塑造中学生的理性爱国意识，引导他们从维护国家安全的大局出发，把爱国意识和热情转化为爱国智慧和能力，从而保障新时代中国特色社会主义事业不断夺取新的胜利。提升中小学生的国家认同感，夯实他们的爱国主义根基可以借助国旗、国徽和国歌等国家的象征，以此来增强中小学生的国家认同感和归属感。同时，可以通过多种渠道对中小学生进行国家历史教育和国家危机教育，增强中小学生维护国家安全的使命感和紧迫感。

通过中小学国家安全教育培养时代新人包括以下具体内容。首先，培育中小学生对总体国家安全观的理解。总体国家安全观蕴含着五大要素、五对关系、十二个重点领域和四个新型领域安全，这是对新时代国家安全问题全面、系统、辩证的把握，具有很强的全局性、思想性、指导性和针对性。在认识总体国家观的基础上，对中小学生进行政治安全教育、文化安全教育、社会安全教育、经济安全教育、生态安全教育、资源安全教育、网络安全教育、科技安全教育、粮食安全教育等，使中小学生认识到维护国家安全体现在各个领域，发生在时时刻刻，即便是像节约水、节约电等小事都关涉维护国家安全，从而增强中小学生维护国家安全的使命感、获得感、成就感，激发他们维护国家安全的积极性和主动性。其次，积极构建国家安全教育共同体。学校要借助家委会、家长学校、家长开放日等各种渠道，形成家校育人合力，共同助力国家安全教育。同时，教育管理部门要加强和国家安全、公安、军队、共青团、关工委、社区等部门组织的合作，建立多方联动机制，搭建社会育人平台，实现社会资源共建共享，为中小学生国家安全教育营造更好的社会氛围。再次，大力推动国家安全教育中小一体化衔接。中小学国家安全教育要充分考虑学生的年龄特征、心理特征、认知发展规律，从学生的生活实际出发，在深入调研考察的基础上，对每一个阶段的目标进行细化和优化，科学设定不同学段国家安全教育的主要内容、教学方式、评价指标等，实现国家安全教育的中小学有效衔接，使国家安全教育更长效有效。小学阶段重在启蒙道德情感，引导学生形成维护国家安全的情感，中学阶段重在打牢思想基础，强化学生维护国家安全的思想意识。最后，培养中小学生社会责任和国家认同能力。学会明辨是非，具有规则与法治意识，积极履行公民义务，理性行使公民权利；崇尚自由平等，能维护社会公平正义；热爱并尊重自然，具有绿色生活方式和可持续发展理念及行动等方面的社会责任。让他们了解国情历史，认同身份，能自觉捍卫国家主权、尊严和利益；具有文化自信，尊重中华民族的优秀文明成果，能传播弘扬中华优秀传统文化和社会主义先进文化；了解中国共产党的历史和光荣传统，具有热爱党、拥护党的意识和行动；理解、接受并自觉践行社会主义核心价值观，具有中国特色社会主义共同理想，成长为能担当中华民族伟大复兴重任的时代新人。

本章小结

本章介绍了中小学国家安全教育的重要意义。当前我国国际和周边安全环境严峻复杂，国内安全也面临着前所未有的风险挑战，遵照国家安全教育纳入国民教育体系的政策和法定要求，在中小学大力开展国家安全教育非常迫切。在总体国家安全观指导下，着眼于立德树人根本任务，加强中小学国家安全教育具有重要的政治意义和教育意义，且两方面意义交织在一起，共同构成意义认知的图景。深刻理解这一点，有助于在理论层面准确理解中小学国家安全教育的总体要求、目标任务、主要内容、实现路径、机制保障，也有助于在实践层面切实推动中小学国家安全教育各项工作的有效开展。

理解反思探究

1. 将国家安全教育纳入国民教育体系的政策和法定要求有哪些？

2. 在中小学筑牢国家安全防线的必要性和要求各是什么？

3. 学校国家安全教育如何推动全社会形成维护国家安全的强大合力？

4. 中小学国家安全教育对学生国家安全意识和能力提升有什么意义？

5.中小学国家安全教育对培养担当民族复兴大任的时代新人有什么意义?

拓展阅读导航

1.中共中央党史和文献研究院.习近平关于总体国家安全观论述摘编[M].北京：中央文献出版社，2018.

2.《总体国家安全观干部读本》编委会.总体国家安全观干部读本[M].北京：人民出版社，2016.

3.《总体国家安全观教育读本》编写组.总体国家安全观教育读本[M].北京：光明日报出版社，2016.

4.刘跃进.总体国家安全观：民心基础与理论溯源[J].人民论坛，2014(11).

5.颜晓峰.习近平总书记关于防范风险挑战重要论述的三维释读[J].求索，2020(04).

第二章 中小学国家安全教育的总体要求

中小学国家安全教育要以习近平新时代中国特色社会主义思想为指导，贯彻党的教育方针，落实立德树人根本任务。遵循坚持正确方向、依法开展、统一规划、遵循规律、方式多样等基本原则。要深刻认识国家安全的重要性以及开展国家安全教育的紧迫性和必要性。深入贯彻落实总体国家安全观必须以人民安全为宗旨，以政治安全为根本，以经济安全为基础，以军事、科技、文化、社会安全为保障，以促进国际安全为依托；必须统筹兼顾，既重视发展问题，又重视安全问题；既重视外部安全，又重视内部安全；既重视国土安全，又重视国民安全；既重视传统安全，又重视非传统安全；既重视自身安全，又重视共同安全。

了解国家安全教育要以习近平新时代中国特色社会主义思想为

指导，贯彻党的教育方针，落实立德树人根本任务。理解开展中小学国家安全教育的重要性和必要性，掌握开展中小学国家安全教育的基本原则和基本要求。应用国家安全教育相关知识，深刻认识总体国家安全观五大要素和五对关系，提升国家安全意识，自觉做国家安全教育的践行者和宣传者。

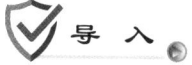

国家安全与普通公民有什么关系？在当前国家积极推进中小学"减负"的时候强化国家安全教育有必要吗？当前中小学开展国家安全教育有什么机遇，又面临什么挑战？在进行中小学国家安全教育过程中应该把握哪些重点，又要注意哪些问题？这是本章需要探讨的问题。

党的十八大以来，中国特色社会主义进入新时代，取得举世瞩目的历史成就。以习近平总书记为核心的党中央，准确把握历史脉搏，顺应时代发展，从理论和实践结合上系统回答了新时代坚持和发展什么样的中国特色社会主义、怎样坚持和发展中国特色社会主义这个重大时代课题，创立了习近平新时代中国特色社会主义思想。在习近平新时代中国特色社会主义思想指引下，中国共产党不忘初心，牢记使命，砥砺前行，踏上了实现民族复兴的新征程。但是，在新的历史时期，我们也面临着各种严峻挑战。国家安全所面临的形势也更为复杂，有些问题如果不高瞻远瞩、未雨绸缪，积极加以解决，那么就可能犯颠覆性错误。中小学生是国家未来的希望、新时代中国特色社会主义建设的后备人才，对其加强国家安全教育既是当前国家安全教育工作的重要内容，也是关系国家长治久安的重要系统工程。

第一节　中小学国家安全教育的指导思想

习近平新时代中国特色社会主义思想是对马克思列宁主义、毛泽东思想、邓小平理论、"三个代表"重要思想、科学发展观的继承和发展，是马克思主义中国化最新成果，是党和人民实践经验和集体智慧的结晶，是中国特色社会主义理论体系的重要组成部分，是全党全国人民为实现中华民族伟大复兴而奋斗的行动指南，也是开展中小学国家安全教育的指导思想。党的教育方针是党在一定历史阶段提出的有关教育事业的总方向和行动指南，是指导中小学国家安全教育的战略原则和行动纲领，从根本上保障在中小学国家安全教育中落实立德树人根本任务。

一、以习近平新时代中国特色社会主义思想为指导

党的十八大以来，围绕新时代坚持和发展什么样的中国特色社会主义、怎样坚持和发展中国特色社会主义这个重大时代课题，我们党进行了艰辛的理论探索，取得重大理论创新成果，形成了习近平新时代中国特色社会主义思想。党的十九大对《中国共产党章程》作了部分修订，将习近平新时代中国特色社会主义思想作为党的指导思想载入党章，并对习近平新时代中国特色社会主义思想作了高度评价。党的十九大指出，十八大以来，以习近平同志为主要代表的中国共产党人，顺应时代发展，从理论和实践结合上系统回

答了新时代坚持和发展什么样的中国特色社会主义、怎样坚持和发展中国特色社会主义这个重大时代课题，创立了习近平新时代中国特色社会主义思想。习近平新时代中国特色社会主义思想是对马克思列宁主义、毛泽东思想、邓小平理论、"三个代表"重要思想、科学发展观的继承和发展，是马克思主义中国化最新成果，是党和人民实践经验和集体智慧的结晶，是中国特色社会主义理论体系的重要组成部分，是全党全国人民为实现中华民族伟大复兴而奋斗的行动指南，必须长期坚持并不断发展。在习近平新时代中国特色社会主义思想指导下，中国共产党领导全国各族人民，统揽伟大斗争、伟大工程、伟大事业、伟大梦想，推动中国特色社会主义进入了新时代。

在当代中国，坚持习近平新时代中国特色社会主义思想，就是真正坚持和发展马克思主义，就是真正坚持和发展科学社会主义。只有把马克思主义普遍真理同中国具体实际和时代特征结合起来的习近平新时代中国特色社会主义思想，而没有别的什么思想能够解决社会主义的前途和命运问题，解决中华民族的前途和命运问题。习近平新时代中国特色社会主义思想是新时代中国特色社会主义的理论纲领和行动指南，体现了中国共产党的重大理论创新、实践创新、制度创新、文化创新，把党对中国特色社会主义的认识提到了新高度。习近平新时代中国特色社会主义思想具有非常重大的现实意义，对于我们进一步认识十八大以来党的理论创新成果，坚持和发展二十一世纪中国的马克思主义，以全新宽广视野深入探索人类社会发展规律、无产阶级政党执政规律、社会主义建设规律、中国特色社会主义发展规律，具有根本性、长远性的理论指导作用。把习近平新时代中国特色社会主义思想同马克思列宁主义、毛泽东思想、邓小平理论、"三个代表"重要思想、科学发展观一道，确立为党必须长期坚持的指导思想，实现了党的指导思想的又一次与时俱进和重要发展。十八大以来，我们党以巨大的政治勇气和强烈的责任担当，提出了一系列新理念新思想新战略，出台了一系列重大方针政策，推出了一系列重大举措，落实了一系列重大工作，解决了许多长期想解决而没有解决的难题，办成了许多过去想办而没有办成的大事，推动党和国家事业发生历史性变革，改革开放和社会主义现代化建设取得了历史性成就。上述重大历史性成就的取得，最重要、最关键的就在于以习近平同志为核心的党中央的坚强领导，就在于习近平新时代中国特色社会主义思想的科学指导。

展望未来，我们党带领全国人民即将全面建成小康社会，开启全面建设社会主义现代化国家新征程，实现中华民族伟大复兴的中国梦，也必须坚持习近平新时代中国特色社会主义思想的科学指引。习近平新时代中国特色社会主义思想对新时代坚持和发展中国特色社会主义的总目标、总任务、总体布局、战略布局和发展方向、发展方式、发展动力、战略步骤、外部条件、政治保证等基本问题作出了系统的回答，并且根据新的实践对经济、政治、法治、科技、文化、教育、民生、民族、宗教、社会、生态文明、国家安全、国防和军队、"一国两制"和祖国统一、统一战线、外交、党的建设等各方面作出了科学的理论分析和政策指导，提出了"十四个坚持"的基本方略，为新时代更好坚持和发展中国特色社会主义提供了基本遵循，为实现中华民族伟大复兴中国梦提供了行动指南。习近平新时代中国特色社会主义思想和基本方略必将体现在治国理政各个方面、各个过程和各个环节。习近平新时代中国特色社会主义思想是顺利推进中小学国家安全教育的理论基础和政治保证。因此，中小学国家安全教育必须坚持以习近平新时代中国特色社会主义思想为指导。我们要充分认识习近平新时代中国特色社会主义思想的重大意义和深远影响，在开展中小学国家安全教育过程中坚持用习近平新时代中国特色社会主义思想武装头脑、站稳立场、指导实践、推动工作。只有这样才能保证我们的中小学国家安全教育工作有正确的指导思想和行动指南。

二、贯彻党的教育方针

党的教育方针是党在一定历史阶段提出的有关教育事业的总方向和总指针，是教育改革发展的指导思想、价值取向和根本要求，是教育基本政策的总概括，是指导整个教育事业发展的战略原则和行动纲领。习近平总书记指出，新时代贯彻党的教育方针，要坚持马克思主义指导地位，贯彻新时代中国特色社会主义思想，坚持社会主义办学方向，落实立德树人的根本任务，坚持教育为人民服务、为中国共产党治国理政服务、为巩固和发展中国特色社会主义制度服务、为改革开放和社会主义现代化建设服务，扎根中国大地办教育，同生产劳动和社会实践相结合，加快推进教育现代化，建设教育强国，办好人民满意的教育，努力培养担当民族复兴大任的时代新人，培养德智体美劳全面发展的社会主义建设者和接班人。习近平总书记的上述指示为新时代我国教育事业确立了正确方向。

办好新时代教育就要坚持以习近平新时代中国特色社会主义思想为指导，全面贯彻落实党的教育方针，坚定不移坚持社会主义办学方向，高举马克思主义伟大旗帜，始终把立德树人作为根本任务，着力培养德智体美劳全面发展的社会主义建设者和接班人。党的教育方针强调，教育必须为社会主义现代化建设服务、为人民服务，必须与生产劳动和社会实践相结合，培养能担任民族复兴大任的时代新人，培养德智体美劳全面发展的社会主义建设者和接班人。建设教育强国是中华民族伟大复兴的基础工程，教育是国家发展水平和发展潜力的重要标志。

坚持总体国家安全观是构成新时代坚持和发展中国特色社会主义基本方略十四条重要内容之一，更是我们现在需要统筹推进的重要教育内容。习近平总书记在全国教育大会上强调，要在党的坚强领导下，全面贯彻党的教育方针，还要求各级各类学校把党的教育方针全面贯彻到学校工作各方面。站在新的历史起点上，我们必须坚持以人民为中心，积极回应、不断实现人民群众对教育改革发展事业的新期待，凝心聚力育新人，求真务实谋发展，奏响新时代中国特色教育的奋进曲。新时代迎来新变化、面临新矛盾、提出新要求，对此所有教育工作者要准确把握。全面贯彻党的教育方针，需要准确把握新时代党的中心任务。教育方针要服务于党的中心任务，中国特色社会主义进入新时代，中华民族迎来了从站起来、富起来到强起来的伟大飞跃。党的十八大以来，确立了"两个一百年"和中国梦的奋斗目标，这已经成为新时代党的中心任务。因此，全面贯彻党的教育方针需要从实现"两个一百年"奋斗目标和实现中华民族伟大复兴中国梦的高度出发，紧扣立德树人根本任务，培养德智体美劳全面发展的社会主义建设者和接班人，把党的教育方针全面贯彻到教育行政部门和学校工作的各个方面。办好中国特色社会主义教育事业关键在党，必须牢牢掌握党对教育工作的领导权，坚持正确的政治方向，掌握教育领域意识形态工作的主导权，为教育改革发展提供坚强的政治保证和组织保障。

贯彻党的教育方针是推进中小学国家安全教育的行动指南。推动中小学国家安全教育也要全面贯彻党的教育方针，解决好"培养什么人、怎样培养人、为谁培养人"这一根本问题。因此，中小学国家安全教育必须坚持贯彻党的教育方针，要坚持马克思主义指导地位，贯彻习近平新时代中国特色社会主义思想，坚持社会主义办学方向，落实立德树人根本任务，坚持教育为人民服务，为党的治国理政服务，为巩固和发展中国特色社会主义制度服务，为改革开放和社会主义现代化建设服务。我们开展中小学国家安全教育必须全面落实党的教育方针，将其作为我们制定具体工作目标、政策等的依据和原则。我们开展中小学国家安全教育必须将贯彻党的教育方针和坚持以总体国家安全观为指导结合起来，抢抓机遇，深入贯彻，有序落实。同时，加强与完善党对国家安全教育工作的全面领导，增强"四个意识"，坚定"四个自信"，做到"两个维护"。中小学国家安全教育还要加强理论教育，提高教学实效，全面做好立德树人工作，推动教育工作创新发展，将社会主义核心价值观融入教育教学全过程。

三、落实立德树人根本任务

以习近平总书记为核心的党中央高度重视教育立德树人根本任务的落实工作。党的十八大报告首次把立德树人明确为教育的根本任务,党的十九大提出要落实立德树人根本任务。习近平总书记在全国教育大会上强调,要把立德树人融入思想道德教育、文化知识教育、社会实践教育各环节,贯穿基础教育、职业教育、高等教育各领域。我国教育肩负着培养德智体美劳全面发展的社会主义建设者和接班人的根本任务,这是我们党的教育方针,是我国各级各类学校的共同使命。立德树人就是要培养一代又一代拥护中国共产党领导、能够服务改革开放和社会主义现代化建设、与民族复兴同向同行、立志为巩固和发展中国特色社会主义奋斗终生的有用人才和后备力量。因此,中小学国家安全教育要坚持以马克思主义为指导,全面贯彻党的教育方针,把立德树人融入思想道德教育、文化知识教育和社会实践教育的各个环节,全面落实好立德树人根本任务。

中小学生正处于成长的黄金时期,也是学习各种知识的理想时期,加强国家安全教育有特殊的重要性。教育需要解决"为谁培养人"的教育方向性质问题、"培养什么人"的人才规格素质问题以及"怎样培养人"的教育途径方法问题。加强中小学国家安全教育,使广大学生牢固树立国家安全意识,是立德树人的重要内容,是全民国家安全教育的重要内容,是党和国家的一项基础性、长期性、战略性工程,事关人民安居乐业,事关党和国家兴旺发达、长治久安。历史阶段不同、使命任务不同、国际国内环境不同,教育方针对培养目标的具体规定也会有差异。在全国教育大会上，习近平总书记指出，教育是国之大计、党之大计。这既把教育工作的战略地位提高到了前所未有的高度，又在"培养什么人"上提出了更高要求。构建中国特色国家安全教育体系，把国家安全教育覆盖国民教育各学段，融入教育教学活动各层面，贯穿人才培养全过程，实现国家安全教育进学校、进教材、进头脑，提升学生国家安全意识，提高维护国家安全能力，强化责任担当，筑牢国家安全防线，培养德智体美劳全面发展的社会主义建设者和接班人，培养担当民族复兴大任的时代新人。因此，全面贯彻党的教育方针，就需要我们准确把握党在培养目标上的新规定，把培养社会主义建设者和接班人作为根本任务，培养一代又一代拥护中国共产党领导和社会主义制度、立志为中国特色社会主义事业奋斗终生的有用人才。中小学生正处于世界观、人生观和价值观塑造的关键阶段，正确的引导和培育对学生的健康发展极为重要。

中小学开展国家安全教育是培养学生认清国情、党情、时情、世情，加强国家认同、制度认同的重要举措。学校要结合自身实际，建立健全立德树人落实机制，把立德树人的成效作为检验学校一切工作的根本标准。要扭转不科学的办学理念和教育评价导向，把中小学国家安全教育落实到立德树人的根本任务中去。中小学国家安全教育落实立德树人根本任务要突出政治学习，加强教师队伍思想教育、道德教育、廉洁教育，教育全体教师担当担责，把教书育人、立德树人的责任体现到日常的教学管理中去。要教育引导全体教师重视国家安全教育工作，并身体力行，做学生思想的引领者、道德的教育者、行为的示范者，真正做到言传身教、身体力行。中小学国家安全教育落实立德树人根本任务要坚持把思想政治工作贯穿教育教学全过程的理念，把马克思主义、社会主义核心价值观有机融入学科教育，既要让思想道德教育进入课堂教学，又要在班团活动、文体活动中强化学生行为礼仪规范教育，突出学习和生活的有机结合。各中小学校要根据当地实际积极发挥课堂教学主渠道作用，改进教育教学方式方法，组织国家安全教育公开课，运用"两微一端"等新媒体手段，加强全媒体力量，结合政治、德育、历史、语文等相关学科内容强化国家安全教育。依托少先队、共青团、学生团支部、学生会、学生社团等组织，开展知识竞赛、演讲比赛、文艺表演、社会实践等形式多样的国家安全教育主题活动。规范学生成人仪式宣誓词，增加维护国家安全方面内容。充分利用全民国家安全教育日、《中华人民共和国国家安全法》颁布实施等重要时间节点，组织面向中小学生的系列特色教育活动，确保总体国家安全观入脑入心。

第二节　中小学国家安全教育遵循的基本原则

中小学国家安全教育必须深入全面贯彻执行党的教育方针，坚决做到"两个维护"，在统筹推进时坚持党的领导和保证社会主义办学方向，必须根据《中华人民共和国国家安全法》等法律法规依法开展。要建立集中统一、高效权威的领导体制和运行机制，加强统筹协调和顶层设计，把维护国家安全教育的各项任务落到实处。

要不断总结经验教训，探索规律，遵循规律，科学开展国家安全教育教学活动。必须针对中小学生所处的社会环境以及认知特点、心理成熟度等，因材施教，有序推进，提高国家安全教育的针对性和实效性。

一、坚持正确方向

习近平总书记强调，培养什么人是教育的首要问题。我们只有在培养社会主义建设者和接班人上有作为、有成效，才能在世界上有地位、有话语权。因此，要始终遵循教育规律和人才成长规律，加强高水平人才培养体系建设，在坚定理想信念、厚植爱国主义情怀、加强品德修养、增长知识见识、培养奋斗精神、增强综合素质上下功夫，培养一代又一代拥护中国共产党领导和社会主义制度、立志为中国特色社会主义奋斗终生的优秀人才。中小学国家安全教育是我国教育事业的重要组成部分，是聚焦国家安全问题的一系列重大理论和实践问题，是做好新形势下中小学教育工作的重要前提和保障。中小学国家安全教育的开展要全面贯彻落实党的十九大精神，以习近平新时代中国特色社会主义思想为指导，坚持和加强党对国家安全教育的领导，全面落实党的教育方针，服务统筹推进"五位一体"总体布局和协调推进"四个全面"战略布局，牢固树立和认真贯彻总体国家安全观，坚持"系统设计、整体谋划，尊重规律、注重实效，部门联动、协同推进"的工作原则，以国家安全战略需求为导向，弘扬爱国主义主旋律，夯实国家安全人才基础，构建国家安全教育体系，为实现"两个一百年"奋斗目标、实现中华民族伟大复兴的中国梦提供坚实的国家安全教育保障。坚持党对教育事业的全面领导，坚持把立德树人作为根本任务，坚持优先发展教育事业，坚持社会主义办学方向，坚持扎根中国大地办教育，坚持以人民为中心发展教育，坚持深化教育改革创新，坚持把服务中华民族伟大复兴作为教育的重要使命，坚持把教师队伍建设作为基础工作。上述"九个坚持"，深刻回答了培养什么人、怎样培养人、为谁培养人这一根本问题，思想深刻、内涵丰富，是我们党对我国教育事业规律性认识的深化，必须始终坚持并不断丰富发展。

中小学国家安全教育工作必须坚持正确的方向，努力推动中小学国家安全教育的稳步推进和科学发展。中小学国家安全教育能不能很好地坚持和巩固马克思主义指导地位，尤其是学习和宣传好习近平新时代中国特色社会主义思想，事关中小学正确办学方向和立德树人的根本任务，办好中小学国家安全教育必须确定正确的办学方向，坚持社会主义办学方向，全面贯彻党的教育方针，坚持以马克思主义为指导，坚持党对中小学的领导，不断增强道路自信、理论自信、制度自信、文化自信。要把中小学国家安全教育发展方向自觉同我国发展的现实目标和未来方向紧密联系在一起，自觉为人民服务，为党的治国理政服务，为巩固和发展中国特色社会主义制度服务，为改革开放和社会主义现代化建设服务。中小学国家安全教育工作是学校工作的重要组成部分，是党和国家的一项基础性、长期性、战略性工程，事关人民安居乐业，事关党和国家兴旺发达、长治久安。因此，必须坚持把国家安全教育融入学校立德树人和培养什么人、怎样培养人、为谁培养人的总体任务和目标中去考虑，各级各地教育行政部门应根据《大中小学国家安全教育指导纲要》制定相应的实施办法,做到国家安全教育进学校、进教材、进头脑,提升学生国家安全意识,提高维护国家安全能力,强化责任担当,筑牢国家安全防线,培养德智体美劳全面发展的社会主义建设者和接班人。学校党组织必须深入全面贯彻执行党的教育方针,坚决做到"两个维护",学校党政齐抓共管,在统筹推进中小学国家安全教育工作时坚持党的领导和保证社会主义办学方向。

二、坚持依法开展

法治是一个国家发展的重要保障,是治国理政的基本方式。法令行则国治,法令弛则国乱。作为社会治理的重要方式,法治是国家发展和社会生活有序运行的坚实保障,是实现约束公权力、平衡社会利益、规范社会行为、调整社会关系的重要抓手。全面依法治国是国家治理的一场深刻革命,是一项长期的、艰巨的、复杂的任务,我们必须坚定不移地在以习近平总书记为核心的党中央带领下,沿着中国特色社会主义法治道路砥砺前行。中小学国家安全教育工作的开展和深入也必须坚持依法开展,遵循法律规定,不断探索,有序推进。中小学国家安全教育必须根据《中华人民共和国国家安全法》等法律法规依法开展。《中华人民共和国国家安全法》第七十六条规定:国家加强国家安全新闻宣传和舆论引导,通过多种形式开展国家安全宣传教育活动,将国家安全教育纳入国民教育体系和公务员教育培训体系,增强全民国家安全意识。这为我们开展中小学国家安全教育提供了基本的法律依据。中小学国家安全教育工作要深入贯彻总体国家安全观,根据国家安全教育的主要目标,科学设置教育教学的整体架构和主要内容,提出各学段具体的教育内容要求，贯彻落实宪法和国家安全法的精神和原则。各学校要做好教学安排。小学生应了解国家安全基本常识，增强爱国主义情感；中学生应掌握国家安全基础知识，增强国家安全意识，切实增强维护国家安全的责任感和能力。

开展中小学国家安全教育要坚持依法行政、依法办学、依法执教，更加注重运用法治思维和法治方式推动教育改革发展，更加注重教育法律法规体系和执法体制机制建设，更加注重保障广大人民群众受教育权利和广大师生权益，更加注重保障人民群众对教育改革发展的知情权、参与权和监督权，依法推进教育治理能力现代化，为教育发展创造良好的法治环境。《中华人民共和国国家安全法》对国家安全有明确规定。《中华人民共和国国家安全法》第二条规定：国家安全是指国家政权、主权、统一和领土完整、人民福祉、经济社会可持续发展和国家其他重大利益相对处于没有危险和不受内外威胁的状态，以及保障持续安全状态的能力。具体来讲，就是指国家独立、主权和领土完整以及人民生命、财产不被外来势力威胁和侵犯；国家政治制度、经济制度不被颠覆；经济发展，民族和睦，社会安定不受威胁；国家秘密不被窃取；国家工作人员不被策反；国家机关不被渗透；等等。

《中华人民共和国国家安全法》对我国公民在维护国家安全方面应履行的义务也提出了明确要求。例如，《中华人民共和国国家安全法》第七十七条规定：一是遵守宪法、法律法规关于国家安全的有关规定；二是及时报告危害国家安全活动的线索；三是如实提供所知悉的涉及危害国家安全活动的证据；四是为国家安全工作提供便利条件或者其他协助；五是向国家安全机关、公安机关和有关军事机关提供必要的支持和协助；六是保守所知悉的国家秘密；七是法律、行政法规规定的其他义务。《中华人民共和国国家安全法》第七十八条规定：机关、人民团体、企业事业组织和其他社会组织应当对本单位的人员进行维护国家安全的教育，动员、组织本单位的人员防范、制止危害国家安全的行为。第八十条规定：公民和组织支持、协助国家安全工作的行为受法律保护。因支持、协助国家安全工作，本人或者其近亲属的人身安全面临危险的，可以向公安机关、国家安全机关请求予以保护。公安机关、国家安全机关应当会同有关部门依法采取保护措施。第八十一条规定：公民和组织因支持、协助国家安全工作导致财产损失的，按照国家有关规定给予补偿；造成人身伤害或者死亡的，按照国家有关规定给予抚恤优待。第八十二条规定：公民和组织对国家安全工作有向国家机关提出批评建议的权利，对国家机关及其工作人员在国家安全工作中的违法失职行为有提出申诉、控告和检举的权利。第八十三条规定：在国家安全工作中，需要采取限制公民权利和自由的特别措施时，应当依法进行，并以维护国家安全的实际需要为限度。《中华人民共和国国家安全法》等法律法规支持了维护国家安全的重大意义，明确了维护国家安全的主要内容，也强调了公民、组织具体的义务和权利，给开展中小学国家安全教育提供了法理依据，是我们开展中小学国家安全教育活动的重要法律保证。

三、坚持统一规划

习近平总书记强调，办好中国的事情，关键在党。各学校党委要把开展中小学国家安全教育活动摆上重要议程，抓住制约开展中小学国家安全教育落实的突出问题，在工作格局、队伍建设、支持保障等方面采取有效措施。要建立党委统一领导、党政齐抓共管、有关部门各负其责、全社会协同配合的工作格局，推动形成全党全社会努力办好中小学国家安全教育的良好氛围。各学校党委要坚持把从严管理和科学治理结合起来。学校党委书记、校长要带头走进课堂，带头推动中小学国家安全教育课程建设。要配齐建强中小学国家安全教育课程专职教师队伍，建设专职为主、专兼结合、数量充足、素质优良的中小学国家安全教育课程教师队伍。要把统筹推进中小学国家安全教育课程一体化建设作为一项重要工程，推动中小学国家安全教育课程建设内涵式发展。要完善课程体系，解决好各类课程和中小学国家安全教育课程相互配合的问题，鼓励教学名师到中小学国家安全教育课堂上讲课。各地区各部门负责同志要积极到学校去讲中小学国家安全教育课。

中小学国家安全教育要建立集中统一、高效权威的领导体制和运行机制，加强统筹协调和顶层设计，把维护国家安全教育的各项任务落到实处。各中小学党委和行政部门要按照国家安全教育工作要求，把思想和行动统一到中央决策部署上来，充分发挥领导作用，把深入贯彻落实国家安全教育摆在重要议事日程，健全领导体制和决策机制。各部门之间要加强协调，积极配合，整合资源，形成合力。要探索完善督查协调机制，加强绩效评估和行政问责，确保国家安全教育的执行力和公信力。各学校要细化目标任务，明确职责分工，强化督促检查，要把中小学国家安全教育工作与深入学习贯彻习近平新时代中国特色社会主义思想和党的十八大以来关于国家安全工作重大部署紧密联系起来，统一思想认识，注重顶层设计，加强统筹领导，面向全校师生开展内容丰富、形式多样、针对性强、实效性好的国家安全宣传教育活动。对重点任务，制定时间表、路线图、任务书。强化与年度计划和各级教育规划的有效衔接，科学制定政策和配置公共资源，精心组织实施重大工程项目，将规划提出的目标、任务、政策、举措落到实处。加强系统谋划和顶层设计，以中小学国家安全教育为引领，科学制定不同年龄阶段和各级各类教育工作目标，实现全员育人、全过程育人、全方位育人。通过这些切实有效的方法提升全校师生国家安全意识，自觉关心、维护国家安全，推动总体国家安全观更加深入人心，引导学校师生关注国家安全，自觉践行总体国家安全观，为新时代国家安全工作贡献力量。

中小学国家安全教育涉及面广、任务重、要求高，必须周密部署，精心组织，认真实施，确保各项任务落到实处。中小学教育管理和行政部门对校内单位工作考核、奖励时，要充分考虑其国家安全教育工作成绩，把教师开展国家安全教育工作的表现纳入绩效考核，作为职称晋升和评优的重要参考。把学生参与国家安全教育活动及相关课程学习情况纳入综合素质档案，作为评优评先等重要参考。研究提出评价学生国家安全意识和维护国家安全能力的指标体系和方式方法，组织开展教育教学效果评估。首先，各学校要明确目标任务，落实责任分工。各有关学校要在党委统一领导下，按照中小学国家安全教育的部署和要求，对目标任务进行分解，明确责任分工。学校各相关部门既对标任务，各司其职，又服务大局，紧密配合，负责组织协调与实施，共同抓好贯彻落实。各学校要提出实施方案，制定配套政策。要围绕中小学国家安全教育的战略目标、主要任务、体制改革、重大措施和项目等，提出本校实施的具体方案和措施，分阶段、分步骤组织实施。各有关部门要抓紧研究、制定切实可行、操作性强的配套政策。鼓励探索创新，加强督促检查。对各地在实施中小学国家安全教育中好的做法和有效经验，要及时总结，积极推广。对中小学国家安全教育实施情况进行监测评估和跟踪检查。其次，各学校要广泛宣传动员，营造良好环境。广泛宣传党和国家关于国家安全教育工作的方针、政策，广泛宣传中小学国家安全教育的重要性、紧迫性，广泛宣传中小学国家安全教育的重大意义和主要内容，动员学校和全社会进一步关心、支持中小学国家安全教育的贯彻落实，为中小学国家安全教育的实施创造良好社会环境和舆论氛围。

四、坚持遵循规律

教育是国之大计、党之大计。习近平总书记在全国教育大会上发表重要讲话，就加快推进教育现代化、建设教育强国、办好人民满意的教育作出全方位部署，就新时代教育改革发展提出一系列新理念新思想新观点，集中阐述了"九个坚持"，从根本上回答了"培养什么人、怎样培养人、为谁培养人""办什么样的教育、怎样办教育"等重大问题。"九个坚持"是对我国教育事业规律性认识的不断深化。习近平总书记提出的"九个坚持"是探索社会主义教育发展规律的新成果，丰富和发展了中国共产党对社会主义教育规律的理论认识。这是对我国教育事业规律性认识的不断深化，是习近平新时代中国特色社会主义思想关于教育的新成果，是中国特色社会主义教育理论体系建设的思想指引，是中国特色社会主义教育实践的行动指南，我们必须始终坚持并不断丰富发展。

坚持党对教育事业的全面领导，就是要明确党是领导中国教育事业发展的核心力量。这是中国特色社会主义教育制度的最大优势，是办好教育的根本保证。坚持把立德树人作为根本任务，就是要明确社会主义教育的首要问题。它继承和发扬了中华民族崇德的传统，突出了教育的主责主业，把社会主义核心价值观教育融入办学、育人全过程，树立正确的世界观、人生观、价值观，培养社会主义合格建设者和可靠接班人。坚持优先发展教育事业，就是要强调全面落实教育优先发展战略。坚持社会主义办学方向，就是要坚持以习近平新时代中国特色社会主义思想为指导，全面贯彻党的教育方针，把思想政治工作贯穿教育教学全过程，实现全员育人、全过程育人、全方位育人，为学生一生成长奠定良好的思想基础，使他们成为德才兼备、全面发展的人才。坚持扎根中国大地办教育，就是要体现中国特色。坚持以人民为中心发展教育，就是要把办好人民满意的教育作为初心和使命。坚持深化教育改革创新，就是要冲破思想观念的束缚、突破利益固化的藩篱，坚决破除各方面体制机制弊端，解放和激发内在活力，增强教育发展动力，使我国教育越办越好、越办越强。坚持把服务中华民族伟大复兴作为教育的重要使命，就是要把建设教育强国作为中华民族伟大复兴的基础工程。坚持把教师队伍建设作为基础工作，就是要落实教育大计，教师为本，体现"兴国必先强师"理念，把教师作为教育发展的第一资源，把教师工作置于教育事业发展的重点支持战略领域。"九个坚持"既坚持了马克思主义教育理论，又体现了中国国情；既坚持了社会主义教育基本原则，又借鉴了人类文明优秀成果；既继承了我国教育优良传统，又具有鲜明的时代特征，有力推动了中国特色社会主义教育事业蓬勃发展。

中小学国家安全教育工作要根据中小学生的学习和认知特点展开。小学生接受知识一般要经过一个由感知、理解、巩固到应用过渡发展的过程。初中是由小学向高中过渡的时期，初中生的身心发展也由少年期向青春期过渡，可塑性大，既是掌握基础知识、基本技能的最佳时期，又是为今后发展创造条件的重要时期。总体上，相对于初中阶段，高中生能更充分地认识自我，能更为自觉、自主地进行学习。在学校教育过程中，教师要引导学生沿着科学的方向发展，满足学生多样化的发展需求，最大限度地激发学生发展的潜能，实现对学生人性化的管理，完善服务体系，增强与学生间的互动沟通、情感交流，从而实现教育主客体关系的和谐。教育就是学生在接受外部教育的过程中积极发挥主动与自我意识，并积极谋求自身的全面发展。教育要对教育对象的价值给予充分的尊重与肯定，尽可能促进学生自我价值与社会价值的实现。通过教育实现学生主体选择的合理化、超越的现实化，不断地完善提升，成为真我。开展中小学国家安全教育要强化理想信念教育。新的历史条件下学生的理想信念教育必须注重积极弘扬与培育社会主义核心价值观。学生理想信念教育的增强要实现思想政治教育模式的创新与发展，要增进学生的政治认同，更要实现情感层面的感化。当代学生只有以积极的心态进行理论知识的学习，才能实现学习的入耳、入脑、入心，上升到对教育内容的真懂、真信、真行，实现教育效果最大化。

中小学国家安全教育工作要加强国家安全教育师资队伍建设。规律是事物之间的内在的本质联系。只有认清了国家安全教育内在的规律，才能科学推进国家安全教育的不断深入和有效开展。要遵循教书育人规律、遵循学生成长规律，以学生为主体，以教师为主导，创新育人模式，不断提高学生国家安全认识。习近平总书记的重要论述不但指出了我国当前国家安全教育的重大意义，而且也强调了探索中国特色国家安全道路规律的重要性和紧迫性。因此，我们在开展中小学国家安全教育工作时，要不断总结经验教训，探索规律，遵循规律，科学开展国家安全教育教学活动。学校在教师招聘环节要加强对国家安全知识和责任意识的考核。学校要建立健全国家安全教育的体制机制建设，分级开展教育行政管理者和专任教师的专题培训。重点培育和选拔一批国家安全教育教学名师，打造一支以专业教师为骨干、专兼结合的国家安全教育师资队伍。在各级教师培训计划中增加国家安全教育教学培训内容。中小学国家安全教育要发挥第一课堂主渠道作用，实现国家安全教育全覆盖，积极开展国家安全主题活动，积极组织动员学校师生思想上关注国家安全，行动上践行总体国家安全观，提升国家安全教育的参与度和关注度，增强国家安全教育的渗透力和感染力，提高教育实效性，将国家安全意识培养融入学生培养和校园文化建设体系中，使中小学生在学习生活期间得到系统的国家安全教育。遵循教育规律开展中小学国家安全教育，要为学生的发展创造条件，就要在遵循学生群体发展规律的基础上不断塑造环境，既要抓好学校教育，也要注重家庭与社会教育，特别要从改革的视角辩证地创造条件，服务于学生的教育工作，从多个方面优化学生的教育环境。

五、坚持方式多样

中小学国家安全教育要不断深化教育综合改革，将顶层设计和实践探索有机结合，充分调动基层特别是广大学校、师生的积极性、主动性和创造性，创新体制机制和人才培养模式；要统筹利用国内国际教育资源，广泛借鉴吸收国际先进经验，进一步提升教育对外开放水平，通过改革创新和对外开放解决难题、激发活力、推动发展。完善试点改革制度，推动综合改革和专项改革相结合，加快重点领域和关键环节改革步伐。加强分类指导，建立激励机制，保护和激发基层首创精神，鼓励各地大胆实践、积极探索、创造经验。深入挖掘教育综合改革的宝贵经验特别是基层创新经验，不断探索实施规划的有效机制。中小学国家安全教育要坚持多样性教育教学，创新方式方法和平台载体，充分发挥互联网优势，建立国家安全教育案例库，分级分类开发在线课程。结合不同地区、不同领域、不同学段特点，分别编写符合当地具体实际的国家安全教育读本。充分借助社会力量，组织或参与开发体现国家安全教育要求的音乐、美术、戏剧、影视、动漫、游戏等作品，增强教育的吸引力、感染力、影响力。各学校要统筹利用现有资源，积极建设一批符合总体国家安全观要求的综合性教育实践基地、满足不同领域国家安全教育需求的专题性教育实践基地。推动相关教育实践基地改造升级，以适应总体国家安全观教育实践需要。

中小学国家安全教育必须针对中小学生所处的社会环境以及认知特点、心理成熟度等，因材施教，有序推进，提高国家安全教育的针对性和实效性。通过开设国家安全教育课程、利用典型事件和案例进行宣传教育等途径，采用制订国家安全教育计划、专题讲座、个案剖析、预防教育、组织学生参与国家安全教育管理等方法调动学生的学习积极性；建立以学生发展为本的新型教学关系，积极探索并改进教学方式和学习方式，创新教学手段，改革学生评价方式，努力提高教育教学的效率和质量。要注重因材施教，鼓励教师采用启发式、探究式、讨论式、参与式等多种教学方式，让教师真正成为学生学习的组织者、指导者和促进者。要着力引导学生积极参与，运用问题导向式、小组合作式、主题探究式等多种方法督促学生学习，不断提升他们学习的兴趣和成效。要根据教学内容特点，灵活采用集中授课、小组讨论、个别辅导、实践体验等多种形式，真正有助于提升教学效能。要通过推动现代信息技术与教育教学融合创新，实现教学规模化和个性化相统一。要围绕学生品德修养、学习进步、全面发展、健康成长，丰富和完善评价方式，重点通过突出能力导向，加强过程评价，注重综合评价，全面真实评价每一个学生的发展，真正发挥评价的导向和激励功能。

中小学国家安全教育还需要注重守正出新，不断探索行之有效的教育教学模式。中小学校要会同有关部门、地区指导教育实践基地发挥特色优势,通过讲座展览、网上展示、实践体验、书籍资料等多种形式,增强对中小学生的吸引力和传播力,不断提高国家安全宣传教育的能力和水平。推进优质教育资源共建共享,着力加强中小学国家安全教育"名师课堂""名校网络课堂""专递课堂""在线开放课程"等信息化教育教学和教师教研新模式的探索与推广,加快优质教育资源的实践应用;积极鼓励中小学校依托自身优势开发具有竞争力的国家安全教育在线课程,制定在线开放课程教学质量评价标准和学分认定管理办法,将在线课程纳入培养方案和教学计划。鼓励学校或地方通过与具备资质的企业合作、采用线上线下结合等方式,推动在线开放资源平台建设和移动教育应用软件研发。整合各类优质教育资源,推进资源普遍开放共享,鼓励师生共建共享优质资源,加快推动国家安全教育服务模式和学习方式的变革。营造国家安全教育主流思想舆论,创新和改进网上宣传,把握网络传播规律,充分利用微博、微信等新媒体、新手段,为中小学国家安全教育提供内容健康向上、具有艺术魅力的精神产品。弘扬主旋律,激发正能量,加强国家安全教育公益宣传,引导全社会树立正确的教育观、人才观,营造良好舆论环境。

第三节 坚持总体国家安全观

坚持总体国家安全观,首先,要充分认识到国家安全的重要性。它关乎国家主权独立和领土完整,是人民安居乐业、幸福生活的保障，是社会稳定、国家长治久安的基石，更是实现中华民族伟大复兴的中国梦的前提。其次，要充分认识到人民安全是国家安全的基石。保障人民的生命和财产安全，保障人民生存发展的基本条件，都是维护国家安全的核心要义。最后，要充分认识到坚持总体国家安全观的五大要素和五对关系。这五大要素和五对关系是理解和坚持总体国家安全观的关键所在，在全民国家安全教育和大中小学国家安全教育中，必须要从全局和战略高度予以重视和坚持。

一、国家安全的重要性

2018年4月，为深入贯彻党的十九大精神和习近平总书记总体国家安全观，落实党中央关于加强大中小学国家安全教育有关文件精神和"将国家安全教育纳入国民教育体系"的法定要求，教育部提出了《教育部关于加强大中小学国家安全教育的实施意见》，切实融入国民教育体系，也就是在中小学以及大学里，有计划、有步骤地实施国家安全教育。中小学生是国家的未来，是民族的希望，开展中小学国家安全教育课程是需要且必要的。中小学生接受国家安全教育，吸收正确的民族观念、国家观念、社会观念有百益而无一害。要让中小学生从小就有"国家安全离不开任何一个人的努力"的深刻认识，守护国家安全人人有责，自觉维护国家利益，守护国家安全，既是义务也是责任，是必须要去做的事情，不能推诿，不能逃避。将国家安全教育纳入中小学课程，让青少年深刻了解国家安全的重要性和意义，增强爱国主义情感，增强国家安全意识，增强维护国家安全的责任感和能力。将国家安全教育纳入中小学课程是国家发展的重要保障,是安邦定国的重要基石。维护国家安全是全国各族人民根本利益之所在,实现国家安全具有重要的意义。

(一)国家安全直接关乎国家主权独立和领土完整

领土、人民、政权、主权是一个主权国家应具备的四项要素,其中国家主权是最基本的属性,领土是国家主权赖以体现或实现的最基本空间,也是一个主权国家人民得以生息繁衍的最基本的物质基础,所以必须坚决维护我国的主权独立和领土完整。习近平总书记在会见中国国民党荣誉主席吴伯雄一行时强调,我们坚持维护中华民族根本利益,维护包括台湾同胞在内的全体中华儿女共同利益。从中华民族整体利益把握两岸关系大局,最根本的、最核心的是维护国家领土和主权完整。中华儿女在任何时候都要坚定不移地维护国家主权独立和领土完整,不惹事但也不怕事,坚决捍卫我国合法权益。但是在当前形势下,我国主权完整、统一和安全尚未完全实现,依然存在一些问题:第一,海峡两岸尚未实现完全统一。当前,"台独"势力日益猖狂,损害国家利益,严重阻碍了祖国的统一步伐。部分西方国家也利用台湾来牵制中国大陆的发展,不断支持"台独"分子的活动。解决台湾问题要坚定不移地坚持"一国两制"基本方针,不断探索"一国两制"台湾方案,早日实现祖国完全统一。第二,周边部分国家与我国在边界及领海问题上存在争端。南海方向,一些周边国家长期非法侵占我国南沙部分岛礁;东海方向,日本在钓鱼岛问题上立场顽固,借助日美军事同盟,利用钓鱼岛问题推进所谓政治和军事大国化进程;黄海方向,中韩、中朝之间存在海洋专属经济区、大陆架划界问题。第三,国际上一些国家试图利用香港对中国内地进行政治、文化渗透，在香港制造动乱，因修例事件引起的大规模非法游行示威活动，破坏了香港正常的生产活动，严重影响了香港人民的正常生活，严重危害着我国的主权、安全和发展利益。

面对这些挑战，我们要坚决维护国家主权和领土完整，绝不能容忍国家分裂的历史悲剧重演，一切分裂祖国的活动都必将遭到全体中国人民的坚决反对。我们有坚定的意志、充分的信心、足够的能力挫败任何形式的"台独"分裂图谋。我们绝不允许任何人、任何组织、任何政党，在任何时候、以任何形式，把任何一块中国领土从中国分裂出去。当前，我国面临着对外维护国家主权和发展利益，对内维护政治安全和社会稳定的双重压力，各种可以预见和难以预见的风险因素明显增多。在这种复杂的背景下，落实中小学生国家安全教育就更为迫切。中小学生作为未来社会主义现代化建设的主力军和国家安全的捍卫者，必须增强国家安全意识，各级学校要更加有针对性地开展国家安全教育，在中小学课程中强化国家政治安全、经济安全、社会安全、生态安全以及网络安全等安全意识教育，让中小学生了解国家发展面临的各项问题与挑战，逐步养成关注国家发展的意识，初步具有比较自觉的国家安全意识。

（二）国家安全是人民安居乐业、幸福生活的保障

习近平总书记在国家安全工作座谈会中提出：国家安全工作归根结底是保障人民利益，要坚持国家安全一切为了人民、一切依靠人民，为群众安居乐业提供坚强保障。国家安全是人民幸福生活的保障，有了安全感，获得感才有保障，幸福感才会持久。没有国家

的安全稳定，人民的幸福生活就没有保障。国家安全是人民安心生活、工作的前提。国家安全能让人民去追求自我价值的实现，稳定的社会环境为人民实现自我发展提供了优越的环境，人人得为自己的人生理想去奋斗，在实现了基本需求之后，才可以去追求更高层次的自我价值实现。

随着经济发展，社会进步，人民群众对过上美好生活有更高的期待，对国家安全有更高的标准。新时代，人民希望国家更加强大，更有力地维护国家统一和民族团结；希望党和政府更加主动作为，更有效地保护生命财产安全；希望国家着力解决空气、水、土壤污染以及农产品、食品药品安全等突出问题。中国共产党作为执政党，始终要坚守初心和使命，从最广大人民的根本利益出发，为实现人民的幸福生活、安居乐业而努力维护国家安全，只有人民的安全感高，国家安全才有进一步的保障。国家安全为人民幸福生活提供了保障，人民也要为实现国家安全贡献自己的力量。中国人民要坚决同任何损害我国国家安全、国家利益的行为作斗争，成为维护国家安全的一分子。

（三）国家安全是社会稳定、国家长治久安的基石

任何时候，稳定都是发展的重要条件，是人民所向往的生活状态。要实现社会稳定，就要保证国家的安全，国家安全是社会稳定、国家长治久安的基石。我国当下正处于全面深化改革的关键期，稳定的环境是必不可少的。国家安全和社会稳定是改革发展的前提，只有国家安全和社会稳定，改革发展才能不断推进。改革开放以来，中国共产党始终高度重视正确处理改革发展稳定关系，始

终把维护国家安全和社会安定作为党和国家的一项基础性工作，保持了我国社会大局稳定，为改革开放和社会主义现代化建设营造了良好环境。

但是，我国依然存在影响社会稳定的因素，一些地区接连发生特大公共安全事件，给人民群众生命财产安全带来了严重危害。比较突出的问题是：第一，网络公共安全问题依然存在，如信息泄露和各种网络诈骗。我国在保护人民隐私方面的工作做得还不到位，个人信息是非常隐私的东西，但是信息泄露一直未能得到彻底解决，对人们的日常生活构成了极大的威胁。网络诈骗对人民的生活造成的危害也不可小觑。网络诈骗手段不断"丰富"且日益"高明"，人民对各种诈骗手段防不胜防。同时，网络诈骗破案又较为困难，犯罪团伙多数是在境外进行诈骗，使得打击这一犯法手段变得十分困难。第二，社会治安问题突出，影响着社会的安全与稳定。我国仍然处于刑事犯罪的高发期，违法犯罪活动形式多样，涉及社会生活的方方面面，比如食品药品安全犯罪，盗窃、抢劫等侵犯他人生命财产安全的犯罪，都和人民的生活紧密相连，这些领域的问题不彻底解决，会极大影响社会的稳定与安全，进而影响国家的安全。党和国家要积极预防、减少和化解社会矛盾，妥善处置公共卫生、重大灾害等影响国家安全的突发事件，维护社会稳定。

（四）国家安全是实现中华民族伟大复兴中国梦的前提

实现中华民族伟大复兴，就是中华民族近代以来最伟大的梦想，实现中华民族伟大复兴的中国梦，就是要实现国家富强、民族振兴、人民幸福。实现中华民族伟大复兴要靠一代又一代的人接力奋斗，尤其是青少年，作为国家的栋梁和未来，将是实现中国梦的见证者和未来主力。因此，要切实加强中小学生的爱国情怀，增强其保护国家的能力与责任，教育工作者要在其中发挥重要作用。每一位教育工作者都要牢记习近平总书记在全国教育大会上强调的"培养什么人、怎样培养人、为谁培养人"这个教育的根本问题，把培养学生的爱国情怀作为培养社会主义建设者和接班人的首要任务。教育工作者肩负着重要的历史使命，要时刻激励学生坚定理想信念，厚植爱国主义情怀，让爱国主义精神在学生心中牢牢扎根；要教育引导学生热爱和拥护中国共产党，维护党的领导，听党话、跟党走。贯彻落实中小学生国家安全教育要坚持习近平总书记提出的教育理念和方向，为实现中华民族伟大复兴培养人才。

实现中华民族伟大复兴涉及国家、民族、人民三个重要方面。国家富强，就是要全面建成小康社会，并在此基础上建设富强民主文明和谐美丽的社会主义现代化强国。落后就要挨打，要想在国际上占有一席之地，就要求发展求富强。国家富强也是实现中华民族伟大复兴的基础，国家的富强要靠发展，国家富强的内涵也在发展。要发展就要有稳定的环境，要能保证国家安全。鸦片战争后，中华民族经历的苦难、付出的牺牲，在世界历史上十分罕见。近代中国一直处于战争状态，人民没有稳定的生活，社会没有稳定的发展环境，导致国家发展缓慢，经济落后。新中国成立后，社会趋于稳定，国家富强不再是难以实现的理想。

民族振兴，就是要使中华民族更加坚强有力地自立于世界民族之林，为人类作出新的更大的贡献。民族振兴是中国梦的逻辑起点与主线。中华民族历经磨难，自强不息，从未放弃对美好生活的向往和追求。要实现民族振兴，就离不开国家的富强与繁荣，离不开社会的稳定与国家的安全。百年来，中国共产党团结带领人民前仆后继、顽强奋斗，把贫穷落后的旧中国变成日益走向繁荣富强的新中国，把和平发展的中国打造成世界目光投向的中心，使得中华民族伟大复兴展现出前所未有的光明前景。我国所取得一系列进步与成就，都离不开稳定的国内环境与相对和平的国际环境。

人民幸福，就是要坚持以人民为中心，增进人民福祉，促进人的全面发展，朝着共同富裕方向稳步前进。中国梦具有多个维度，而其价值维度就是要实现人的全面发展，人民幸福是中国梦的本质特征，这是由我国的国家性质决定的。我国是社会主义国家，人民是国家的主人，国家的一切政策方针都要从人民的角度出发，都是要为实现人民的幸福生活而努力。

国家富强、民族振兴、人民幸福都离不开稳定的发展环境和和平的国内国际环境。要实现中华民族伟大复兴，首先要对内求发展、求变革、求稳定。当前我国经济步入发展新常态，但是内生动力还是比较弱，部分行业产能过剩严重，地方政府性债务风险上升。面对这些问题，要继续深化改革，以稳中求进作为实现中华民族伟大复兴的总基调。其次，对外求和平、求合作、求共赢。中国梦的实现是与世界和平发展紧密联系在一起的。随着经济全球化的不断发展，我国安全和发展已日益国际化，越来越离不开国际大环境。中国梦是追求和平、合作的梦，实现中国梦，对国内国际都是一件有利的事情，中国梦不仅属于中国，也属于世界。

实现中华民族伟大复兴，保证国家安全是头等大事。目前，中华民族的伟大复兴展现出前所未有的光明前景，国家安全形势保持总体稳定、缓和、向好的基本态势，同时面临的挑战之多也是前所未有的，影响安全的因素日益增多、日趋复杂。因此，中小学生国家安全教育也要跟随时代的变化发展作出相应的调整，要跟上时代的步伐。中小学生国家安全教育的内容不能仅仅局限在政治安全、军事安全等传统领域安全，还要注重非传统领域安全，比如网络安全、生态安全等。中小学生安全教育注重内容与形式的统一，在内容不变的情况下，增加形式的多样性与灵活性，让学生能真正参与进去。在教育过程中可以借助分析现实社会中能引起学生兴趣的热点、焦点问题，明确中小学生在国家安全中怎么做，进一步丰富和发展中小学生国家安全意识。现如今，威胁国家安全的因素已经从单纯的现实世界扩展至网络社会，这对国家安全教育内容提出了更高要求，对中小学生国家安全教育也提出了更具体的任务。国家安全关系着一个国家的发展问题，必须要将国家安全教育落实到中小学教育课程体系当中，让中小学生在思想深处建立起国家安全的意识，在行动上维护国家安全。在维护国家安全上，没有一个人可以置身事外，人人都是维护国家安全的一分子，每一位师生、每一所学校都要做好安全教育的工作。要办好社会主义学校，就必须认真培养学生国家安全意识、保密意识，全面培养学生的总体国家安全观，真正回答好习近平总书记提出的关于"培养什么人、怎样培养人、为谁培养人"这一教育的根本问题。

二、以人民安全为国家安全的基石

人民安全是国家安全最核心的部分，其他安全都应统一于人民安全，一方面，人民是国家之本，人民安全是国家安全之本。总体国家安全观的五大要素中，提出"以人民安全为宗旨"；五对关系中，强调重视国民安全；在重点维护的安全领域中，虽然不包括人民安全，但是并非因为人民安全不重要，而是把人民安全贯穿在其他十六类安全领域之中。维护生态安全、网络安全、信息安全等领域安全，最终都是为了维护人民安全，人民的安全得不到保障，国家的发展就得不到保障。人民是物质财富的创造者，人民的安全是进行财富创造的前提，而维护国家的安全也需要财富支持。另一方面，人民群众是维护国家安全最为可靠的力量源泉。人民安全是国家安全的基石和归宿。只有建立在人民安全基础上，国家安全才成为有源之水、有本之木。维护国家安全不仅需要强大的武装力量支撑，更要依靠广大人民群众的坚强支持。历史经验表明，无论在什么时候、什么情况下，人民安全感越强，爱国主义精神越高涨，国家安全就越有依靠；反之，人民离安全越远、越缺乏归属感和安全感，国家安全就越脆弱、越容易被打破。

人民安全和国家安全是一体两面，相互影响，相互作用。国家安全，人民才能取得更大的安全，人民安全反过来又可以保护国家的安全。在这样的情况下，保障人民安全就成为国家安全工作的根本任务。做好国家安全工作，其根本任务就是全方位保障人民安全，即维护人民的根本利益，保障人民当家作主的各项权利顺利实施，为人民创造良好的生存发展条件和安定的工作环境，保障人民的生命财产安全和其他合法权益。

第一，维护国家安全首先要保障人民的生命和财产安全。生命权和财产权是人民所享有的基本权利，生命财产安全是人民安全的首要内容。生命安全得不到保障，其他方面的安全都失去了存在的意义。人民的生命安全是一切发展的前提条件，国家要从法律方面维护人民的生命权，保障人民的生命不受到任何非法侵害。在保障生命权的同时也要保护人民的财产权，财产是人民通过自己的劳动获得的，必须得到保护，这样人民的安全感会更强。我国宪法规定，公民的人身自由、人格尊严、住宅不受侵犯，公民的合法的私有财产不受侵犯，从而以法律的形式为人民生命和财产安全提供了保障。我国坚持依法治国，在法律的约束下，人民的生命权和财产权可以进一步得到保障。

第二，维护国家安全要保障人民生存发展的基本条件。获得生产和生活资料是人类社会生存和发展的基础。改革开放以来，我国的经济发展取得了极大的进步，人民的生活水平不断提升，在满足了基本物质追求后，进一步追求更高水平的物质生活，更好的教育、社会、法治、文化、生态等方面的生活。在党的十九大报告中，习近平总书记提出：我国的社会矛盾已经转化为人民日益增长的美好生活需要和不平衡不充分的发展之间的矛盾。我国社会主要矛盾发生深刻变化，从"物质文化需求"到"美好生活需要"，从解决"落后的社会生产"问题到解决"发展的不平衡和不充分"问题，适应了新时代我国发展的阶段性要求，也表明我国在不断满足人民的生活需求，保障人民生存发展的基本条件。

随着人民生活水平的不断提高，人民群众不仅关注人身安全，而且关注吃得放不放心、住得安不安心、出行是否平安；不仅关注打击罪犯、维护稳定成效如何，而且关注社会治理、公共服务的水平如何；不仅关注自身合法权益能不能得到有效保障，而且关注执法司法是否严格公正，社会公平正义能否像阳光一样照耀到每个人。国家安全工作要在各个方面都维护人民安全，让人民真正生活在安全的环境中。

人民安全作为国家安全的基石，在国家安全中发挥着重要的作用。国家安全教育工作，特别是中小学国家安全教育工作者，要牢牢抓住我国的国家性质，将国家安全教育和国家性质紧密结合，两者形成合力，让中小学生的国家认同感更强，对社会主义制度的内涵了解更全面。要让中小学国家安全教育实实在在发挥作用，让青少年在面对西方的恶意诋毁时，能有辨别是非的能力，能坚定不移地坚持"四个自信"，为维护国家政治安全作出一份贡献。

三、总体国家安全观的五大要素和五对关系

总体国家安全观是落实中小学国家安全教育的总体要求，是必须贯彻落实的内容。总体国家安全观的五大要素和五对关系是国家安全观的重要内容，是做好国家安全工作的指导思想。在中小学国家安全教育内容当中这一部分内容同样要作为重点，学生在了解总体国家安全观的基础上进一步认识国家安全的重要意义，让国家安全教育真正成为培养学生爱国情怀、增强忧患意识的依托。

（一）五大要素

总体国家安全观的五大要素，就是以人民安全为宗旨，以政治

安全为根本，以经济安全为基础，以军事、科技、文化、社会安全为保障，以促进国际安全为依托。

1.以人民安全为宗旨

以人民安全为宗旨，就是要坚持国家安全一切为了人民，一切依靠人民，真正夯实国家安全的群众基础。总体国家安全观五大要素将人民安全这一宗旨放在首位有深刻的原因，是由中国共产党的性质、宗旨和我国的国家性质决定的。中国共产党作为马克思主义革命党和执政党，是最广大人民根本利益的最忠实代表，其宗旨就是全心全意为人民服务，其初心使命就是为人民谋幸福、为民族谋复兴。党只有始终站在人民的立场，坚持以人民为中心的发展思想，维护人民的安全，才能保证国家的安全。我国是人民民主专政的社会主义国家，以人民安全为宗旨，是唯物史观和国家性质在国家安全领域的必然要求和集中体现。唯物史观强调人民群众是历史的创造者，马克思主义群众观点坚持全心全意为人民服务、坚持一切向群众负责。

以人民安全为宗旨，维护国家安全首先要做到一切从人民的利益出发，坚持人民至上。要坚持国家安全一切为了人民、一切依靠人民，动员全党全社会共同努力，汇聚起维护国家安全的强大力量，夯实国家安全的社会基础，防范化解各类安全风险，不断提高人民群众的安全感、幸福感。人民的安全得不到保障，执政党必然会失去民心，失去执政地位，这是历史经验告诉我们的。新时期新形势下，要进一步维护人民的安全，实现全方面的安全，真正做到为民着想。其次，维护国家安全要坚持群众路线的工作方法。中国共产党面临的四大危险之一就是脱离群众的危险，脱离了人民群众，就无法了解人民的真正需求，也难以了解人民的真实生活状况。中国共产党在维护人民安全的工作中必须坚持群众路线的根本工作路线，从群众中来，到群众中去，切实了解人民所需所求，真正消除影响人民安全的不利因素。

2.以政治安全为根本

以政治安全为根本，就是要坚持党的领导和中国特色社会主义制度不动摇，把制度安全、政权安全放在首要位置，为国家安全提供根本政治保证。政治安全事关党和国家安危，是国家安全的根本。坚持中国共产党领导，坚持社会主义制度，确保党执政安全，是维护政治安全的根本任务。

坚持中国共产党在国家安全工作中的领导地位。习近平总书记在国家安全工作座谈会上强调，坚持党对国家安全工作的领导，是做好国家安全工作的根本原则。各地区要建立健全党委统一领导的国家安全工作责任制，强化维护国家安全责任，守土有责、守土尽责。中国共产党的领导地位是历史和人民的选择，党领导人民在艰苦卓绝中完成新民主主义革命，建立了中华人民共和国，确立社会主义基本制度，进行改革开放新的伟大革命，使我国的综合国力显著增强，国际地位显著提高，获得了人民的支持和拥护。中国共产党是中国工人阶级的先锋队，同时是中国人民和中华民族的先锋队，是中国特色社会主义的领导核心。党的领导是中国特色社会主义最本质的特征，是中国特色社会主义制度的最大优势。要维护国家的政治安全，也要坚持中国共产党的领导，坚决坚持中国共产党在国家安全工作中的领导。

坚持社会主义制度不动摇。各种敌对势力从来没有停止对我国实施"西化""分化"战略,从来没有停止对中国共产党的领导地位和我国社会主义制度进行颠覆破坏活动,始终企图在我国策划"颜色革命"。面对这些破坏势力,我们要坚持社会主义基本制度不动摇,坚定地走中国特色社会主义道路。面对当前我国的全面深化改革,有些人提出质疑,觉得中国的改革偏离了社会主义的航向,在向资本主义的道路上走。面对这些质疑和不解,习近平总书记给出了解答:我们全面深化改革,不是因为中国特色社会主义制度不好,而是要使它更好;我们说坚定制度自信,不是要故步自封,而是要不断革除体制机制弊端,让我们的制度成熟而持久。我们不仅要防止落入"中等收入陷阱",也要防止落入"西化分化陷阱"。

中国特色社会主义进入新时代,面对的机遇和风险都大大增加,我们要始终坚持道路自信、理论自信、制度自信、文化自信,坚定不移地走中国特色社会主义道路,坚持社会主义制度不动摇。中小学国家安全教育要特别注重引导学生树立正确的政治方向,拥护党的领导,坚持走社会主义道路,把学生培养成合格的社会主义接班人。

3.以经济安全为基础

以经济安全为基础,就是要确保国家经济发展不受侵害,促进经济持续健康发展,提高国家经济实力,为国家安全提供坚实的物质基础。经济安全不仅涉及经济的各个方面,也与国家其他领域的安全交织。维护经济安全,核心是要坚持社会主义基本经济制度不动摇,不断完善社会主义市场经济体制,坚持发展是硬道理,不断提高国家的经济整体实力、竞争力和抵御内外各种冲击与威胁的能力,重点防控好各种重大风险挑战,保护国家根本利益不受伤害。

坚持社会主义基本经济制度不动摇。我国逐步确立了公有制为主体、多种所有制经济共同发展,按劳分配为主体、多种分配方式并存,社会主义市场经济体制等社会主义基本经济制度。我们不能,也绝不会改变社会主义基本经济制度,我们党在坚持社会主义基本经济制度上的观点是明确的、一贯的,而且是不断深化的,从来没有动摇过。中国共产党党章中便写明了这一点,这是不会变的,也是不能变的。非公有制经济在我国经济社会发展中的地位和作用没有变,我们毫不动摇鼓励、支持、引导非公有制经济发展的方针政策没有变,我们致力于为非公有制经济发展营造良好环境和提供更多机会的方针政策没有变。要维护经济安全,促进经济的持续健康发展,就要坚持社会主义基本经济制度不动摇。我国的基本经济制度是马克思主义经济理论中国化的重大制度性结果,是符合我国基本国情的经济制度,要让公有制经济和非公有制经济一同发展,为维护经济安全作出贡献。

坚持发展才是硬道理。发展是解决一切经济社会问题的关键。在新时代的背景下,经济发展不能只注重速度,同时要兼顾质量与发展方式,发展一定要有速度,但这个速度必须有质量、有效益。习近平总书记提出的新发展理念,是当前经济发展应该遵循的理念。新发展理念强调创新、协调、绿色、开放、共享,这个发展理念是高质量的发展理念，是"五位一体"的发展。在新发展理念的指导下，不断推动建设现代化经济体系。习近平总书记在中央经济工作会议上提出：要解放思想、实事求是、与时俱进，按照创新、协调、绿色、开放、共享的发展理念，在理论上做出创新性概括，在政策上做出前瞻性安排，加大结构性改革力度，矫正要素配置扭曲，扩大有效供给，提高供给结构适应性和灵活性，提高全要素生产率。当前我国的经济总量虽然跃居世界第二，但还是存在许多问题，我们也面对着供给侧、机构性、体制性矛盾，这些问题都需要一一去解决。以新发展理念作为发展的指导方针，不断促进我国经济发展速度、质量同步前进。同时，我们要正视困难、明确方向、坚定信心、一起努力，把我国经济增长巨大潜力转变为现实，引领我国经济迈上新台阶。

4.以军事、科技、文化、社会安全为保障

以军事、科技、文化、社会安全为保障，就是要注意这些领域面临的大量新情况新问题，遵循不同领域的特点规律，建立完善强基固本、化险为夷的各项对策措施，为维护国家安全提供硬实力和软实力保障。

军事安全是指国家不受外部军事入侵和战争威胁的状态，以及保障这一持续安全状态的能力。军事安全关系到国家主权和领土完整不受侵犯，关系到国家生死存亡和长治久安。冷战结束以来，世界各国的竞争由军事实力竞争转向综合国力竞争，国家安全的内涵不断扩大，军事安全在国家安全中的角色有所调整，但仍然处于极其重要、不可替代的地位，军事手段始终是维护国家安全的保底手段。面对当前的世界发展大势，我们必须不断强化军队建设，建设一支能打胜仗、作风优良的人民军队。同时，也应该抓住当前世界科技革命、产业革命、军事革命蓬勃发展的历史机遇，紧紧围绕能打仗、打胜仗的目标，深入推进中国特色军事变革，把我军建设成为召之即来、来之能战、战之必胜的威武之师，努力夺取我军在军事竞争中的主动权。

科技安全是指科技体系完整有效，国家重点领域核心技术安全可控，国家核心利益和安全不受外部科技优势危害，以及保障持续安全状态的能力。科技越来越成为综合国力竞争的重要因素，成为国家安全体系中的重要一部分。科技安全不仅是支撑国家安全的重要力量和物质技术基础，还是实现其他相关领域安全的关键要素，同时是实现创新驱动发展战略的保障。当前，我国的科技水平在一些领域已经走在世界前列，但是，科技创新的基础还不够牢固，关键核心领域技术受制于人的地位没有得到改变，我国的科技安全还不能有效满足国家安全的要求，面临的挑战与威胁是多方面的。

文化安全是指一国文化相对处于没有危险和不受内外威胁的状态，以及保障持续安全状态的能力。文化在综合国力中的地位越来越重要，成为重要的"软实力"，是不能忽视的一大领域。文明特别是思想文化，是一个国家、一个民族的灵魂。无论哪一个国家、哪一个民族，如果不珍惜自己的思想文化，丢掉了思想文化这个灵魂，这个国家、这个民族是立不起来的。思想文化在国际地位中的重要作用不言而喻，但是，我国在文化领域面临的挑战也越来越多，比如部分国家在我国传播历史虚无主义、拜金主义、享乐主义、极端个人主义等，试图对我国进行"和平演变"。维护国家文化安全，还必须坚持社会主义先进文化前进方向，坚持以人民为中心的工作导向，坚守中华文化立场，坚定文化自信，增强文化自觉，加快文化改革发展，加强社会主义精神文明建设，建设社会主义文化强国。

社会安全和人民的生活息息相关，是必须维护的安全领域之一。社会安全涉及生产、工作、生活等各个方面。社会安全与人民群众生命财产安全等切身利益关系最密切，是人民群众安全感的晴雨表，是社会安定的风向标。安全稳定工作连着千家万户，宁可百日紧，不可一日松。我们党在维护国家安全的过程中必须把社会安全放在重要位置，坚持以人为本，以民为本，为人民的幸福生活考虑。改革开放以来，我们党始终高度重视社会安定，始终把维护社会安全作为一项基础性工作。世界面临着百年未有之大变局，影响社会安全的风险也在增加，面对这些风险与挑战，我们党要站在人民群众的立场上，切实做好维护社会安全的工作，为实现稳定的社会环境而奋斗。

5.以促进国际安全为依托

以促进国际安全为依托，就是要始终不渝走和平发展道路，在注重维护本国安全利益的同时，注重维护世界各国的共同安全，推动建设持久和平、共同繁荣的和谐世界。

在经济全球化的浪潮下，各个国家之间的联系越来越紧密，相互之间的合作也日益增多。新形势下，要建立一个和平发展的国际环境，摒弃过去的零和博弈思维，努力实现多赢的国际格局。党的十八大明确提出：要倡导构建人类命运共同体意识，在追求本国利益时兼顾他国合理关切，在谋求本国发展中促进各国共同发展，建立更加平等均衡的新型全球发展伙伴关系，同舟共济，权责共担，增进人类共同利益。国际社会作为命运共同体，每个主权国家都有责任为实现一个和平的国际环境而努力。在政治上，要摒弃冷战思维和强权政治，走对话而不对抗、结伴而不结盟的国与国交往新路；在经济上，要推动经济全球化朝着更加开放、包容、普惠、平衡、共赢的方向发展；文化上，要尊重文化多样性，以文明交流超越文明隔阂、文明互鉴超越文明冲突、文明共存超越文明优越。当前国际上还存在很多不利于和平的因素，中国作为一个负责任的大国，一直致力于维护和平的国际环境，积极参与联合国的维和行动。习近平总书记指出：国际社会应该倡导综合安全、共同安全、合作安全的理念，使我们的"地球村"成为共谋发展的大舞台，而不是相互角力的竞技场，更不能为一己之私把一个地区乃至世界搞乱。整个世界作为一个"地球村"，出现重大的战争、疫情或者经济风波，没有一个国家可以独善其身。各国在交往的过程中，难免会有磕磕碰碰，关键是要坚持通过对话协商与和平谈判，妥善解决矛盾分歧，实现共同安全、合作安全，建立一个共赢的国际体系。和平的国际环境对各个国家都是有利的，每个国家要发展都离不开和平的国际环境。

五大要素以人民为核心，把人民安全作为宗旨，通过政治安全、经济安全、军事安全、科技安全、文化安全、社会安全、国际安全等，建构成一个有着完整系统，并相互之间紧密联系、相辅相成、相互作用的立体式格局，形成了以人民安全为宗旨，以政治安全为根本，以经济安全为基础，以军事、科技、文化、社会安全为保障，以促进国际安全为依托的总体国家安全观，其意义重大，影响深远。

（二）五对关系

1.既重视发展问题，又重视安全问题

既重视发展问题，又重视安全问题强调发展和安全是一体之两面，只以其中一项为目标，两个目标均不可能实现。发展是安全的基础和目的，国家全面发展，能为安全提供强大的物质基础。安全是发展的条件和保障，推动创新发展、协调发展、绿色发展、开放发展、共享发展，前提都是国家安全、社会稳定，没有安全和稳定，一切都无从谈起。既要善于运用发展成果夯实国家安全的实力基础，又要善于塑造有利于经济社会发展的安全环境，以发展促安全、以安全保发展，努力实现久安之势、长治之业。

2.既重视外部安全，又重视内部安全

既重视外部安全，又重视内部安全强调外部安全与内部安全彼此联系，相互影响。对内求发展、求变革、求稳定，建设平安中国；对外求和平、求合作、求共赢，维护世界和平与发展。总体国家安全观的提出有其特殊的时代背景。

第一，国内环境的新形势和新挑战。当前，我国面临复杂多变的安全和发展环境，各种可以预见和难以预见的风险因素增多，各方面风险可能不断积累甚至集中显露。政治领域、经济领域等传统安全面临风险；网络领域、生态领域等非传统安全也面临风险。在把握国家安全形势变化新特点和新趋势的基础上,以习近平同志为核心的党中央提出总体国家安全观。第二,国际形势的新变化和新威胁。当今世界正处于百年未有之大变局,国际体系进入深刻调整变化时期。发展中国家快速崛起,国际力量对比深刻变化并朝着有利于和平发展的方向变化。但是非和平的因素依然存在,并严重影响着国际和平。局部战争的威胁没有消除,霸权主义、强权政治和新干涉主义有新的发展;非传统安全威胁上升,各国把注意力转向生态安全、网络安全、科技安全、资源安全等领域,这些领域的竞争增大,每个国家面临的挑战也随之增大。

国内环境和国际环境是总体国家安全观形成的时代背景,五对关系中对应的就是内部安全和外部安全,国内和国际都有新形势与新风险,我国维护国家安全就必须同时重视这两个方面,任何一个都不能忽略。只重视内部安全,没有外部的安全,我国国家安全依然会面临诸多威胁与风险。在维护我国国内的安全时要致力于维护外部的安全。

3.既重视国土安全,又重视国民安全

国土安全涵盖领土、自然资源、基础设施等要素,是指领土完整、国家统一,边疆边境、领空、海洋权益等不受侵犯或免于威胁的状态。国土是主权国家赖以存在的物质空间,国土安全是国家生存和发展的基本条件,是必须维护的重要领域。国民安全即人的安全,呼应了五大要素中的"以人民安全为宗旨",突出了我国把人民放在重要位置的国家性质,坚持以民为本、以人为本,坚持国家安全一切为了人民、一切依靠人民,真正夯实国家安全的群众基础。

既重视国土安全，又重视国民安全强调国土安全与国民安全存在有机的统一。国土安全遭到破坏，国民的生存权会跟着受到影响，并且很快会波及其他领域，进而引发国家安全的总体危机。同样，如果国民安全不能得到切实保障，国土安全也必将面临现实威胁或风险隐患。当前及未来一段时期，维护国家安全既要加强国防力量建设，保卫国家领土主权特别是领海、领空安全，又要加强社会治理体系和治理能力的现代化建设，最大限度降低对人民群众造成的安全威胁，切实维护人民群众生命、财产安全。

4.既重视传统安全，又重视非传统安全

既重视传统安全，又重视非传统安全强调传统安全威胁与非传统安全威胁相互影响，并在一定条件下可能相互转化。既重视传统安全，又重视非传统安全的具体内容是构建集政治安全、国土安全、军事安全、经济安全、文化安全、社会安全、科技安全、信息安全、生态安全、资源安全、核安全等于一体的国家安全体系。这也是总体国家安全观比过去的安全观内涵更加丰富更加全面的部分，以前的安全观更多强调传统领域的安全，随着社会的不断发展，出现了新的问题和挑战，安全的范围也随之扩大，要注重各方面的安全，打造全方位的安全体系。

坚持总体国家安全观，必须坚持全面系统的安全治理，体现维护国家安全统筹协调的总体性。一方面要把主权、领土、政治安全作为国家安全的重中之重，牢牢抓住不放；另一方面要统筹兼顾，综合施策，有效应对来自文化、科技、网络、生态领域以及恐怖主义、核武器扩散等非传统领域安全风险。

5.既重视自身安全，又重视共同安全

既重视自身安全，又重视共同安全强调全球化和国与国相互依赖。总体国家安全观的显著特点之一，就是将中国国家安全融入区域安全和世界安全中，强调要通过促进共同安全，实现自身安全，构建一个人类命运共同体。构建人类命运共同体，推动各方朝着互利互惠、共同安全的目标相向而行。共同，就是要尊重和保障每一个国家安全。国与国之间的联系日益紧密，只追求自身安全得不到真正的安全，在谋求自身安全的同时，要为世界和平与安全贡献一份力量。世界的命运应该由各国人民共同掌握，世界上的事情应该由各国政府和人民共同商量来办，建立一个合作共赢的世界格局。

五对关系也可以概括为既重视发展又重视安全，这五对关系，概括了总体国家安全观的重要安全领域，体现了唯物辩证法两点论与重点论的统一，体现了当代国家安全和国家安全工作的整体性与系统性，是当前大安全时代的一种新的国家安全思路。

五大要素和五对关系是理解总体国家安全观的关键所在，我们必须要全面、准确地理解总体国家安全观的丰富内涵，辩证地看待国家安全外延的创新发展，从全局和战略的高度审视国家安全问题，统筹好不同领域、不同性质的安全工作，形成维护国家安全的强大合力。

总体国家安全观丰富了国家安全的内涵与外延，是推进国家治理体系和治理能力现代化的重大理论成果，是指导新时期国家安全工作的纲领性思想，是国家安全教育不可缺少的部分。党的十九大强调要加强国家安全教育，增强全党全国人民国家安全意识，推动全社会形成维护国家安全的强大合力。同时，要特别加强大中小学国家安全教育，使广大学生牢固树立国家安全意识，是立德树人的重要任务，是全民国家安全教育的重要内容，是党和国家的一项基础性、长期性、战略性工程。要牢牢坚持和贯彻党的教育方针，把总体国家安全观纳入中小学国家安全教育的方方面面，这也是维护国家安全工作的基础工程。

本章小结

总体国家安全观是以习近平总书记为核心的党中央高瞻远瞩，立足国情，纵览世界形势提出的新命题。总体国家安全观丰富了国家安全的内涵与外延，是推进国家治理体系和治理能力现代化的重大理论成果，是指导新时期国家安全工作的纲领性思想，是国家安全教育不可缺少的内容。中小学开展总体国家安全观教育是落实立德树人的重要任务，是解决"培养什么人、怎样培养人、为谁培养人"的重要抓手，是全民国家安全教育的重要内容，是党和国家的一项基础性、长期性、战略性工程，事关人民安居乐业，事关党和国家兴旺发达。因此，必须把总体国家安全观纳入中小学国家安全教育的各方面，切实增强中小学国家安全教育工作的针对性和实效性。

理解反思探究

1.中小学国家安全教育为什么要坚持以习近平新时代中国特色社会主义思想为指导？

2.中小学国家安全教育遵循的基本原则有哪些？

3.国家安全的重要性主要体现在哪些方面？

4.总体国家安全观的五大要素和五对关系各是什么？

拓展阅读导航 ▶

1.习近平.决胜全面建成小康社会夺取新时代中国特色社会主义伟大胜利[M]．北京：人民出版社，2017.

2.习近平.坚持总体国家安全观，走中国特色国家安全道路[N].人民日报，2014-04-16.

3.中共中央宣传部.习近平新时代中国特色社会主义思想学习纲要[M].北京：学习出版社，人民出版社，2019.

4.《总体国家安全观干部读本》编委会.总体国家安全观干部读本[M].北京：人民出版社，2016.

5.严华，朱建纲.坚持总体国家安全观[M].长沙：湖南教育出版社，2017.

6.尚伟.总体国家安全观[M].北京：人民日报出版社，2020.

7.侯娜，池志培.总体国家安全观研究新探[M].北京：中国商务出版社，2020.

8.全国干部培训教材编审指导委员会.全面践行总体国家安全观[M].北京：党建读物出版社，2019.

9.《总体国家安全观教育读本》编写组.总体国家安全观教育读本[M].北京：光明日报出版社，2016.

10.孙云."百年未有之大变局"背景下中外人文交流的挑战与对策[J].中国社会科学内部文稿，2020(03).

11.江锡华.总体国家安全观大格局思维分析[J].毛泽东邓小平理论研究，2020(05).

12.孙东方.坚持总体国家安全观防范化解重大风险[J].中国党政干部论坛，2020(05).

13.郑旭涛.总体国家安全观：新时代中国国家治理的重要指导思想[J].学习与探索，2020(01).

14.孙东方.习近平总体国家安全观核心要义与实践要求[J].理论视野，2019(12).

15.杨海.总体国家安全观中的"总体性"探析[J].马克思主义研究，2019(12).

16.陈维.总体国家安全观：全球安全治理的中国智慧[J].党建，2019(06).

17.生忠军.总体国家安全观：形成背景、基本原则和重要任务[J].中共福建省委党校学报，2019(01).

18.鞠丽华.习近平总体国家安全观探析[J].山东社会科学，2018(09).

第三章 中小学国家安全教育的目标任务

 **内容提示**

总体国家安全观和新时代国家安全工作新形势新任务对中小学国家安全教育目标提出了新要求。小学阶段的目标是要学生了解国家安全的基本常识，启蒙国家安全意识，培养爱国主义情感；初中阶段的目标是要学生初步了解总体国家安全观，掌握国家安全基础知识，增强国家安全意识和爱国主义情感；高中阶段的目标则是要学生树立总体国家安全观，全面掌握国家安全基础知识，初步具备维护国家安全的能力。中小学国家安全教育目标的设定，结合各学段学生的身心发展特点及规律，在中小学循序渐进、有机衔接、螺旋上升，能够切实提高国家安全教育的科学性和有效性，保障学生成长为具备维护国家安全的意识和能力的时代新人。

了解中小学国家安全教育的目标任务，了解各学段教育目标设定的具体依据；理解国家安全教育目标对学生成长和国家发展的意义；掌握不同学段学生需要知道、理解的国家安全基础知识的内容，掌握在小学启蒙学生国家安全意识的要求，掌握国家安全教育所要达到的情感目标，掌握对中学生理解和树立总体国家安全观的要求，掌握高中生国家安全教育的能力目标。

中小学生的国家安全教育应当达到一个怎样的水平？应该秉承什么样的目标来对中小学生进行国家安全教育？国家安全教育目标对于不同学段的学生有哪些具体的要求？不同学段学生的目标设定在领域和内容上又有哪些不同？我们如何带领学生真正领会总体国家安全观，形成维护国家安全的使命感与责任感？本章围绕这些问题进行探讨和研究。

中小学国家安全教育总体目标任务是培养学生爱党、爱国、爱人民的情感和情怀，使其增强国家意识、忧患意识、国家安全意识和社会责任意识，具有高度的社会责任感，能够担负起时代发展的重任，树立起崇高的理想、远大的抱负和"国家兴亡，匹夫有责"的信念，教育学生理解、认同、拥护和捍卫中国共产党的领导和中国特色社会主义制度，了解、树立和自觉坚持总体国家安全观，引导学生准确理解和把握总体国家安全观的深刻内涵、价值取向和实践要求，养成维护国家安全的良好思维方式、行为习惯、行为方式和实践能力，在面对国家安全风险挑战时，在知识素养、思想素质、政治素质、心理素质和行为素质方面达到既定的要求，使中小学生健康成长为能够担当民族复兴大任的时代新人，成长为社会主义合格建设者和可靠接班人。

中小学国家安全教育目标的制定，是从新时代国家安全工作对青少年的要求以及青少年自身发展的需要提出的。学生在成长过程中，其心理水平和认知能力在各个阶段都不断地发生着变化，中小学国家安全教育目标应充分考虑到各个阶段学生的年龄特点、认知规律、身心发展规律和教育规律。因此，在制定青少年国家安全意识培养目标时要坚持战略性与使命性相结合，实时性和前瞻性相结合，认知教育与行为教育相结合，使青少年面对国际国内的安全形势，在思想、政治、心理素质和责任意识、法律意识等方面达到应有的规格和要求。在具体的制定过程中，要从实际出发，在深入研究和考察的基础上，整体规划中小学国家安全教育目标，并对每一个学段的目标加以细化、优化，在中小学循序渐进、螺旋上升地开展国家安全教育，真正实现国家安全教育的中小学一体化衔接，引导中小学学生在各个学段的学习成长过程中逐渐树立总体国家安全观、掌握国家安全基础知识、增强国家安全意识、提高维护国家安全的能力，切实提高国家安全教育的科学性和有效性，从而使学生成为从小具有国家安全意识、长大后能够肩负起全面维护国家安全重任的时代新人。

第一节　小学国家安全教育的目标任务

小学是学校进行国家安全教育的起始阶段，皮亚杰的认知发展理论认为小学阶段是儿童的具体运算阶段。这个阶段的学生思维能力及认知能力有较为显著的提升，并初步掌握了一些学习策略，但需要外界的正确指导与培养。小学阶段的学生具有一定的可塑性，但也存在注意力不够集中，缺乏独立思考能力等问题。小学生身心发展特点和国家对小学生成长的期待，决定了小学国家安全教育的目标任务。小学阶段的国家安全教育主要依托道德与法治、语文、科学等课程以及相关校内外活动，针对小学生的基本特点和发展情况，在了解国家安全基本常识、启蒙国家安全意识、培养爱国主义情感三个维度上进行。

一、了解国家安全基本常识

小学是学生发展的初级阶段，也是培养学生成为未来国家安全守卫者的开端。小学阶段注重常识的了解，需要掌握最为基本的国家安全知识。现阶段学生应初步了解关于祖国的知识，建立国家的相关概念，形成对国家的清晰认识，为国家安全教育奠定良好的认知基础。例如，对国旗、国徽、队旗、红领巾及其象征意义有较为清楚和全面的认知；认识警旗、警徽，了解警旗的象征意义以及旗面红蓝两色所代表的含义；了解我国的历史、民族、文化习俗、疆域、行政区划、周边国家的名称等基本知识；知道台湾是祖国领土不可分割的一部分，一定要实现祖国统一大业；等等。

在教育部《关于加强大中小学国家安全教育的实施意见》中明确提出：小学生应了解国家安全基本常识，增强爱国主义情感。在基本常识方面，小学阶段的学生应当了解什么是国家安全，什么是危害国家安全的行为。通过对国家安全基本常识的学习，理解国家安全的重要性，了解国家安全直接关乎国家主权独立和领土完整，是人民安居乐业、幸福生活的保障，是社会稳定、长治久安的基石，是实现中华民族伟大复兴的中国梦的重要前提。

针对国家安全体系涉及的多个重点领域，小学阶段的学生在不同领域的学习目标有所不同。针对科技安全，小学生的思维不够成熟，理解能力有限，只需要对其重要性有一定的了解；国土安全在小学阶段的道德与法治和科学课程中都有所涉及，学生对国土面积以及各省市名称等常识已有了一定的了解，所以要知道国土安全的主要内容以及维护的途径与方法；对于军事安全、文化安全、社会安全、网络安全及生态安全，这些领域与学生的生活交叉性强，小学阶段的学生对它们接触得较多也更容易理解，因此要求学生不仅要了解它们的重要性及主要内容，也要了解当前各领域面临的威胁与挑战及解决途径与方法；针对资源安全，小学阶段的学生尚无法深入理解其对于国家的重要性，只需要知道资源安全的主要内容以及维护的途径与方法；对于海外利益安全，小学阶段的学生需要了解其重要性、当前面临的威胁与挑战以及维护的途径与方法，使学生在潜移默化中了解海外安全文明出行的知识，为未来维护海外利益安全奠定基础。

针对科技安全，知道科技安全是国家安全的重要标志，是维护国家利益的基础，是提升国家实力的前提。

针对国土安全，了解国土安全的基本内涵包括领土主权不受侵犯，领土完整不被分裂，涵盖了领土、领海、领空以及自然资源基础设施等要素；了解领土的概念与要素、领海和领空的概念以及我国的领海范围；了解维护国土安全应完善国土安全法律和教育体系，加强国家版图和国土主权的宣传教育。

针对军事安全，了解军事手段始终是维护国家安全的保底手段；知道中国人民解放军现役部队组成；了解维护军事安全应加强军事保密教育，宣传普及军事保密法律法规，加强军事秘密泄密警示教育。

针对文化安全，了解文化是国家和民族的灵魂，文化安全是国家安全的重要保障；了解文化安全主要包括国家文化主权，文化价值观以及中华优秀传统文化、革命文化、社会主义先进文化安全；知道要防止文化"全盘西化"，具有文化自信，保护语言、风俗习惯、传统节日、文物等文化遗产；知道文化安全面临消极娱乐、享乐和消费文化，恶意解构文化传统与文化符号的威胁与挑战；了解维护文化安全需要加强文化遗产保护与利用，既要保护也要传承好文化遗产。

针对社会安全，了解社会安全是国家安全的重要保障，是社会和谐稳定的基础，能够提升人民群众的幸福感和满意度；了解社会安全涵盖社会安全事件和社会舆情，社会安全事件包括重大自然灾害、重大事故灾害、暴力恐怖活动等，社会舆情则指的是舆情传播；了解社会安全面临境外势力文化渗透破坏日益严重，新型违法犯罪方式多样，如电信诈骗、网络诈骗等；了解维护社会安全应防范外来有害因素侵入，依法加强海关把控、边境安全和出入境管理。

针对网络安全，了解网络安全主要包括运行与服务安全和信息安全两大主要内容，运行与服务安全主要指防攻击、防渗透，信息安全指的是数据传输安全、网络信息加密、有害信息监察监管以及防范网络诈骗和网络暴力等；了解当前网络安全面临网络犯罪呈现高发态势，网络违法犯罪造成重大危害，网络窃密高发、后果严重等威胁与挑战；了解维护网络安全，应进行宣传培训，加强社会网络安全意识的教育。

针对生态安全，知道生态安全是生存发展的基本条件；了解生态安全包括土地生态安全和大气安全，土地生态安全指土壤污染和土壤功能破坏，大气安全则指大气污染和气候变化威胁；了解生态安全面临着生态破坏及环境污染两大挑战；生态破坏包括水资源短缺对生产、生活及地区安全的影响，水土流失对农业和水利工程的影响，森林草原退化导致生态系统功能的紊乱、失调和衰退，生物多样性丧失对生存环境的影响，气候变化威胁人类生存发展以及生物入侵威胁生物多样性和生产生活；环境污染包括地表水、地下水污染威胁生产生活和生态系统健康，土地土壤污染威胁生产生活和生态系统健康，空气污染威胁公众健康、生态环境和农业生产力；知道维护生态安全需要环境治理和强化国门安全管理这两大措施，环境治理包括大气污染防治、水污染防治、土壤污染防治、荒漠化防治以及水土流失防治；强化国门安全管理则需要建立外来有害生物、重大新发突发传染病、动植物疫情防控体系，禁止濒危动植物及产品贸易。

针对资源安全，知道资源安全包括可再生资源安全和不可再生资源安全，可再生资源安全指的是水资源保护和开发利用及土地资源保护和开发利用，而不可再生资源安全则指的是不可再生能源保护和开发利用；了解维护资源安全需要推进绿色发展，实施国家节水行动，推进资源全面节约和循环利用，倡导绿色低碳的生活方式。

针对海外利益安全，知道海外利益安全是保护国家利益、增进人民福祉的重要保障；了解海外利益安全面临国际恐怖主义活动多发，恐怖主义活动严重威胁我国海外项目和人员安全，地震、海啸等重大自然灾害、重大新发突发传染病疫情时有发生，对于海外中国公民的安全威胁日益凸显的问题；初步了解维护海外利益安全的途径与方法。

二、启蒙国家安全意识

习近平总书记在党的十九大报告中明确指出要加强国家安全教育，增强全党全国人民国家安全意识，推动全社会形成维护国家安全的强大合力。当前世界面临的不确定不稳定因素突出，我国的均衡发展问题也亟待解决，因此我国的国家安全问题涉及面大，涉及范围广，国家安全工作任务也更为艰巨。一个国家生存与发展的前提是具备足够安全的环境，而这就需要学生具备一定的安全意识。小学是建立国家安全意识的启蒙阶段，是"走向""接近"而非"达到"国家安全思想的成熟状态，因此要引导学生在了解国家安全基本常识的基础上萌生基本的国家安全意识，了解自己是国家的主人，个人生活和国家安全息息相关，认识到国家安全是国民生存和发展的基本保障，每个人的自由和幸福都是建立在国家安全的基础上的。国家主权受到威胁，国家的统一和领土完整受到破坏，国民的生存就会受到挑战。只有国家安定了，社会才能稳定，经济才能不断发展，祖国才能更加繁荣富强，人民的生活才会更加幸福。在教育教学过程中，可以借助"4·15"全民国家安全教育日、《国家安全法》等使学生切实感受到国家安全与自身生活现实的密切关系，从而启蒙国家安全意识，在此基础上逐渐树立国家安全观念，形成"国家安全无小事"意识，自觉规范自身行为，争当国家安全小卫士。

小学阶段的学生涉世未深，长期处于和平安定的环境中，很难全面深入理解国家安全面临的问题，也少有对当前我国面临的风险与挑战的切身体会。但是，在义务教育的起始阶段，小学教育中应当逐步渗透国家安全观念，唤起学生的国家安全意识，使学生对国家安全问题产生基本认知、正确态度和情感体验。同时，对国家的安全形势应有一定的了解，初步具备忧患意识，了解"生于忧患，死于安乐"，做到居安思危，未雨绸缪，使国家安全意识初步扎根于学生内心，让学生在面对未来未知的局势时不逃避、不放弃，并愿意迎接风险与挑战，为未来国家安全建设积蓄力量。

小学阶段应当引导学生初步理解国家利益的内涵，通过对具有牺牲精神的英雄事迹的讲述，使学生了解在革命战争时期，无数人民英雄为了国家安全和民族利益，流尽最后一滴血，在和平发展时期，一批批优秀中华儿女为了国家繁荣富强，无私奉献出自己的全部，从而让学生感受到维护国家安全、维护国家利益和人民利益的行为是光荣的、高尚的、受人尊重的,并从实际出发,对学生维护国家安全和利益的想法及行为进行适当的奖励,将维护国家安全与利益在学生心中具体化、神圣化,从而在潜移默化中激励学生自觉形成维护国家安全和利益的想法,不做有损国家利益的事情,理解每个人都要从一点一滴的小事出发维护国家安全和利益。

三、培养爱国主义情感

在社会主义教育中,一个非常重要的方面是培养学生爱国主义情感与国家观念。小学生正处在自我认知养成和身心发展的重要时期,在小学阶段应当培养集体主义意识与爱国情感,启蒙并引导学生形成对个体与国家关系的认知,形成对伟大祖国、中华民族、中华文化、中国共产党和中国特色社会主义的情感认同,了解爱党、爱国、爱社会主义、爱人民、爱集体的高度一致性,形成"五爱"情感,培养学生的集体荣誉感和社会责任感。此外,小学阶段也要进行国家意识的教育,通过对传统文化、革命文化、社会主义先进文化的学习,借助具体的实践活动,让学生在活动中体验爱国主义与国家繁荣昌盛之间的关系,切实感受国家民族的伟大,形成对国家的浓厚情感,使学生忠于国家,忠于民族。小学阶段的学生注意力持续时间较短,可以借助多媒体手段进行国家安全教育,加入动画、声音等辅助信息,吸引学生的注意力,更有效地激发学生的爱国情怀;也可以通过展示国家安全战线上的英雄事迹,引导学生从小树立爱国情怀,继承和弘扬革命光荣传统,从而形成国家安全意识。最后,在培养小学生爱国主义情感的过程中,要充分体现学生的主体地位,由学生自愿自主参与,充分调动学生的主动性与积极性，使其获得积极的情感体验，促进爱国主义情感的养成。这种爱国情怀能够促使学生内心产生强烈的民族认同感、归属感和自豪感，从而自愿维护国家安全、荣誉和利益。

小学阶段应当在培养爱国主义情感的同时，引导学生认识到当今时代维护国家利益、保障国家安全越来越迫切与重要，要帮助学生认识、感受国家安全对于国家生存和发展的重要性，进一步认识到有国才有家，只有国家安定，才能拥有良好的学习环境和生产、生活环境，我们的生命安全、财产安全才能得到保障，才能获得安全感，进而创造更加美好的生活和未来。了解维护国家、人民利益与安全是我们每个人的责任所在，从而具有维护国家主权、安全和发展利益的美好愿望，自觉主动地关心国家的发展，刻苦学习，提高个人素质，努力掌握维护国家安全和发展利益的能力。

第二节 初中国家安全教育的目标任务

初中是学校进行国家安全教育的展开阶段，与小学阶段相比，初中阶段的学生在思想和认知能力方面都有了较为显著的提升，也具有了一定的自主性，但意志力和社会责任感都在发展成熟的过程中，需要给予积极正向的引导。初中生身心发展特点和国家对初中生成长的期待，决定了初中国家安全教育的目标任务。初中阶段的国家安全教育主要依托道德与法治、语文、历史、地理和信息技术等课程以及相关校内外活动，针对初中生的基本特点和发展情况，在初步了解总体国家安全观、掌握国家安全基础知识、增强国家安全意识和爱国主义情感三个维度上进行。

一、初步了解总体国家安全观

初中阶段的学生具有一定的学习力和理解力，但对时政知识关注较少，对于总体国家安全观缺乏整体意识。因此需按照总体国家安全观的要求，引导学生进一步树立国家安全意识，了解我国所面临的复杂安全局势，理解总体国家安全观这一顶层设计的必要性和正确性，从政治上认同党和国家的基本方略，从行为上维护国家安全。

初中阶段的学生应当初步了解总体国家安全观。第一，学生应了解并履行维护国家安全的法律义务，增强维护国家安全的法治意识，遵守有关国家安全的法律规定，认识到落实总体国家安全观是公民的法定义务。第二，理解五大要素是总体国家安全观的关键所在：了解以人民安全为宗旨，就是要坚持人民中心立场，坚持国家安全一切为了人民、一切依靠人民，真正夯实国家安全的群众基础；以政治安全为根本，就是要坚持党的领导和中国特色社会主义制度不动摇，把政治安全、制度安全、政权安全放在首要位置，为国家安全提供根本政治保证；以经济安全为基础，就是要确保国家经济发展不受侵害，促进经济持续稳定健康发展，提高国家经济实力，为国家安全提供坚实物质基础；以军事、科技、文化、社会安全为保障，就是要注意这些领域面临的大量新情况新问题，遵循不同领域的特点规律，建立完善强基固本、化险为夷的各项对策措施，为维护国家安全提供硬实力和软实力保障；以促进国际安全为依托，就是要始终不渝走和平发展道路，在注重维护本国安全利益的同时，注重维护共同安全，推动建设持久和平、共同繁荣的和谐世界。理解总体国家安全观的基本要求，了解需要全面分析、准确把握国家安全面临的新形势、新挑战，提出新对策、新方案，按照国家总体战略要求，统筹、防范、化解各种风险，切实维护国家安全，为我国社会主义建设发展提供坚实保障。第三，理解总体国家安全观的五对关系：既重视发展问题，又重视安全问题；既重视外部安全，又重视内部安全；既重视国土安全，又重视国民安全；既重视传统安全，又重视非传统安全；既重视自身安全，又重视共同安全。理解这五对关系准确反映了辩证、全面、系统的国家安全理念，是对传统安全理念的超越。第四，《中华人民共和国国家安全法》规定，维护国家安全，应当与经济社会发展相协调。安全是发展的条件，发展是安全的基础。针对我国形势，学生应理解当前必须统筹发展和安全，增强忧患意识，做到居安思危，这是我们治党治国必须始终坚持的一个重大原则；应理解国家安全的重要地位，保证国家安全是头等大事，认识到维护国家安全是我们义不容辞的责任。第五，理解人民安全是国家安全的宗旨与基石，政治安全是国家安全的根本，国家利益至上是国家安全的准则，三者是有机统一的，统一于人民利益，统一于人民性。学生应当理解国家安全的最终目的是人民安全，而政治安全最终影响着国家的经济安全、军事安全、社会安全等各个领域的安全，是国家安全体系中最基本、最核心的内容，而国家利益本质上体现的是全体人民的根本利益、长远利益，国家利益得到保障才能更好地实现国家和人民的安全，从而引导学生树立国家利益至上的观念。第六，理解坚持党对国家安全工作的绝对领导，是做好国家安全工作的根本原则，了解党对国家安全工作的领导，是社会主义制度的必然政治要求，是维护国家安全和政权安定的根本保证。理解加强国家安全人民防线建设，提高公民维护国家安全参与度，推动全社会形成维护国家安全强大合力的重大意义。

二、掌握国家安全基础知识

初中阶段的学生思维较为活跃，虽然对于国家安全的基本常识已有了初步的了解，但社会阅历浅，对于国家安全相关的问题思考不够深入，应当进行更进一步的理解和掌握。通过对国家产生、形成和发展的历史知识学习，认识个人和国家的关系，理解国家的安全和社会的稳定能够为自己的健康成长创设良好的外部条件和氛围，从而进一步理解国家安全的重要性；通过对国家安全法律知识的学习，了解国家安全相关法律和公民维护国家安全的义务，树立对国家安全重要性和紧迫性的认识，规范自身行为。

初中阶段的学生在小学阶段所掌握的知识的基础上，应更加全面地掌握国家安全各个领域的重要性、主要内容、面临的威胁与挑战以及应对策略。针对政治安全，随着初中生思维能力的成熟，要求学生在道德与法治课程及相关活动中，对政治安全的重要性、主要内容、面临的威胁与挑战以及维护的途径与方法能够进行初步了解；针对经济安全，初中阶段的学生初次涉及这一领域，只需在道德与法治课程的学习中初步了解其重要性、主要内容以及维护的途径与方法；针对国土安全、文化安全、科技安全、网络安全、资源安全、核安全和新型领域安全，在小学阶段的基础上，通过历史、地理、道德与法治和信息技术等课程的学习，初中阶段的学生应能进一步理解其重要性、主要内容、面临的威胁挑战以及维护的途径与方法；针对军事安全、社会安全、生态安全和海外利益安全，需深化小学阶段对这些领域的了解，达到一个更高的理解层次，更加适应初中生的身心发展，从而达到国家安全教育的目标要求。

理解政治安全的重要性，知道政治安全攸关党和国家安危，是国家安全的根本，是维护人民安全和国家利益的根本保证，是坚持和发展中国特色社会主义的根本前提。了解政治安全包括三个方面的基本内容：首先是政权安全，要坚持党的集中统一领导、人民当家作主、全面依法治国；其次是制度安全，要始终坚持中国特色社会主义制度；最后是意识形态安全，要坚持马克思主义在意识形态领域的指导地位，坚持学习贯彻习近平新时代中国特色社会主义思想，坚持社会主义核心价值观。理解反华敌对势力对我国开展西方意识形态渗透，民族分裂势力和宗教极端势力的分裂、极端活动等为政治安全带来的威胁与挑战。了解维护政治安全要加强党的自身建设，坚持和加强党的领导，做到"两个维护"，全面从严治党，坚定理想信念；还要坚决抵御"颜色革命"，抵御、打击敌对势力渗透颠覆破坏活动，充分利用抗疫等事例加强"四个自信"教育，注重群众路线。

了解经济安全是国家安全的重要基础和组成部分，是实现人民安全、政治安全以及军事、文化、社会安全的重要基础；知道经济安全主要包括基本经济制度安全和经济主权安全，坚持基本经济制度安全要坚持公有制为主体、多种所有制经济共同发展，按劳分配为主体、多种分配方式并存以及社会主义市场经济体制，坚持经济主权安全要对内克服地方保护主义，对外抵御外来经济威胁；知道维护经济安全需要实现基本经济制度安全和经济发展安全，要坚持以公有制经济为主体不动摇，坚持多种所有制经济共同发展不动摇，坚持新发展理念，促进高质量发展。

理解国土安全的重要性，知道国土安全是国家生存和发展的基本条件，是人民幸福生活的基础，与其他领域的安全息息相关；知道国土安全中的领土和领空，了解领水、领陆和领空的关系，我国领空的范围以及临近空间的概念；理解当前我国国土边境、海洋安全面临的威胁与挑战，部分国家围绕领土边界挑起事端，在南海、东海多方与我国争夺岛礁主权和海洋权益，且当前反分裂斗争具有长期性、复杂性和尖锐性，"台独""藏独""东突""港独"等分裂活动也对我国国土安全构成严重的威胁；理解维护国土安全需完善国土安全法律法规和教育体系，加强国防和外交能力建设。

理解文化安全是建设社会主义文化强国的重要基础，是国家安全的关键精神保证；知道文化安全主要包括国家文化主权，文化价值观以及中华优秀传统文化、革命文化、社会主义先进文化的安全，要坚持独立自主选择文化制度和文化发展道路、政策，保障文化权益和推动文化发展，认同"三种文化"，坚持"三种文化"创新发展，不能固化僵化，要保障文化生态平衡；理解文化安全面临西方文化和西方意识形态侵蚀，文化自信和文化向心力缺失，文化民粹主义，不良网络文化威胁等挑战；知道维护文化安全首先要加强文化认同教育,要热爱中华优秀文化,增进文化自信,其次要坚持党对文化领导,培育和践行社会主义核心价值观,再次要加强文化遗产保护与利用,最后要推进文化创新体系与文化安全防线建设,加强文化安全国门把关和防控。

理解科技安全是保障其他领域安全的技术支撑;知道科技安全主要包括科技人才、科技活动两个部分,要培养各类科技人才,加强知识产权的保护,研究开发活动,加强科研诚信,规范技术进出口;理解科技安全主要面临科技基础薄弱,缺乏足够的新兴科技产业,核心技术安全受威胁,知识产权保护和科技保密工作有待加强等威胁与挑战;理解维护科技安全首先要突破重点领域,加强前沿问题探索,注重原创突破,突破关键技术,扭转受制于人的局面,其次要加强科技人才队伍建设,加大人才奖励制度,最后要加强科技安全治理,完善科技安全保密法律法规,重视知识产权的保护,加强科技安全宣传和教育培训,提升应对科技安全问题能力。

理解网络安全事关国家安全和发展、事关国家网络主权、事关广大人民群众生活、事关经济社会稳定运行;了解网络安全主要指运行与服务安全,即信息系统连续可靠运行和网络软件产品安全;理解网络安全面临的威胁与挑战,如不良不实网络信息误导民众价值取向风险凸显,网络意识形态安全问题凸显,民众网络安全意识薄弱、应对网络安全风险能力亟待提升,关键基础设施的低国产化和产品应用现状加大了隐患风险,针对国家关键信息基础设施攻击的威胁增大,等等;了解维护网络安全,需要全面推进网络空间法治化,采取数据分类、重要数据备份和加密等措施,进行技术创新，确保安全技术领先，加强保护国家关键信息基础设施的安全，建立维护国家网络主权的思维以及打击网络违法犯罪。

理解资源安全是国家战略命脉、国家产业发展基础、国民经济主要支撑、社会稳定的基础，是经济安全和社会安全的依托，是科技安全的有效载体；知道资源安全主要包括生物、海洋和可再生能源保护和开发利用等可再生资源安全，以及矿产资源保护和开发利用等不可再生资源安全；理解当前资源安全首先面临资源供需矛盾形势严峻，资源开采和利用过度，人均资源量少，地区分布不均，工业生产用地过量，红线保护形势严峻，环境污染导致可利用资源减少，其次资源对外依存度高，能源（石油天然气）大量依赖进口，矿产资源稀缺程度增高，最后资源开发利用水平不高，资源开发技术不高，利用效率偏低，管理水平落后；知道维护资源安全需要提高资源开发利用水平，强化资源综合利用，提高资源利用效益，加强可再生资源利用，保护稀有资源供应可持续性，且要健全预防预备体系，打击跨境资源走私，维护国家资源利益。

理解核安全是核能与核科学技术发展的前提和基础，事关人民群众的生命和人类的前途命运；了解核安全主要包括核材料、核设施和核扩散；理解核安全面临和平利用核电存在的泄漏和污染以及核废料处理不当造成的核事故风险；知道当前核扩散形势严峻，知道不扩散核武器条约以及核能核技术核材料扩散流失风险和核恐怖主义带来的威胁与挑战；了解维护核安全要践行"四个强化"，即强化政治投入、强化国家责任、强化国际合作、强化核安全文化，要保持核设施始终处于较高安全水平，注重核安全保障措施和基础设施建设，提升应急处理能力，构建核安全应急体系，要加强核安全相关信息依法公开，核安全科普与文化建设以及科学引导与民众监督，要加强核安全的监督检查，注重核安全法规建设，要加强国际合作，维护国际核安全体系，了解核安全国际组织与国际公约。

理解新型领域安全是战略新疆域安全，涉及潜在的重大国家利益，是未来国际竞争的新焦点；了解新型领域安全包括太空安全、深海安全、极地安全、生物安全，太空安全包括太空资源的合理开发和利用以及太空科学考察与技术研究，深海安全包括深海资源的合理开发和利用及深海区域科学考察与技术研究，极地安全包括极地资源的合理利用、极地区域航道的探索与治理、极地区域科学考察与技术研究，生物安全指防控重大新发突发传染病、动植物疫情；理解极地安全和生物安全面临的威胁与挑战，保护利用极地区域面临技术挑战，了解极地区域保护利用的国际规则，探索极地存在的巨大未知危险；了解重大新发突发传染病、动植物疫情对人类健康的危害，以及生物因素对生态环境、经济社会发展、国家利益的危害；了解维护新型领域安全需要推进新型领域安全的顶层设计，建立健全维护和塑造新型领域安全的法律法规体系，加快新型领域安全的科技创新和人才培养。

理解军事安全是建设巩固国防的重要前提；知道军事安全和国防安全的概念，了解军事与国防的关系，知道国家武装力量的组成；理解当前军事安全面临国民战争忧患意识淡薄的问题。

理解社会安全包括社会治安、社会安全事件和社会舆情；了解社会安全面临的威胁与挑战，非正当维权事件、泄愤事件、骚乱事件等社会群体性事件时发，非法宗教渗透、互联网煽动等境外势力渗透破坏日益严重；理解维护社会安全，需要提升应对社会安全事件能力，加强基层群众动员组织能力，建立信息防控机制，防范外来有害因素侵入。

理解生态安全是经济安全的基本保障，是政治安全和社会稳定的坚固基石，是国土安全的重要屏障，是资源安全的重要基础；了解生态安全主要包括水安全和生物物种安全；理解维护生态安全需要健全生态保护和修复制度，开展国土绿化行动，完善天然林保护制度，扩大退耕还林还草，构建天地一体化的生态安全监测预警和评估体系，完善相关法律法规和财税制度，加强生态安全国际合作。

理解海外利益安全是新一轮对外开放的必然要求；了解海外利益安全包括海外中国公民人身安全和基本权益保障、资产安全、投资利益安全保障，以及海外战略物资、能源供应和重要海上通道安全保障；理解维护海外利益安全，需要健全维护海外利益安全的工作机制，加强维护海外利益安全和保密的宣传教育培训，加强维护海外利益安全的国际执法合作，打击跨国犯罪。

三、增强国家安全意识和爱国主义情感

初中阶段的学生应初步树立国家利益至上的观念，了解国家利益是主权国家在国际社会中生存需求和发展需求的总和，具有至高无上的特点；理解国家利益关系民族存亡、国家兴亡，对国家利益的基本内容形成初步的认识；理解国家安全是全国各族人民的根本利益，是实现国家利益的最根本保障，引导学生树立国家利益高于一切，国家安全人人有责的观念，使学生自觉维护国家的利益，忠

于国家,懂得为国家和人民的利益可以牺牲个人利益。

初中阶段的学生对我国的发展历史及当前的时代特征与环境应有全面准确了解,在各个学科的教学及相关活动中渗透国家历史及相关知识对于增强学生国家安全意识有重要的作用。例如,道德与法治学科的教学可以引导学生了解当今世界的政治局势及我国当前遇到的现实挑战和潜在威胁,增强国家安全意识、危机意识及忧患意识,使学生"安而不忘危,存而不忘亡,治而不忘乱",激发学生居安思危、维护国家安全的责任感与使命感,培养学生善于运用所学知识面对各类风险和挑战,敢于直面损害国家安全的行为,有为维护国家安全坚决斗争的决心。在语文教学过程中,各类高尚的爱国者形象对学生的国家安全意识和维护国家安全行为具有教育和引导示范作用。在历史教学过程中,中国人民的奋斗史和古代科学技术文化成就,可以促进学生的民族自信心、自豪感和自尊心的形成,增强维护国家安全的紧迫感和责任感。地理学科的教学则易于通过具体的版图位置,形象地进行国情教育和国际意识教育,巩固和增强"维护国家安全人人有责"的意识。

初中阶段的学生可以将中华优秀传统文化、革命文化、社会主义先进文化纳入学科教学中,引导学生在了解民族精神、民族气节的过程中把党、祖国和人民装在心中,进一步增强学生的爱国主义情感,振奋民族精神,巩固民族凝聚力。在思想方面,打牢学生的思想基础,提高学生的国家主权意识、国家利益意识和安全防范的观念,强化维护国家利益和人民利益、维护国家安全的思想意识,了解国家安全是安邦定国的重要基石,维护国家安全是全国各族人民根本利益所在。在行为方面，引导学生积极配合国家安全工作，初步养成维护国家利益和人民利益、维护国家安全的行为习惯，在日常生活中用实际行动深化对国家安全的认识。

第三节 高中国家安全教育的目标任务

高中阶段是学校进行国家安全教育的深化阶段，是学生人生观、价值观和自我意识逐步形成的重要时期，高中生已经具备了较强的学习能力和理解能力，但存在社会责任意识不强等问题。高中生身心发展特点和国家对高中生成长的期待，决定了高中国家安全教育的目标任务。高中阶段的国家安全教育主要通过思想政治、语文、历史、地理、生物和信息技术等课程以及相关校内外活动，针对高中生的基本特点和发展情况，在树立总体国家安全观、全面系统掌握国家安全基础知识、初步具备维护国家安全的能力三个维度上进行。

一、树立总体国家安全观

在2020年修订的《普通高中课程方案和语文等学科课程标准（2017年版）》中针对总体国家安全观对高中生提出了要求，在修订工作的第一条基本原则"坚持正确的政治方向"中提出高中生应加强国家安全教育；在培养目标的第一部分"具有理想信念和社会责任感"中规定高中生要树立总体国家安全观，捍卫国家主权、尊严和利益。

对于高中生而言，他们的知识水平及思维模式不同于小学生与初中生，通过对政治、历史、地理等知识的学习，对于总体国家安全观内涵与外延的理解和把握应该更加到位，教师对高中生也应抱有更多的期待。高中阶段的学生正是价值观逐渐形成的重要时期，帮助学生形成科学的世界观、人生观、价值观是主要目标。首先，针对高中生的培育，应当在小学和初中阶段对总体国家安全观了解的基础上，进一步深入掌握总体国家安全观的主要内涵，在了解各个领域安全的基础上，理解其具有的系统性、辩证性与全面性。其次，深入理解总体国家安全观的五大关系，例如对于"以经济安全为基础"，高中生应理解各国之间综合国力的竞争归根结底是以经济发展为基础的，要以金融危机为前车之鉴，正确处理好国家的经济问题，确保我国经济稳定发展。再次，进一步掌握国家总体安全观的五大要素，例如对于统筹内部安全与外部安全，高中生应能理解国内安全与国际安全有着非常密切的关系，国外环境的动荡复杂以及国内社会矛盾的变化要求我们兼顾内外部安全，对内求发展、求变革、求稳定、建设平安中国，对外求和平、求合作、求共赢、建设和谐世界。此外，高中阶段的学生也要了解总体国家安全观发展历程，比如在五大要素中，理解从2014年习近平总书记在中央国家安全委员会第一次会议上首次阐述总体国家安全观，提出"以军事、文化、社会安全为保障"，到党的十九届四中全会提出"以军事、科技、文化、社会安全为保障"，确定了科技安全的重要地位，对科技安全提出了新要求。再如理解自2020年以来，习近平总书记在中央全面深化改革委员会第十二次会议上明确要求把生物安全纳入国家安全体系，在第十三届全国人民代表大会第三次会议上决定从国家层面建立健全香港特别行政区维护国家安全的法律制度和执行机制，了解总体国家安全观不断适应国家安全形势的新变化而发展。最后，深入理解总体国家安全观的重大意义，理解总体国家安全观构建了国家安全的中国话语体系，重塑了中国国家安全体制机制，指明了中国特色国家安全道路方向，国家安全工作得到全面加强，牢牢掌握了维护国家安全的全局性主动。引导学生认识到国家安全涉及领域广泛化、交互程度复杂化的同时，也要使学生深刻领会总体国家安全观教育的时代意义与现实价值。与此同时，准确把握国家的安全形势，牢固树立并认真贯彻总体国家安全观，为实现民族复兴在思想中筑牢安全防线。

国家安全、社会稳定和政权巩固是国家的核心利益。国家安全工作归根结底是保障人民利益，要坚持国家安全一切为了人民、一切依靠人民，为群众安居乐业提供坚强保障。在高中阶段的国家安全教育过程中，必须培养学生牢固树立国家利益至上的观念，强化国家利益高于一切的思想，深入理解维护国家利益是开展国家安全所有工作的根本要求，一切有关国家安全战略的制定、实现的路径都要立足于国家利益，从而引导学生用实际行动维护国家利益，时刻准备为国家利益坚决斗争。

二、全面系统掌握国家安全基础知识

总体来说，高中阶段的学生思想观念较为活跃，在人生观、价值观上应进行正确的引导。应引导学生理解人民福祉与国家的关系，理解只有国家安全才能带来人民幸福，了解国家的安全需要每个人贡献力量，从而增强学生自觉维护国家安全的使命感和坚定

志向。

在知识的理解与掌握上，相比小学和初中阶段，高中阶段的学生对于国家安全基础知识的掌握应该更为系统和全面。通过国情教育、国防知识、国家安全理论教育等知识性教育，应使高中阶段的学生在成长中了解与国家相关的知识，深入把握我国的基本情况和国际形势，关心国内外的重大问题，能够积极参与相关问题的分析与讨论；通过爱国主义教育、民族精神教育、革命传统教育等，培养学生忠于祖国，献身人民的精神，逐渐深化国家安全意识；通过国家安全责任教育、道德教育等，培养学生的社会责任感，面对现实，不回避矛盾，提升其维护国家安全的使命感；通过国家安全法制教育等，使学生全面掌握与国家安全相关的法律法规，理解国家安全政策，加强维护国家安全的法律意识，明确自己维护国家安全的义务，主动抵制违反国家安全法及损害国家利益的行为，切实提升高中生的国家安全意识。

高中阶段的学生应当在初中阶段了解各个领域安全知识的基础上更加深入地理解和掌握其中蕴含的深意，并能够分析具体的安全形势。针对政治安全、国土安全和社会安全，高中阶段的学生要进一步深化对其面临的威胁与挑战以及维护的途径与方法的理解；对于军事安全、科技安全、核安全、新型领域安全，在小学和初中的基础上进行政治、历史、地理等学科的学习以及活动锻炼，进一步要求高中生理解其主要内容、面临的威胁与挑战以及维护的途径与方法；随着高中生的身心快速发展和成熟，要求学生更为全面地掌握有关经济安全、网络安全、海外利益安全的知识；对于文化安全，小学和初中阶段涉及较多，高中生需要强化其重要性意识，深入理解维护文化安全的途径与方法；而对于生态安全和资源安全，高中生需要掌握其维护的途径与方法，进一步培养维护国家生态和资源安全的能力。

理解政治安全面临政治认同与政治信仰弱化，党内"四风"等腐败现象，社会矛盾交织、演变、传导，国际反华敌对势力对我国发展道路、社会制度等歪曲诬蔑、遏制打压加剧等威胁与挑战；了解维护政治安全需要强化意识形态工作，坚持"两个巩固"，加强理想信念教育，深化中国特色社会主义和中国梦宣传教育。

理解国土安全面临严峻的国际舆论环境，西方国家频频制造不实的国际舆论，部分周边国家制造舆论激化矛盾；理解维护国土安全要坚持陆海统筹发展，推进共建"一带一路"，推进海洋强国战略实施，加强国防和外交能力建设，为外交工作塑造良好的外部环境。

理解社会安全面临内外部暴力恐怖活动事件时发，社会舆情复杂的挑战；理解维护社会安全，需要健全社会安全法制体制机制，提升应对社会安全事件能力，加强专业队伍建设，预防和妥善处置群体性事件，建立社会安全预警体系，加强反暴力反恐怖斗争，加强社会舆情引导管控。

理解军事安全主要包括战争与战略、领导体制和军事外交方面的内容，了解战争内涵与战争样式的变化，我国战略思想的历史演进，党指挥枪的原则，军事外交的形式以及特点；了解军事安全面临缺乏忧患意识，军事秘密泄密等威胁与挑战；理解维护军事安全需要拓展军事外交，丰富军事外交内涵，配合国家外交斗争以及加强外交主动预置。

理解科技安全主要包括设施设备、科技活动、成果应用等方面的安全；理解科技安全面临科技基础薄弱、重大科技信息风险、科技安全风险防范、人才风险等威胁与挑战；知道落实战略规划、突破重点领域、加强科技人才队伍建设、加强科技安全治理等维护科技安全的途径与方法。

理解核安全主要包括核燃料循环和放射性废物处理贮存处置设施和核技术，知道核技术的分类及应用，知道国际核事件分级表；知道维护核安全需要保持核设施始终处于较高安全水平，提升应急处置能力，加强核安全的监督检查，加强国际合作，维护国际核安全体系。

理解新型领域安全，包括太空安全、深海安全、极地安全和生物安全，了解太空开发的国际战略竞争，深海军事的合理发展与探索以及研究、开发、应用生物技术，保障实验室生物安全，保障人类遗传资源和其他生物资源安全；理解当前开发外层空间面临技术挑战，太空开发经营面临安全问题，开发深海区域面临技术挑战；理解维护新型领域安全，需要推进新型领域安全的顶层设计，制定太空、深海、极地、生物等新型领域的发展规划，加快新型领域安全的科技创新和人才培养，加快培养和储备新型领域人才，加快新型领域基础设施设备建设，开展新型领域安全国际合作，构建互利共赢可持续发展的环境。

理解经济安全是国家安全的重要基础和组成部分，也是实现国际安全的重要基础；知道经济安全主要包括经济秩序安全和经济发展安全；理解当前国际经济秩序面临变革，"一带一路"倡议为全球经济治理拓展了新实践，知道主要经济领域安全存在风险，如金融安全、财政安全、产业安全（含粮食安全）存在风险以及重要经济信息存在泄露风险，走私活动引发的风险；理解维护经济安全需要健全和完善经济领域秩序安全的法律法规，制止和打击破坏经济领域秩序安全的行为，维护参与重要国际经济组织的权利，维护自由利用国际市场的权利，深化供给侧结构性改革，防范、化解经济领域安全风险，创新和完善宏观调控，加强经济领域的保密管理，坚持打击走私活动。

理解网络安全面临的威胁与挑战，网络信息影响民众意识形态和价值取向，网络舆情事件呈现高发态势；理解维护网络安全需要加强国际合作，加强网络空间治理及网络技术研发和标准制定。

理解海外利益安全是统筹国内国际两个大局的时代召唤；了解海外利益安全主要指海外战略性利益安全，知道国家形象和国际规则；理解当前海外利益安全所面临的冲突与政局动荡，部分地区局势动荡与内战冲突威胁我国公民和法人在当地利益安全，东道国政局不稳影响双边合作进展；理解维护海外利益安全要健全维护海外利益安全的工作机制，加强维护海外利益安全的国际合作，强化海外非战争军事行动。

理解文化安全是国际博弈的重要领域；维护文化安全需要加强文化认同教育，加强文化自觉与文化自强，推进文化创新体系与文化安全防线建设，健全文化产业体系、文化市场体系及促进公共文化服务体系，构筑文化安全阵地防线，营造文化安全国际环境，提高文化软实力。

理解维护生态安全需要健全生态保护和修复制度，实施重要生态系统保护和修复重大工程，划定生态保护红线、永久基本农田、城镇开发边界三条控制线。

理解维护资源安全需要推进绿色发展，推进能源生产和消费革命，构建清洁低碳、安全高效的能源体系，构建市场导向的绿色技术创新体系和产业发展，支持资源型地区经济转型发展，利用好两个市场、两种资源，加大资源勘查力度，增加国内资源储备，有效开发原生资源，加大海外资源投资权益保护，完善资源安全法律法规体系，统筹国家资源供需战略，建立健全预防预备体系。

三、初步具备维护国家安全的能力

高中阶段应在各类课程和实践活动中进一步加强国家安全教育，将知识传授和行为养成相联系，依托各地的红色革命资源、历史遗迹等，通过军训演练、参观国家安全教育基地、军事基地等实践活动，加强高中生的实践训练，在实践中培养学生的意志品质，引导学生厚植爱党、爱国、爱人民的思想情怀，树立保卫国家、努力奋斗的理想目标，并以正确的认识引导行动，从而进一步提高国家安全意识，认识到要严密防范和坚决打击各种渗透颠覆破坏活动、暴力恐怖活动、民族分裂活动、宗教极端活动，有效维护国家安全。

高中生的国家安全教育将直接关系到其步入大学后对国家和社会的责任感及维护国家安全的各种行为。应当培养高中阶段的学生牢牢把握国家安全工作鲜明的政治属性，更加坚定自觉地坚持和维护党对国家安全工作的领导，在任何时候任何情况下都牢记政治职责和政治使命，保持政治清醒和政治自觉，全面提高自身的政治素质，形成正确的政治认同，具备维护国家利益和人民利益、维护国家安全的思维方式和行为方式，逐步形成国家安全战略思维，能够根据所获得的信息分析国家安全问题。高中阶段的学生思想与心理更趋于成熟，社会参与意识不断增强，他们不仅要掌握国家安全相关的知识，而且要以此指导和规范自己的行为，理解国家安全领域斗争的长期性、艰巨性和必要性，发扬斗争精神，增强斗争本领，自觉维护国家安全、荣誉和利益，不断夺取伟大斗争的新胜利。此外，也要引导高中生在立足本国的同时放眼世界，将本国形势与世界整体的局势相结合，能够深入地分析国内和国际格局的变化，深刻理解其背后深层次、根本性的原因，能够透过现象看本质，以小见大，以近知远，对我国的发展变化及面临的威胁与挑战有更加深入的理解，能够认识到国内安全与国际安全是紧密联系的，从而为构建人类命运共同体、建立新型国际秩序积蓄力量。

培养高中生初步具备维护国家安全的能力，对于牢固建立维护国家安全的人民防线、保卫国家的稳定发展和长治久安具有深远意义。在理论方面，高中阶段的学生应掌握当今的时代特征和整体的国际局势，增进对国家安全的危机意识与忧患意识，通过学习各类国家安全相关文件，明确自身对维护国家安全所享有的权利和必须承担的义务，形成维护国家安全人人有责的广泛社会共识，并能够结合自己所学的知识分析基本的社会问题，具备明晰是非的能力，自觉抵御不良言论与思潮，坚定捍卫国家安全和利益的决心和信心。在实践方面，维护国家安全的能力是实践能力的重要内容。高中阶段的学生应初步具备维护国家安全的能力，能够在力所能及的范围内防范、处置、化解各种风险挑战。培养学生在面对纷乱的环境和复杂的事件时能够保持清醒的头脑，对一些可能危害国家安全的信息、行为及事件时刻保持警惕，具有一定的辨别能力和防范意识，能保守国家的秘密；培养学生在维护国家安全方面具有一定的智慧，遇到威胁国家安全的行为及时向有关部门报告，积极配合有关部门的行动安排，对危及国家安全的行为有一定的处置和抵御能力；通过危机应急演练等培养高中生应对危机的能力，在遇到突发事件或危急时刻首先要有自我保护意识，在保障自身安全的基础上能够冷静思考，在危机面前处变不惊，在力所能及的范围内能够利用军训、军事演练时所学的知识化解威胁国家安全的重大风险挑战。

本章小结 ▶

国家安全教育目标的科学制定是整个国家安全教育的首要条件及核心内容。本章阐释了中小学国家安全教育的总体目标，并根据不同学段学生的身心发展特征及规律加以具体化，努力形成一个螺旋上升的、系统整体的目标体系，真正做到把国家安全教育覆盖国民教育各学段，融入教育教学活动各层面，贯穿人才培养全过程，从而切实有效地提升中小学生的国家安全意识与能力，使学生在思想、政治、心理素质和责任意识、法律意识等方面达到既定的要求，也为中小学教师实施国家安全教育提供指导性参考。

理解反思探究 ▶

1.如何引导小学生形成维护国家安全的美好愿望？

2.如何增强初中生的忧患意识,使其善于面对未知的风险与挑战?

3.如何培养高中生初步具备维护国家安全的能力?

4.如何理解设立国家安全教育目标的重要意义?

5.如何按照国家安全教育目标要求对中小学生实施教育工作?

拓展阅读导航 ▶

1.中共中央党史和文献研究院.习近平关于总体国家安全观论述摘编[M].北京:中央文献出版社,2018.

2.《总体国家安全观干部读本》编委会.总体国家安全观干部读本[M].北京:人民出版社,2016.

3.《总体国家安全观教育读本》编写组.总体国家安全观教育读本[M].北京:光明日报出版社,2016.

4.习近平.习近平谈治国理政:第一卷[M].北京:外文出版社,2014.

5.郑声文.中外青少年国家安全意识教育的比较[J].中国德育,2015(04).

第四章 中小学国家安全教育的主要内容

 内容提示

党的十八大以来,为了推进国家治理体系和治理能力的现代化,实现国家长治久安,更适应我国国家安全面临的新形势新任务,习近平总书记创造性地提出了总体国家安全观。坚持总体国家安全观,必须以人民安全为宗旨,以政治安全为根本,以经济安全为基础,以军事、科技、文化、社会安全为保障,以促进国际安全为依托,维护各领域国家安全,构建多种安全为一体的国家安全体系,走中国特色国家安全道路。做好国家安全工作,是一项重要而复杂的系统工程,需要我们认识重点领域国家安全的重要性、基本内容,从战略高度分析各领域安全面临的威胁与挑战,制定切实有效的国家安全政策,明确国家安全工作的途径与方法,切实维护重点领域国家安全。

目标学习

了解重点领域国家安全的重要意义；充分认识政治安全、经济安全、军事安全、科技安全、文化安全、社会安全、国土安全、生态安全、资源安全、网络安全、核安全、海外利益安全以及新型领域安全的基本内容；全面分析、理解和研判新形势下我国重点领域国家安全面临的威胁与挑战，进而为切实维护我国国家安全献计献策。在此基础上，领会和把握总体国家安全观，增强自觉维护国家安全意识。

导 入

党的十八大以来，党中央统筹国际国内两个大局，扭住安全和发展两件大事，特别是习近平总书记站在战略和全局高度，把国家安全问题放在世界发展大变局下思考谋划、放在中华民族伟大复兴中国梦历史进程中部署推进，创造性地提出了总体国家安全观重大战略思想，构建了多位一体的国家安全体系。如何领会新时代国家安全体系？国家安全的具体领域包括哪些方面、哪些内容？如何理解各领域安全之间的关系？如何把握实现路径，切实维护重点领域国家安全？本章将予以全面分析和展示。

第一节　政治安全

政治安全的核心是政权安全、制度安全和意识形态安全，是国家安全的根本。政治安全攸关党和国家安危，是维护人民安全和国家利益的根本保证，是坚持和发展中国特色社会主义的根本前提。在维护政治安全中，要敏锐洞察政治安全面临的威胁与挑战，主要防范敌对势力图谋对我国策动"颜色革命"这样的"黑天鹅"事件，防范化解各种"灰犀牛"事件，警惕政治认同与政治信仰的弱化，反对民族分裂势力和宗教极端势力的分裂、极端活动，高度重视党内"四风"和腐败现象，避免社会矛盾交织、演变和传导。维护政治安全的任务主要包括：坚持和加强中国共产党的自身建设；维护中国特色社会主义制度，坚持"两个巩固"，加强理想信念教育，深化中国特色社会主义和中国梦的宣传教育；坚决抵御"颜色革命"。

一、政治安全的重要性和基本内容

作为国家安全的根本，政治安全不仅关系着党和国家的安危，而且与人民的福祉、社会的发展以及民族的存亡和复兴在根本上密切相连。政治安全直接涉及国家政权的稳固，不仅包括领土完整、政权安全，而且包括中国特色社会主义制度安全和坚持马克思主义意识形态的指导地位不动摇等安全保证。只有首先了解政治安全的重要性和基本内容，才能更好地维护我国的国家政治安全，强化国家认同与民族凝聚力，保障国家的根本利益，实现民族的伟大复兴。

（一）政治安全的重要性

1.政治安全攸关党和国家安危，是国家安全的根本

政治的核心是国家政权，政治安全直接关乎国家政权的稳固。世界社会主义运动发展历史表明，政治安全攸关党和国家安危，

是国家安全的根本。20世纪90年代初期，苏联解体导致国际共产主义运动遭受重大挫折。苏联的解体，其军事安全威胁较小，而政治安全尤其是意识形态安全是威胁苏联安全的首要问题。苏共改旗易帜导致政权丧失，社会主义制度难以为继；国家失去凝聚力，刺激了一些加盟共和国的分离倾向；苏共内部滋生出各种派系，最后分裂、瓦解。因此，当前对于处在资本主义国家包围中的社会主义国家来说，最具颠覆性的是政治威胁。中国特色社会主义进入新时代，即将全面建成小康社会、开启全面建设社会主义现代化国家新征程，我们必须坚定制度自信，确保中国共产党的领导地位和执政地位绝对稳固，为政治安全筑起牢固的防护网，为国家安全提供根本政治保证。

2.政治安全是维护人民安全和国家利益的根本保证

人民安全是国家安全最核心的部分，只有建立在人民安全基础上，国家安全才成为有源之水、有本之木。国家利益则关系民族生存、国家兴亡，反映了绝大多数人民的共同需求。国家利益至高无上，人民利益高于一切，国家利益与人民利益高度统一。我国实行改革开放以来，尽管历经曲折，但由于中国共产党紧紧守住维护政治安全的防线，才促进了人民生活质量和水平的不断提高，有效维护了国家独立自主，有力维护了国家主权、安全、发展利益，不断取得新的伟大成就。在新形势下，政治安全仍然至关重要，它是维护人民安全和国家利益的根本保证。只有确保政治安全，才能充分保障人民安全和人民当家作主的权利，增强人民群众实现中华民族伟大复兴的中国梦的责任感和使命感，才能捍卫国家利益，确保国家生存，促进人民的经济福利与幸福，保持社会制度和政府体系的自觉与自主。

3.政治安全是坚持和发展中国特色社会主义的根本前提

坚持和发展中国特色社会主义，必须不断增强政治安全意识，以维护国家政治安全为根本前提。经过长期努力，中国特色社会主义进入了新时代，这是我国发展新的历史方位。从中华民族复兴的历史进程看，中国特色社会主义进入新时代，意味着近代以来久经磨难的中华民族迎来了从站起来、富起来到强起来的伟大飞跃，迎来了实现中华民族伟大复兴的光明前景。新中国的成立使中国人民站起来，改革开放使中国人民逐步富起来，新时代中华民族要实现强起来的宏伟目标。中国特色社会主义最本质的特征是坚持中国共产党的领导，只有在国家政权、政治制度和意识形态及党的执政地位等免受各种侵袭、干扰、威胁和危害的状态下，中国特色社会主义事业才有健康发展的前提和基础。

（二）政治安全的主要内容

1.政权安全

维护我国政治安全，必须坚持正确的政治方向，坚持社会主义基本制度，坚持中国共产党的集中统一领导、人民当家作主和全面依法治国的有机统一，保障政权安全。党的领导是人民当家作主和全面依法治国的根本保证。中国特色社会主义最本质的特征是中国共产党的领导，中国特色社会主义制度最大的优势是中国共产党的领导。坚持和完善党的领导，是党和国家的根本所在、命脉所在，是全国各族人民的利益所在、幸福所在。人民当家作主是社会主义民主政治的本质特征。要扩大人民有序政治参与，保证人民依法实现其权利；巩固基层政权，完善基层民主制度，保障人民知情权、参与权、表达权、监督权，实现人民当家作主。全面依法治国是党领导人民治理国家的基本方式。坚持依法治国，就要维护国家法制统一、尊严、权威，加强人权法治保障，保证人民依法享有广泛权利和自由。坚持中国共产党的集中统一领导，人民当家作主和全面依法治国三者统一于我国社会主义民主政治的伟大实践。

2.制度安全

维护我国政治安全，必须坚持和发展中国特色社会主义制度，保障政治制度安全。我国的国体是工人阶级领导的、以工农联盟为基础的人民民主专政，政体是人民代表大会制度，实行中国共产党领导的多党合作和政治协商制度，实行民族区域自治制度，实行基层群众自治制度，具有鲜明的中国特色。党的十八大指出，坚持和发展中国特色社会主义是一项长期而艰巨的历史任务，必须准备进行具有许多新的历史特点的伟大斗争。这就告诫全党，要时刻准备应对重大挑战、抵御重大风险、克服重大阻力、解决重大矛盾，坚持和发展中国特色社会主义，坚持和巩固党的领导地位和执政地位，使我们的党、我们的国家、我们的人民永远立于不败之地。坚持和完善中国特色社会主义制度和国家治理体系，使当代中国焕发出前所未有的生机活力。中国特色社会主义进入新时代，意味着中国特色社会主义道路、理论、制度、文化不断发展，拓展了发展中国家走向现代化的途径。同时，给世界上那些既希望加快发展又希望保持自身独立性的国家和民族提供了全新选择，为解决人类问题贡献了中国智慧和中国方案。

3.意识形态安全

维护我国政治安全，必须掌握意识形态工作领导权，要旗帜鲜明地坚持马克思主义的指导地位。维护我国政治安全，必须坚持学习贯彻习近平新时代中国特色社会主义思想。其思想内容丰富，涵盖了改革发展稳定、内政外交国防、治党治国治军等各个领域、各个方面，构成了一个系统完整、逻辑严密、相互贯通的思想理论体系。习近平新时代中国特色社会主义思想开辟了马克思主义新境界，开辟了中国特色社会主义新境界，对人类文明进步具有重要意义。维护我国政治安全，必须培育和践行社会主义核心价值观。社会主义核心价值体系由马克思主义指导思想、中国特色社会主义共同理想、以爱国主义为核心的中华民族精神和以改革创新为核心的时代精神、社会主义荣辱观组成，其内核凝练和集中表达是社会主义核心价值观。社会主义核心价值观的基本内容包括富强、民主、文明、和谐，自由、平等、公正、法治，爱国、敬业、诚信、友善，既体现了社会主义本质要求，继承了中华优秀传统文化，也吸收了世界文明有益成果，体现了时代精神。意识形态安全关乎旗帜、关乎道路，是政治安全的重要组成部分，是实现国家利益的重要保障，是维护民族团结和国家统一的基石。

二、我国政治安全面临的主要威胁与挑战

政治安全在国家安全体系中居于核心地位，其直接涉及国家政权的稳固，具有重要的战略意义。党的十八大以来，中央统筹国内国外两个大局，在维护政治安全方面，制定和出台一系列纲要法

规，实施了诸多举措。以习近平同志为总书记的党中央毫不动摇地坚持和发展中国特色社会主义，勇于实践，高度自觉、高度敏锐地维护政治安全，特别是将政权安全、制度安全放在第一位。但是，面对复杂的国际形势，敏感的周边问题以及艰巨繁重的改革发展稳定任务，维护政治安全仍面临诸多威胁与挑战，主要表现在五个方面。

（一）敌对势力图谋对我国策动"颜色革命"

从1989年捷克斯洛伐克发生"天鹅绒革命"开始，进入21世纪，东欧、高加索、中亚、西亚以及北非等国家和地区相继发生"颜色革命"，其实质是西方国家进行意识形态斗争的长期战略，主要倡导通过"非暴力"方式进行政权更迭。许久以来，以美国为首的西方势力通过各种手段在全球进行意识形态渗透和所谓"民主战略输出"，他们标榜自由、民主和人权，培植政治反对势力并鼓励其利用社会矛盾推翻现政权，对他国进行政治颠覆活动。伊拉克、叙利亚、利比亚等国家，在西方价值观冲击和"颜色革命"策动下被折腾得四分五裂、战火纷飞。当前，香港出现的一些关于经济社会和政治制度发展问题上的不正确的观点都与此有关，有极少数人在外部势力支持下，妄图将香港作为对中国内地进行渗透、颠覆的桥头堡，图谋对我国策动"颜色革命"，颠覆中国共产党的领导，颠覆我国社会主义制度。通过外部势力试图发动的"颜色革命"直接威胁着党的执政安全，对我国政治安全构成了重大的现实威胁，我们必须高度警惕，加强防范，制止和打击有关违法犯罪活动。

（二）政治认同与政治信仰弱化

处于转型期的中国社会，由于公众身份变化、利益群体分化等导致社会矛盾激化，政治认同问题日益凸显；更重要的是，国内外各种敌对势力，总是企图让我们党改旗易帜、改名换姓，其要害就是企图让我们丢掉对马克思主义的信仰，丢掉对社会主义、共产主义的信念。近年来，境外势力通过信息网络、地下教会等，传播西方思想文化和意识形态，诋毁并刻意放大我国的各种问题，甚至制造谣言，极大地冲击了部分党员的理想信念；各种思想的渗透、干涉，在某种程度上也使部分青少年对社会主义思想出现了动摇。如果任由政治认同与政治信仰弱化，不能守住意识形态安全及"四个自信"的底线，必然会造成严重后果。

（三）民族分裂势力和宗教极端势力的分裂、极端活动

对我国政治安全构成最大威胁的还有民族分裂势力和宗教极端势力所进行的分裂、极端活动。民族分裂势力和宗教极端势力是以民族、宗教为幌子，传播极端思想意识，从事暴力恐怖活动和民族分裂活动的反动势力，他们在反华势力利用下，打着民族、宗教旗号，本质是实施政治威胁与渗透。民族分裂势力和宗教极端势力主要采取各种极端手段，煽动民族极端思想和宗教狂热主张，对正常合法的宗教进行歪曲和极端化解释，干预我国宗教事务，进行反对社会主义、反对党和政府的罪恶宣传，企图分裂祖国、残害各族人民。我们应坚决反对一切分裂祖国、破坏民族团结和社会和谐稳定的行为，防止其对我国的政治安全形成潜在的危害。

（四）党内"四风"和腐败现象

改革开放以来，我国经济社会发展取得了翻天覆地的变化以及举世瞩目的成就，面对优异成绩，一些党员干部忽视"两个务

必", 骄傲自满、贪图享乐的情绪, 形式主义、官僚主义、享乐主义和奢靡之风等问题屡禁不止, 公然违反八项规定。"四风"和腐败现象严重损害了党和政府在人民群众中的良好形象, 严重败坏了社会风气, 严重影响了全面建成小康社会和实现伟大中国梦的进程。当前, "四风"和腐败问题是人民群众深恶痛绝、反映最强烈的问题。"四风"和腐败现象威胁着我国的政治安全, 其主要表现在两方面: 第一, 使党脱离群众, 丧失密切联系群众的最大政治优势; 第二, 使群众同党若即若离乃至离心离德, 长此以往, 必将从根本上破坏党同人民群众的血肉联系, 从根本上摧毁党。如果任由"四风"和腐败现象发展下去, 就会严重削弱党的战斗力, 进而危及政治安全。

(五) 社会矛盾交织、演变、传导

习近平同志在党的十九大报告中指出: "中国特色社会主义进入新时代, 我国社会主要矛盾已经转化为人民日益增长的美好生活需要和不平衡不充分的发展之间的矛盾。"发展不平衡不充分虽然主要体现在经济方面, 但同样演变和传导在政治安全层面, 如经济领域矛盾纠纷和违法犯罪多发高发, 食品药品安全、环境保护、侵财案件等违法犯罪屡禁不绝, 民生领域脱贫攻坚任务艰巨, 城乡区域发展和收入分配差距依然较大, 群众在就业、教育、医疗、居住、养老等方面面临不少难题, 社会矛盾和问题交织叠加, 全面依法治国任务依然繁重, 国家治理体系和治理能力有待加强。新时代社会矛盾交织、演变和传导严重影响着党和政府的形象, 防范各类矛盾碰头叠加、"交叉感染"和蔓延升级, 加强社会矛盾纠纷排查化解，对于维护党的优良作风、保持执政党的权威至关重要。

三、维护我国政治安全的途径与方法

面对新时代的各种新威胁、新挑战，维护国家政治安全的任务将比以往更为繁重和紧迫。首先，我们应以更大的决心、更坚定的勇气抓好党的自身建设，确保党的领导核心地位，全面从严治党，坚定理想信念；其次，坚定不移地以马克思主义为指导，坚持"两个巩固"，加强理想信念教育，深化中国特色社会主义和中国梦的宣传教育；最后，坚决抵御、依法打击敌对势力渗透颠覆破坏活动，树立"四个自信"，注重群众路线。

（一）加强党的自身建设

1.坚持和加强党的领导，做到"两个维护"

进入新时代，在维护政治安全上应加强党的自身建设，而首要任务就是坚决维护习近平总书记党中央的核心、全党的核心地位，坚决维护党中央权威和集中统一领导。"两个维护"是党和国家前途命运所系，是全国各族人民根本利益所在，是最根本的政治纪律和政治规矩。全党要坚定服从中央，坚定执行党的政治路线，严格遵守政治纪律和政治规矩，在政治立场、政治方向、政治原则、政治道路上同党中央保持高度一致。党对国家政治安全工作的绝对领导是社会主义制度的必然政治要求，是维护国家政治安全的根本政治保证，关乎社会主义的前途命运，关乎国家的长治久安，关乎"两个一百年"奋斗目标的顺利实现。

2.全面从严治党，敢于执纪问责

坚持党要管党、全面从严治党，其中"严"是关键，"治"

是要害。中国共产党人最讲认真，全面从严治党讲认真，就是坚持"严"字当头，将"严"的要求贯彻在管党及自身建设的全过程，做到敢言、实行真严、秉持长严，严管严抓、严于律己。在"治"党中，坚持标本兼治，从党中央到省、市、县党委，从中央部委、国家机关部门党组（党委）到基层党支部，都要肩负起主体责任，各级党委书记要把抓好党建当作自己分内之事、必须担当的责任；各级纪委要担负起监督责任，敢于瞪眼黑脸，敢于执纪问责，以切实加强党的执政能力建设，不断提高党的建设质量。

3.强化党性教育，做坚定信仰者

维护国家政权安全、制度安全，最根本的要靠社会成员特别是青年一代形成对马克思主义的信仰，对社会主义和共产主义的信念，形成对我国政权体系和社会政治制度的强烈政治认同，做坚定的信仰者。一个执政党、一个政权、一种社会制度，其前途命运取决于人心向背。广大共产党员和青少年群体应正确了解党和国家历史上的重大事件和重要人物，进一步学习党史、新中国史、改革开放史和社会主义发展史，强化党性教育，"不忘初心，牢记使命"。在学思践悟中坚定理想信念，坚定对中国共产党最高政治领导力量和社会主义制度的政治认同，在思想上统一、政治上团结、行动上一致，维护国家的政治安全。维护我国政治安全，一定要加强党的自身建设，贯彻新时代党的建设总要求，强化党性教育，做一名坚定的信仰者，把党建设成为始终走在时代前列、人民衷心拥护、勇于自我革命、经得起各种风浪考验、朝气蓬勃的马克思主义执政党。

（二）强化意识形态工作

1.坚持"两个巩固"

进入21世纪以后，随着中国发展道路在世界范围的影响和示范作用日益增大，以美国为首的少数西方国家在意识形态领域不断抛出各种论调，试图弱化马克思主义，颠覆社会主义意识形态。在当前国际国内形势深刻变化，社会思想文化和意识形态领域情况更加复杂，社会主义核心价值观面临西方价值观挑战时，我们必须坚定马克思主义的指导地位，加强意识形态工作。2013年8月19日，习近平总书记在全国宣传思想工作会议上明确提出：巩固马克思主义在意识形态领域的指导地位，巩固全党全国人民团结奋斗的共同思想基础，简称"两个巩固"。2018年8月，习近平总书记进一步把"两个巩固"作为党的十八大以来在实践中提出的新思想新观点新论断加以强调，并认为这是做好宣传思想工作的一个根本遵循。因此，"两个巩固"的根本任务对强化意识形态，宣传思想工作具有重大意义和价值。在维护我国政治安全上，我们必须坚持"两个巩固"的根本任务，必须坚定共产主义理想信念，始终高举马克思主义、中国特色社会主义伟大旗帜。

2.加强理想信念教育

当前，新形势下，面对价值观念的多元多样多变，不同思想文化交流交融交锋，意识形态领域斗争尖锐复杂，坚定理想信念教育实效性、时代性，推动理想信念教育常态化、制度化是强化意识形态工作的重要课题，是维护我国政治安全的重要方法。理想信念是一种价值体系，加强理想信念教育就必须坚持马克思主义在意识形态领域的指导地位，弘扬民族精神和时代精神，完善学校青少年理想信念教育的齐抓共管，以志愿服务为载体扩大志愿服务体系，健全党员领导干部理想信念教育的长效机制，加强制度理论研究和宣传教育，引导全党全社会充分认识中国特色社会主义制度的本质特征和优越性，坚定制度自信。加强理想信念教育，有助于我们坚定文化自信，牢牢把握社会主义先进文化前进方向，坚定马克思主义和共产主义信念。

3.深化中国特色社会主义和中国梦宣传教育

加强意识形态工作，还应深化中国特色社会主义和中国梦宣传教育。习近平新时代中国特色社会主义思想是马克思主义中国化的最新成果，是中国特色社会主义理论体系的重要组成部分，是党和国家必须长期坚持的指导思想，是全党全国人民为实现中华民族伟大复兴而奋斗的行动指南。中国梦的本质是国家富强、民族振兴、人民幸福，体现了中华民族和中国人民的整体利益，表达了每一个中华儿女的共同愿景。深化中国特色社会主义和中国梦的宣传教育，有利于增强政治意识、核心意识和大局观念，自觉维护中央权威和集中统一领导，有利于进一步统一思想、凝聚力量、推动意识形态工作，是维护国家政治安全的重要途径。

（三）坚决抵御"颜色革命"

1.抵御、依法打击敌对势力渗透颠覆破坏活动

面对敌对势力图谋对我国策动"颜色革命"以及民族分裂势力和宗教极端势力的分裂、极端活动，我们应坚决抵制境外势力渗透，严密防范敌对势力渗透颠覆破坏活动，坚决打击暴力恐怖、民族分裂和极端宗教活动，防止外部势力插手、干涉中国内政。2013年习近平总书记在全国组织工作会议上讲话指出：事实一再表明，理想信念动摇是最危险的动摇，理想信念滑坡是最危险的滑坡。我一直在想，如果哪天在我们眼前发生"颜色革命"那样的复杂局面，我们的干部是不是都能毅然决然站出来捍卫党的领导、捍卫社会主义制度？我相信，绝大多数党员、干部是能够做到的。我们应切实增强政治敏锐性和政治鉴别力，严格执行党的民族政策和宗教政策，依法惩治政治犯罪，打击分裂势力，维护国家政权安全、制度安全和意识形态安全，以更好地维护国家统一。

2."四个自信"教育

"四个自信"即中国特色社会主义道路自信、理论自信、制度自信、文化自信，既相对独立，又相辅相成，是一个有机统一体。习近平总书记指出：全党要坚定道路自信、理论自信、制度自信、文化自信。当今世界，要说哪个政党、哪个国家、哪个民族能够自信的话，那中国共产党、中华人民共和国、中华民族是最有理由自信的。有了"自信人生二百年，会当水击三千里"的勇气，我们就能够毫无畏惧面对一切困难和挑战，就能坚定不移开辟新天地、创造新奇迹。秉承"四个自信"，进一步增强对伟大祖国的认同、对中华民族的认同、对中华民族文化的认同、对中国特色社会主义道路的认同。我们党员同志及广大青年应始终坚定中国特色社会主义"四个自信"，树立"四个认同"，坚决捍卫中国共产党领导和中国特色社会主义制度，努力成为中国特色社会主义事业的建设者和接班人，自觉为实现中华民族伟大复兴的中国梦而奋斗。

3.坚持群众路线

我们党要维护政治安全，要坚持革命，把社会主义事业推向前进，还必须注重群众路线。群众路线，就是一切为了群众，一切依靠群众，从群众中来，到群众中去，把党的正确主张变为群众的自觉行动。群众路线是中国人民在长期斗争实践中，由中国共产党在马克思主义群众观点上创造和发展的路线，是中国共产党根本的政治路线和组织路线。注重群众路线，是推进中国特色社会主义伟大事业的重大举措，是实现党的十八大确定的奋斗目标的必然要求，是保持党的先进性和纯洁性、巩固党的执政基础和执政地位的必然要求。

第二节 经济安全

经济安全是国家安全体系的重要组成部分，是一切重点领域国家安全的坚实基础。新中国成立70多年来，中国共产党领导人民创造了经济快速发展奇迹，用几十年时间走完了发达国家几百年走过的工业化进程，现已跃升为世界第二大经济体，综合国力、科技实力、国防实力、文化影响力、国际影响力显著提升，人民生活显著改善，中华民族以崭新姿态屹立于世界的东方。维护国家经济领域安全，核心是坚持社会主义基本经济制度不动摇，不断完善社会主义市场经济体制，维护经济秩序安全、主权安全和发展安全，提高国家经济整体实力、竞争力以及抵御金融动荡等威胁的能力，为实现第二个百年奋斗目标、实现中华民族伟大复兴的中国梦奠定更加坚实的经济基础。

一、经济安全的重要性和基本内容

经济安全不仅涉及经济的各个方面，而且与政治、军事、文化、社会和国际等安全领域相互交织，是实现国家安全的重要基础。经济安全包括基本经济制度安全、经济秩序安全、经济主权安全和经济发展安全。维护经济安全，必须充分认识经济安全的战略重要性及其主要内容。

（一）经济安全的重要性

经济安全是实现人民安全的重要基础。坚持以人民安全为宗旨，人民安全高于一切，是总体国家安全观的精髓所在。随着社会的日益进步，人民群众的物质和精神需求也不断提高，只有把改善人民生活放在突出位置，才能保障人民的根本利益。经济安全是人民安全的基石，只有建立在经济安全基础之上，维护人民的生命权、财产权和生存发展的基本条件，才能保障人民安全，让广大群众安居乐业，幸福生活。

经济安全是实现政治安全的重要基础。从中国共产党的执政基础看，经济安全是巩固政治制度、保持社会稳定的基本条件。改革开放40多年经济的发展与繁荣以及创造的伟大奇迹，使中国特色社会主义迎来了从创立、发展到完善的伟大飞跃，使中国人民从站起来、富起来到强起来，保障了国家政治安全。国家在制定和实施总体国家安全战略时，经济发展与经济安全是基本的出发点，以经济建设为中心，是党在社会主义初级阶段基本路线的中心内容，也是发展中国特色社会主义的工作重点，是兴国之要，立邦之本，是党和国家兴旺发达和长治久安的根本要求。没有经济安全，实现军事安全、文化安全和社会安全就是一句空话。此外，20世纪90年代，经济全球化迅速扩展，既为各国带来了机遇，又带来了挑战，围绕经济利益的竞争和冲突不断发生，国家间贸易摩擦、金融危机频频出现，因此，维护经济安全也是实现国际安全的重要基础。

（二）经济安全的主要内容

经济安全是国家安全体系的重要组成部分，是国家安全的重要基础。经济安全包括基本经济制度安全、经济秩序安全、经济主权安全和经济发展安全。其中，基本经济制度安全是我国经济安全的核心。公有制为主体、多种所有制经济共同发展，按劳分配为主体、多种分配方式并存，社会主义市场经济体制等基本经济制度，是中国特色社会主义制度的重要支柱。改革开放以来，基本经济制度的提出和不断完善，体现了我们党将马克思主义理论创造性地运用于中国特色社会主义的伟大实践，丰富和发展了科学社会主义理论，有力地促进了我国公有制经济和非公有制经济的快速发展。我国实行公有制为主体、多种所有制经济共同发展的所有制制度，决定了在收入分配领域必然实行按劳分配为主体、多种分配方式并存的分配制度。党的十九届四中全会将"按劳分配为主体、多种分配方式并存"纳入社会主义基本经济制度，反映了新时代中国共产党对社会主义基本经济制度认识的深化，同时，也是对社会主义分配制度的创新发展。更合理、更有序的分配方式，必将进一步激发我国经济发展的活力。而社会主义市场经济体制的建立，突破了社会主义和市场经济相互对立的传统观念，是中国特色社会主义道路探索中的一个伟大创举,从而也有力地推动了我国经济持续多年的高速发展。在新时代,我们要加快完善社会主义市场经济体制,进一步激发全社会的创造力和市场活力,推动我国经济发展质量变革、效率变革、动力变革。

经济秩序安全是我国经济安全的重要组成部分,其主要包括生产领域秩序安全、流通领域秩序安全以及其他重点经济领域秩序安全。经济秩序的实质,就是以规范经济利益关系为手段,以促进市场有序运行为目的。维护经济秩序安全,有利于为各市场主体从事市场活动创造共同平等的法律环境,有利于抑制和减少市场经济运行中许多不可控因素,有利于维护政治稳定。维护经济秩序安全,对于深化改革开放,经济持续、稳定和协调发展都具有至关重要的作用。

经济主权安全是确保国家独立自主处理本国经济事务的最高权力,保障国家安全利益处于无损的一种状态。在国家经济机制中,每个国家都是独立、平等的经济活动主体,不应受地方或别国组织干预和限制。近年来,经济领域的地方保护主义已成为建立和发展社会主义市场经济体制的一个严重障碍,地方保护主义通过搞区域封锁,限制和阻止外地企业自由地进入本地市场开展竞争,形成了本地企业对本地市场的垄断,不利于经济发展与经济安全。因此,对内应该克服地方保护主义。从国际关系视角看,经济主权安全涉及国家之间以强制性经济手段进行的政治对抗,如经济封锁、经济惩罚和贸易限制等。外来的经济威胁应促使我国强化经济主权安全意识,抵御外来经济威胁,维护我国经济安全。

经济发展安全是经济安全的另一个主要关注点。在现代工业化社会，与经济发展安全相关的是发生经济危机的风险。工业化国家再生产过程中周期性发生的生产过剩是一种危机，发展中国家因政策失误或社会动荡而导致生产急剧下降也是一种危机。对发展中国家而言，不发展就是一种不安全，国家存在危机、贫困化是最大的不安全。加强经济发展安全，应该提升防范化解经济危机风险的能力，强化国家经济安全意识。

二、我国经济安全面临的主要威胁与挑战

当前和今后一个时期，我国经济发展进入新常态，经济增长速度从10%左右的高速增长正转向7%的中高速增长，经济发展方式日益转向质量效率型集约增长，经济结构不断调整，经济发展动力正从传统增长点转向新的增长点。总体来看，我国经济运行整体平稳，稳居世界第二大经济体，2019年，人均国内生产总值达到70892元，经济发展态势良好。但是，我国经济在进入新常态后，经济安全仍面临诸多挑战，如国际经济金融危机持续动荡对我国经济稳定运行带来的风险隐患，传统经济秩序变革呼声带来的深层次挑战以及主要经济领域安全存在的严重风险，等等，这些冲击与挑战需要引起我们的高度重视。

（一）国际经济金融动荡

20世纪90年代亚洲爆发的金融危机、21世纪初的互联网泡沫破灭以及2008年国际金融危机，都通过贸易、金融等渠道，对我国经济造成了严重的影响。在全球经济当中，国际金融危机会持续存在，其影响会使大量资金流向虚拟经济，使资产泡沫膨胀，金融风

险逐步凸显，社会再生产中的生产、流通、分配、消费整体循环不畅，会对我国经济造成严重威胁，影响整体战略目标的实现。与此同时，世界贸易战同样为国际金融带来动荡。2016年特朗普担任美国总统以来，美国对华态度整体转向强硬，中美贸易摩擦也再度升级。当前，中美贸易制裁和反制规模超过历史上的制裁和反制规模。由于此前特朗普根据"232调查"决定对欧盟、加拿大、墨西哥等钢铁和铝产品征收高额惩罚性关税，许多国家已明确作出贸易反制强硬措施。随着特朗普对全球开火可能导致贸易战交叉升级，不排除形势最终演变为全球贸易混战。此外，经济霸权主义和霸凌主义不断加剧国际经济金融动荡。美国特朗普政府上台以来，片面强调"美国优先"，奉行单边主义和经济霸权主义，不仅损害了中国和其他国家利益，更损害了美国自身国际形象，动摇了全球多边贸易体制根基。

（二）国际经济秩序面临变革

当前，随着新一轮科技革命和产业变革的蓄势待发，许多发展中国家力量持续增强，国际力量对比发生新变化，要求变革国际经济旧秩序的呼声不断高涨，国际经济规则制定主动权之争日趋激烈，有关国家积极谋求为全球经济设立新的规制标杆。国际经济秩序的变革，事关各国在国际经济体系长远制度性安排中的地位和作用，其深层次影响在相当长时期依然存在。我国作为世界主要经济体，也将迎来机遇与挑战。"一带一路"倡议依靠中国与有关国家既有的双多边机制，借助既有的、行之有效的区域合作平台，我国将高举和平发展的旗帜，积极发展与沿线国家的经济合作伙伴关系，共同打造政治互信、经济融合、文化包容的利益共同体、命运共同体和责任共同体。"一带一路"倡议为建立国际经济新秩序奠定基础。

（三）主要经济领域安全存在风险

经济安全问题也存在于主要的经济领域，包括金融市场、财税体制、产业、粮食等。金融是现代经济的核心，金融风险是我国经济安全最敏感的部分之一。当前，金融风险易发高发，虽然系统性风险总体可控，但不良资产风险、流动性风险、债券违约风险、外部冲击风险、房地产泡沫风险、政府债务风险、互联网金融风险等正在累积，金融市场上也乱象丛生。金融风险有的是长期潜伏的病灶，隐藏得很深，但可能爆发在一瞬之间。美国次贷危机爆发就是一夜之间的事情。如果我们将来出大问题，很可能就会在这个领域出问题，这一点我们要高度警惕。

财政作为国家的一个经济过程，包括财政收入和财政支出，财政来源于经济，经济决定财政。当前，我国部分城市建设规模和速度超出财力，城市政府债券负担过重，财政和金融风险不断累积。我国产业也面临着提升竞争力和避免空心化的双重挑战，存在严重风险。从关键产业看，装备制造、互联网信息等产业的核心技术、核心专利、关键设备、基础软件和零部件等都严重依赖外部因素。例如，近期中兴、华为等国内产业在进口和引进先进技术方面受到美国方面的威胁。再例如，从最基本的生活资料和重要物资看，我国粮食安全仍存在风险：国际市场粮源有限，加大了我国利用国际市场增加供给的难度；全球气候进入拐点导致极端性天气增多，冲击着我国农业生产体系；我国农业基础设施相对落后，粮食持续增产难度大；农民种粮的比较效益较低，增加和保障粮食供给的激励弱化；城镇化进程加快，带来了农业土地质量下降的严峻问题。粮食安全是一个永久性的话题，是保证经济持续健康发展与社会和谐安定的基础。高度重视粮食安全问题，直接关系到我国经济建设大局。粮食安全隐患不容忽视。

此外，我国经济增长存在着大幅度滑坡的风险。在现行经济运行当中，有多方面因素会对经济发展产生影响。如西方周期性经济危机会导致全球经济增长减缓，整个房地产市场、证券市场的不稳定，当前影响最严重的新冠病毒带来的严重威胁，等等。重要经济信息存在泄露风险也是经济领域存在安全隐患的因素。互联网时代，信息化的快速发展深刻影响着人们的生活、工作，以及国家经济的运行与稳定，经济领域的网络犯罪频繁发生，如侵犯个人隐私、诈骗网民钱财、窃取重要经济信息等。最后，走私活动同样会引发风险，危害经济安全。随着国家和地区经贸交流合作的拓展和深化，跨境跨省区走私活动更加活跃，走私渠道的多元化，手法的更加隐蔽，以及利用"互联网+"、自贸区、跨境电商等新兴贸易业态引发的走私活动日益增多，其导致以骗退税、骗补贴、金融套利、洗钱、逃汇为目的的虚假贸易频繁发生，严重危及我国经济发展和国家财税安全。

三、维护我国经济安全的途径与方法

（一）实现基本经济制度安全的途径与方法

维护我国经济安全，首先应实现基本经济制度安全。党的十八

届五中全会通过的《中共中央关于制定国民经济和社会发展第十三个五年规划的建议》重申了坚持公有制为主体、多种所有制经济共同发展。毫不动摇巩固和发展公有制经济,毫不动摇鼓励、支持、引导非公有制经济发展。以公有制为主体、多种所有制经济共同发展的基本经济制度,是中国特色社会主义制度的重要支柱,也是社会主义市场经济体制的根基。具体做法有:深入推进国有企业改革发展,应充分发挥国有经济在国民经济发展中的主导作用,其中包括坚定不移地做强做优做大国有企业,加快完善现代企业制度,推进国有资本布局战略性调整,完善各类国有资产管理体制,加强和改进党对国有企业的领导;营造公平竞争、促进企业健康发展的政策和制度环境,实现多种所有制经济共同发展,其中包括毫不动摇鼓励、支持、引导非公有制经济发展,更好激发非公有制经济活力和创造力,推进产权保护法治化,依法保护各种所有制经济权益,加快市场配置要素的改革,加快形成全国统一开放、竞争有序的市场体系,进一步转变政府职能,减少涉及企业的行政审批事项,切实降低实体经济企业成本,增强实体经济盈利能力,等等。切实把以公有制为主体、多种所有制经济共同发展这一基本经济制度坚持好、完善好,对于推动经济社会持续健康发展、实现全面建成小康社会具有十分重大的意义。

(二)实现经济秩序安全的途径与方法

建立规范的市场经济秩序,既是保证当前经济正常运行的迫切需要,又是完善社会主义市场经济体制的重要举措。根据当前我国市场经济秩序面临的威胁,要实现经济秩序安全,首先要健全和完善经济领域秩序安全的法律法规。清理不符合市场经济要求的法律法规，按照立法的法定程序适时提出制定、修订有关法律的建议，制定、修订行政法规。加强现有法律法规的宣传教育，在全社会树立政府部门必须依法行政、企业和公民必须守法经营的观念。同时，应该制止和打击破坏经济领域秩序安全的行为。行政主管部门与执法部门要加强协调配合，依法严惩破坏市场经济秩序的违法犯罪行为，依法加大对破坏市场经济秩序行为的处罚力度，让违法犯罪者为其行为付出巨大代价，切实起到震慑作用。

（三）实现经济主权安全的途径与方法

在深化改革和扩大开放，特别是通过设立自由贸易区开启新的开放模式的今天，我国应高度重视维护国家经济主权，更要采取切实有效的措施维护国家经济安全。第一，完善经济主权的相关立法工作，自主制定经济方针政策，为维护国家经济主权提供法律依据。第二，加强对重要资源权利的掌握，明晰资源的主体和权能，保障资源的安全。第三，巩固和强化掌握自己战略产业的权利，最大限度地防止西方跨国公司与国际金融资本对本国经济造成负面影响。第四，积极参与重要国际经济组织，参与国际贸易规则的制定，拓展经济安全边界，维护我国经济主权。第五，维护自由利用国际市场的权利，加强我国在国际经济秩序中的话语权，捍卫和实现我国国家经济主权。

（四）实现经济发展安全的途径与方法

实现经济发展安全，应该坚持新发展理念，促进高质量发展；

深化供给侧结构性改革；创新和完善宏观调控；加强经济领域的保密管理以及坚持打击走私活动。新发展理念立足于我国新时代发展环境、新发展条件，是符合我国国情、顺应时代潮流、厚植发展优势的重大抉择，具有战略性、纲领性和引领性。新发展理念主要包括创新、协调、绿色、开放、共享，其相互贯通、相互促进，是具有内在联系的统一体。其中，创新是引领发展的第一动力，协调是持续健康发展的内在要求，绿色是永续发展的必要条件，开放是国家繁荣发展的必由之路，共享是中国特色社会主义的本质要求。在建设现代化经济体系中贯彻新发展理念，努力促进高质量发展，实现经济发展安全。

实现经济发展安全，应该坚持深化供给侧结构性改革。供给侧结构性改革，就是从提高供给质量出发，用改革的办法推进结构调整，矫正要素配置扭曲，减少无效和低端供给，扩大有效供给，增强供给结构对需求变化的适应性和灵活性，提高全要素生产率，更好满足广大人民群众的需要，促进经济社会持续健康发展。深化供给侧结构性改革措施主要包括推进增长动能转换，加强要素市场化配置改革，提高人力资本培育力度，持续推进去产能、去库存、去杠杆、降成本、补短板，优化市场供求结构，其根本目的是提高社会生产力水平，落实好以人民为中心的发展思想。从维护国家经济安全看，深化供给侧结构性改革，有助于防范、化解经济领域的安全风险，增强我国经济长期稳定发展的新动力。

实现经济发展安全，应该坚持创新和完善宏观调控。科学有效的宏观调控是完善社会主义市场经济体制、提高国家治理体系和治理能力现代化水平的必然要求。我们必须全面把握总供求关系新变化，科学进行宏观调控，适度干预但不盲目，必要时在把握好度的前提下坚定出手，平衡好增强活力和创造环境的关系，真正形成市场和政府合理分工、推动发展新模式。我们应不断调适理念、调适政策、调适方法，强化经济形势监测预测和政策措施预研储备，加强宏观政策组合运用，更加注重引导市场行为和社会预期，宏观调控各项指标符合预期。通过有效调控，引导减缓经济消化过程中各类风险的影响。

实现经济发展安全，应该坚持加强经济领域的保密管理，主要应从制度建设、监督检查和提升保密能力三方面进行。第一，加强制度建设。一方面制定专门规定，突出对接触、知悉涉密经济数据人员的政治条件和资格审查；另一方面，进一步完善国家保密行政管理部门与其他部门查处涉嫌泄露国家秘密案件的协调机制，严厉打击泄露经济数据的违法犯罪活动。第二，加强监督检查。我国将建立涉密经济数据专项督察制度，实行重点督察、专项检查等方式，指导和帮助他们查找漏洞、完善制度、加强管理。第三，加强教育培训，提升保密能力。通过各种形式帮助指导有关工作人员和涉密人员增强保密意识，提高保密技能，筑牢保密思想防线，以加强涉密经济数据保密管理。

实现经济发展安全，应该坚持打击走私活动，主要应从法律保障、地方政府、队伍建设和科学技术等方面努力。第一，加强法律保障，为沿海船舶反走私工作夯实制度基础，注入全新动力，解决当前沿海船舶反走私工作中执法依据不充足、联动协作不够高效等问题。第二，要充分发挥地方政府在打击走私中的基础性作用，落实反走私领导责任制，健全组织体系。第三，加强反走私队伍建设，加大打击工作效能。第四，依托社管平台引进大数据、云计算、人工智能等新科技，大力推进专业化、智能化的防控措施，持续有效打击各类走私活动。

第三节　军事安全、科技安全、文化安全、社会安全

军事安全、科技安全、文化安全和社会安全是整个国家安全体系中的重要组成部分。军事安全是国家安全的重要支柱，关系到国家的生死存亡和长治久安，维护军事安全，为实现"两个一百年"奋斗目标、实现中华民族伟大复兴的中国梦提供坚强的力量保证。科技安全是支撑国家安全的重要力量，维护科技安全是实现其他相关领域安全的关键要素，更是实施创新驱动发展战略的基本保障。文化安全是国家安全的重要保障，维护文化安全是协调推进"四个全面"战略布局的重要保障，是建设社会主义文化强国的重要基础。社会安全是国家安全的重要内容，维护社会安全，有利于国家经济发展和社会稳定，对于保障人民安居乐业、社会安定有序和国家长治久安的意义都十分重大。做好国家安全工作，应分析国家安全面临的威胁与挑战，明确工作任务和措施，制定有效的安全政策，以切实维护军事安全、科技安全、文化安全、社会安全等重点领域的国家安全。

一、军事安全、科技安全、文化安全、社会安全的重要性和基本内容

新形势下,国家应深入贯彻总体国家安全观,切实维护军事安全、科技安全、文化安全、社会安全。其中,军事手段是维护国家安全的保底手段,军事安全是建设巩固国防的重要前提;科技安全是国家安全的重要标志,是维护国家利益的基础,是提升国家实力的前提,是保障其他领域安全的技术支撑;文化安全是国家和民族的灵魂,是国家安全的重要保障,是建设社会主义文化强国的重要基础,是国家安全的关键精神保证;社会安全是国家安全的重要内容,是社会和谐稳定的基础。

(一)军事安全、科技安全、文化安全、社会安全的重要性

军事安全关系到国家主权和领土完整不受侵犯,关系到国家生死存亡与长治久安,世界各国无不将其视为维护核心利益的重要保证。无论是传统国家安全观还是现如今综合国力的竞争,军事安全始终处于极其重要、不可替代的地位。军事武装力量肩负抵抗侵略、保家卫国、维护国家权益与社会稳定,以及保卫人民和平劳动的神圣职责,是维护国家安全的保底手段。军事安全与国家其他安全领域密切相关,彼此不可分割,为一整体,军事安全是政治、国土安全的基本保障,是经济安全的重要前提,与科技、社会、资源和海外利益等重点领域安全相互交织、相互渗透、相互影响,不可分割。

科技安全是国家安全体系的重要标志。当今世界,科技安全已经成为直接影响国家安全的重要因素,它是我国推动新型工业化、

信息化、城镇化、农业现代化和绿色化同步发展的重要支撑，在社会主义经济建设、政治建设、文化建设、社会建设、生态文明建设中具有引领作用。科技安全是维护国家利益的基础。只有不断完善科技创新体系，才能实现以科技创新为核心的商业模式，推动创新驱动发展战略，维护国家利益。科技安全是提升国家实力的前提。"落后就要挨打"，一定程度上，科技实力决定着世界政治经济力量对比的变化，科技发展才能切实提升实力，维护国家安全。科技安全是保障其他领域安全的技术支撑。习近平总书记指出：只有把核心技术掌握在自己手中，才能真正掌握竞争和发展的主动权，才能从根本上保障国家经济安全、国防安全和其他安全。

文化是民族的血脉，是人民的精神家园。文化安全是国家安全的基本构成要素，在整个国家安全体系中地位十分重要，与其他重点领域安全密切相关，是确保社会主义政权不变色、确保中华文化存续绵延和国家安全的重要保障。文化安全是建设社会主义文化强国的重要基础，没有文化安全，文化强国就难以建成，建不成文化强国，文化安全基础也不牢固。文化安全是国家安全的关键精神保证，文化安全直接关系到全党全国人民共同奋斗的思想基础，关系到广大人民群众的文化权益，文化安全既能为改革发展稳定大局提供文化条件，又能为国家调整经济结构转变发展方式贡献力量，对增强全社会的凝聚力和向心力具有重要意义。文化安全是国际博弈的重要领域。当今世界，文化交流日益频繁，"软实力"成为各国综合国力竞争中的组成部分，其地位和作用更加重要。文化安全关系全局、利在长远，是国际竞争的重要领域。

社会安全是国家安全的重要保障，维护国家安全，离不开社会安全，确保社会安全，事关人民群众生命财产安全，事关改革发展稳定大局。社会安全是社会和谐稳定的基础。新中国成立70多年来，中国共产党领导人民创造了社会长期稳定的奇迹。我国长期保持社会和谐稳定、人民安居乐业，被国际社会公认为最有安全感的国家之一。社会安全是人民群众的安全感的晴雨表，是社会安定的风向标。只有维护好人民群众的人身安全、财产安全、食品安全、环境安全，预防和减少社会安全事故的发生，才能不断提升群众的幸福感和满意度。2013年5月，习近平总书记就建设平安中国作出重要指示：要深入贯彻落实党的十八大精神，把平安中国建设置于中国特色社会主义事业发展全局中来谋划，紧紧围绕"两个一百年"奋斗目标，把人民群众对平安中国建设的要求作为努力方向，坚持源头治理、系统治理、综合治理、依法治理，努力解决深层次问题，着力建设平安中国，确保人民安居乐业、社会安定有序、国家长治久安。

（二）军事安全、科技安全、文化安全、社会安全的基本内容

军事安全是指国家不受外部军事入侵和战争威胁的状态，以及保障这一持续安全状态的能力。习近平总书记指出，中华民族实现伟大复兴，中国人民实现更加美好生活，必须加快把人民军队建设成为世界一流军队。当前，国防和军队建设正站在新的起点上，面对国家安全环境的深刻变化，要构建以强军目标为指向、以战斗力标准为核心的评价体系。政治建军是人民军队的立军之本，我们要坚定自觉地贯彻政治建军要求，充分发挥政治工作生命线作用，

确保部队建设坚定政治建军要求。改革是我军发展壮大、制胜未来的关键一招，深化国防和军队改革是确保军事安全的重要方面。科技是现代战争的核心战斗力，一流军队必须有一流军事科技。在新一轮产业和科技革命蓄势待发之时，我们要坚持向科技创新要战斗力，依靠科技进步和创新把我军建设模式和战斗力生成模式转到创新驱动发展的轨道上来，提升战斗力。

科技安全是指科技体系完整有效，国家重点领域核心技术安全可控，国家核心利益和安全不受外部科技优势危害，以及保障持续安全状态的能力。科技安全的主要内容包括国家加强自主创新能力建设，加快发展自主可控的战略高新技术和重要领域的核心关键技术，培养高质量科技人才，设施设备齐全和完备，科技成果产品能够得到合理应用、知识产权受到保护和对自主创新的核心技术具有保密意识，保障重大技术和工程的安全，以及开展科技宣传与服务活动。维护科技安全既要确保科技自身安全，更要发挥科技支撑引领作用，确保相关领域安全。

文化安全是指一国文化相对处于没有危险和不受内外威胁的状态，以及保障持续安全状态的能力。文化安全主要包括国家文化主权，文化价值观和中华优秀传统文化、革命文化、社会主义先进文化安全。在新时代，我们要以更大的力度、更实的措施加快建设社会主义文化强国，培育和践行社会主义核心价值观，培养高度的文化自信，防止文化"全盘西化"。中华优秀传统文化已经成为中华民族的文化基因，植根在中国人内心深处，潜移默化地影响着中国人的思维方式和行为方式。革命文化是中国共产党领导中国人民在伟大斗争中构建的文化，它以马克思主义为指导，以"革命"为精神内核和价值取向，继承中华优秀传统文化，借鉴世界优秀文明成果，是具有鲜明中国特色的先进文化。社会主义先进文化是指以马克思主义为指导，以培养有理想、有道德、有文化、有纪律的"四有"公民为目标的面向现代化、面向世界、面向未来的，民族的、科学的、大众的，具有中国特色的社会主义文化。

社会安全的基本内容包括防范、消除和直接控制暴力性、侵财性犯罪，网络犯罪，毒品犯罪，有组织犯罪和暴力恐怖活动，有效治理和解除重大自然灾害、事故灾难、公共卫生事件和社会群体性事件，以及管控舆情传播、稳定社会舆情等。维护社会安全工作涉及打击各类犯罪，维护社会稳定与和谐，涉及生产、工作、生活各个环节，与人民群众的切身利益密切相关。

二、我国军事安全、科技安全、文化安全、社会安全面临的主要威胁与挑战

做好国家安全工作，首先要了解我国重点领域面临的威胁与挑战。近年来，我国特色军事变革成就显著，强军兴军迈出新步伐。分析当前的世界发展大势，局部地区依然会有武装冲突和潜在战争风险；从我国周边环境看，国家主权、统一和领土仍面临多重挑战，因此，我国军事安全仍然稳中趋紧，面临诸多威胁与挑战。第一，世界新军事革命深入发展带来新挑战。当今世界，战争形态加速向信息化战争演变，信息主导成为制胜关键，精确作战的形式日益突出，非对称、非线性、非接触的作战成为主要作战样式。在应对世界新军事革命挑战、推进国防和军队改革方面，我国面临较大

压力。第二，军事秘密泄露的威胁。境外敌对势力一直尝试渗透，以窃取我国军事秘密，其形势不容乐观。互联网的发展使得网络军事窃密的现象屡禁不止。第三，军队中缺乏忧患意识。全党全军，必须看到国际国内各种不利因素的长期性、复杂性、曲折性，要有如履薄冰的谨慎、居安思危的忧患。

进入21世纪，面对蓬勃兴起的人工智能引领下的新科技革命和产业变革浪潮，世界各国纷纷把科技创新提升到国家发展战略的核心层面。党的十八大以来，我国科技实力不断提升，科技发展进入快速跃升期，众多重大科技成果已达到世界先进水平，处于"领跑"阶段。但是，从自主创新、关键核心技术等领域看，我国科技安全还不能有效满足维护国家安全的要求，仍然面临着诸多威胁与挑战。第一，我国科技基础相对薄弱，自主创新特别是原始创新能力还不强，缺乏足够的新兴科技产业。如果不能建立牢固科技基础，准确把握世界科技发展趋势，就有可能在世界新一轮科技革命中错失良机。第二，我国重点领域核心技术安全受威胁。比如，在芯片、操作系统、基础零部件等方面的技术受到封锁，核心利益和安全受外部优势科技的制约与排斥。第三，科技安全管理薄弱，重大科技信息存在风险。我国科技安全预警、监督和管理体制处于初步阶段，国家秘密、商业秘密、知识产权的保密工作有待加强，识别、防控和应对科技安全问题的能力不足。第四，我国科技安全还面临人才风险。一方面，由于人才培养机制还未完全成熟，缺乏青年领军人才；另一方面，受其他国家的高薪引诱，一些高端人才流失严重。

当前，尽管我国维护国家文化安全的各项基础条件不断得到加强和改善，但是，由于社会经济发展与思想领域出现的矛盾与错误观点，国家文化安全也面临着严峻而复杂的形势。第一，西方文化和西方意识形态的侵蚀。长期以来，某些境外势力一直对我国进行思想文化渗透，试图颠覆历史，别有用心地宣扬其价值观，实施文化侵略。第二，青少年中消极娱乐、享乐和消费文化日益频繁，导致拜金主义、极端个人主义和享乐主义盛行。第三，恶意解构文化传统与文化符号。在日益开放的环境下，"软实力"的较量更为激烈，西方部分国家加紧对我国传统文化进行恶意诋毁，甚至进行解构。第四，文化自信和文化向心力缺失。中华文化源远流长，灿烂辉煌，但部分人害怕面对世界文化交流与交锋，对自己文化不自信，出现文化向心力缺失的现象。第五，不良网络文化的威胁。信息技术的深刻变革在丰富人民群众文化生活的同时，也便利一些不法分子在互联网上传播扩散淫秽色情和低俗信息，发展健康向上的网络文化任重道远。

改革开放以来，党中央高度重视正确处理改革、发展和稳定的关系，始终把维护国家安全和社会安定作为党和国家的一项基础性工作，现如今已取得显著成效，人民生活水平和质量加快提高。但同时，改革进入攻坚期和深水区，在新形势下，社会矛盾多发叠加，社会安全形势严峻，特别是各种威胁和挑战联动效应明显。第一，社会群体性事件时有发生。其中，包括官民矛盾、商民矛盾和劳资矛盾等，影响着社会秩序、社会稳定和社会安全。第二，境外恶意势力的渗透、破坏日益严重，暴力恐怖活动事件多有发生。受境外势力渗透，暴力恐怖活动处于多发期和活跃期。此外，抢劫、伤害等为主的暴力刑事犯罪也影响着社会治安。第三，新型违法犯罪方式多样。伴随互联网的发展，传统违法犯罪加速向网上发展蔓延，如网络黄赌毒、网络诈骗、窃取公民个人信息等新型网络犯罪不断滋生，网络社会安全问题明显增多。第四，社会舆情复杂。互联网社会具有强大的聚焦放大能力，强征强拆、医患纠纷、冤假错案和贫富悬殊等社会问题在网络加持下容易引发社会舆情的爆发，直接或间接影响社会的和谐安定。

三、维护我国军事安全、科技安全、文化安全、社会安全的途径与方法

面对复杂多样的安全威胁与挑战，用传统的理念、途径与方法越来越难以有效地维护国家安全。在新形势下，维护国家军事安全，就应该在总体国家安全观指导下，加强领导指挥体制与力量建设，坚决维护中国共产党的领导和中国特色社会主义制度，确保军队在党的绝对领导下，实现强军目标，并加快推进国防和军队的现代化建设，整体运筹和平时期军事力量运用，使军队始终成为维护国家安全的可靠力量。贯彻强军思想，创新军事战略指导。根据我国长期革命战争实践及地缘战略环境，我军应毫不动摇坚持积极的防御战略思想，并构建全局统筹、分区负责，相互策应、互为一体的战略部署和军事布势。加强军事保密教育，随着科学技术的不断进步，军事保密的对象、范围应包括计算机、网络通信、信息安全等重要领域的保密。同时，推行军事保密教育，控制知密范围，防范窃密活动，消除泄密隐患，确保军事秘密的安全。拓展军事外交，应进一步深化国际军事合作，积极参与国际和周边区域安全机制建设，力所能及地提供更多安全公共产品，推动构建开放、透明、平等的国际和区域安全架构，以努力提高维护世界和平能力。

《中华人民共和国国家安全法》明确指出：国家加强自主创新能力建设，加快发展自主可控的战略高新技术和重要领域核心关键技术，加强知识产权的运用、保护和科技保密能力建设，保障重大技术和工程的安全。维护我国科技安全，首先，应贯彻落实战略规划。包括完善科技创新体制机制，保证科技安全的创新研发；加强科技安全基础设施的建设；加强科技安全创新成果的转化和落地，为科技发展与创新夯实基础，抢占关键领域制高点。其次，突破重点领域的核心技术。在新一轮科技革命带来机遇时，将优势资源集中到重点领域，加强前沿问题探索，注重原创突破，以实现关键核心技术的安全可控，从根本上扭转关键核心技术受制于人的局面。再次，加强科技人才队伍建设。把人才资源开发放在科技创新最优先的位置，改革人才培养、引进、使用等机制，造就世界水平的创新领军人才，注重培养一线创新人才和青年科技人才。最后，加强科技安全治理。完善科技安全保密法律法规，重视知识产权的保护，以确保我国核心利益和正当权益不受侵害；加强科技安全宣传和教育培训，提升全社会应对科技安全问题的能力；加强科学伦理审查，分析可能存在的科技安全风险和重大隐患，确保我国科技安全。

维护文化安全工作是一项关系全局、利在长远的战略过程。维护文化安全：第一，深入开展理想信念教育、加强文化认同。如系统梳理传统文化资源，构建中华优秀传统文化传承体系，坚定文化自信，增强文化认同。第二，坚持党对文化的领导，坚持社会主义先进文化前进方向，培育和践行社会主义核心价值观。牢牢把握党的领导，把社会主义核心价值观融入国民教育全过程，体现在文化产品创作、生产、传播的各个环节。第三，加强文化遗产保护与利用。保护历史文化遗产，保存文化基因延续的历史文脉，处理好城市改造开发和历史文化遗产保护利用的关系，在保护中发展，在发展中保护。第四，推进文化创新体系与文化安全防线建设。牢牢把握正确舆论导向，依法加强文化阵地规范管理，加强互联网中思想文化阵地建设，以防范和抵御不良文化影响，构筑维护文化安全的阵地防线，加强文化安全国门把关和防控。第五，营造文化安全的国际环境。深化中外文化交流，促进国际文化贸易的加快发展，加强中华文化的国际传播能力，以加强中华文化对外话语体系建设，增强国际话语权。

维护社会安全，则要始终以人民群众安全需求为导向，进而全面推进平安中国建设。第一，健全社会安全法制体制机制，以信息为支撑加快建设社会治安立体防控体系，建设基础综合服务管理平台，努力编织全方位、立体化的公共安全网。第二，提升应对社会安全事件能力，完善和落实安全生产责任和管理制度，加大监管执法力度，坚决遏制重特大安全事故频发势头；同时，加强安全生产基础能力和防灾减灾能力建设，切实维护人民生命财产安全。第三，有效预防和妥善处置群体性事件，建立健全应急管理体制和工作预案，加强矛盾纠纷源头排查，坚持依法处置，形成统一指挥、功能齐全、反应灵敏、运转高效的应急体制。第四，加强反暴力反恐怖斗争，包括反恐怖斗争意识的增强、反恐情报能力的提升、防控巡逻力度的加大、反恐怖社会参与机制的建立以及反恐怖国际合作的全面深化等。第五，加强社会舆情引导管控，做到早发现、早研判、早引导，使事件处置与舆论引导密切配合、同步实施；同时，充分利用新媒体，为舆论工作的引导、管控创造良好条件。第六，防范外来有害因素侵入，建立举报奖励机制，鼓励群众揭发有害因素，提高机动打击能力，有效震慑外来入侵，始终让民众有安全感，使社会稳定有序。

第四节 国土安全、生态安全、资源安全

在切实维护重点领域国家安全中，国土安全、生态安全、资源安全是国家安全体系的重要组成部分。其中，国土安全是立国之本，是国家统一的基础，也是传统安全备受关注的构成要素，与政治安全、经济安全和军事安全等相互依赖、相互影响、相互作用。生态安全是人类生存发展的基本条件，维护生态安全直接关系人民群众福祉、经济可持续发展和社会长久稳定。资源安全在国家安全中居于重要地位，因为资源属于环境的一部分，因此与生态安全息息相关。在当前新形势下，国土安全、生态安全、资源安全仍面临着诸多挑战，如国土边境安全、反分裂斗争、严峻的国际舆论环境，生态破坏与环境污染，以及资源供需矛盾、对外依存度高、资

源开发利用水平不高等,为维护国土安全、生态安全、资源安全,贯彻总体国家安全观,我们必须完善相关机制,把握重要问题和做好预防预备工作。

一、国土安全、生态安全、资源安全的重要性和基本内容

国土安全、生态安全、资源安全是国家安全体系的重要基石,与政治安全、经济安全、军事安全等领域相互依赖、相互影响、相互作用,彼此息息相关。国土是国家主权赖以存在的物质空间,是传统安全备受关注的首要方面。生态安全是国土安全的重要屏障,日益成为经济、社会发展中的焦点问题,维护生态安全,就是维护人类生命支撑系统的安全。资源安全是国家安全的重要支撑,是其他领域安全的依托,资源安全的核心是保证各种重要资源充足、稳定、可持续供应。国土安全、生态安全、资源安全是保障国家安全的基础,应切实维护,高度重视。

(一)国土安全、生态安全、资源安全的重要性

国土安全是国家生存和发展的基本条件。从国家生存角度看,领土是主权国家国民赖以生存和发展的物质基础,提供人民生存和发展的场所、国家政权行使主权的空间,以及不可或缺的生产生活资料。从国家发展角度看,国土的安全状态与国家的繁荣昌盛紧密相连。国土安全与其他领域的安全息息相关。国土安全作为国家安全的重要因素,具有很强的联动性,是国家政治安全、经济安全、文化安全等领域的保障,而其他领域的安全同样对国土安全具有重大影响。如果说经济安全是国家安全的基础,那么国土安全则是基础的基础,是人民幸福生活的基础。维护国家主权和领土完整,实

现祖国完全统一,是全体中华儿女的共同愿望,是中华民族根本利益所在。

生态安全是人类生存发展的基本条件,人类生存需要水、空气、土壤和食物供给等必备条件,这些物质条件和功能构成了包括人类在内的所有生物的生命支撑系统。生态安全是经济安全的基本保障,如果生态系统退化或遭到破坏,其直接导致经济的不安全问题,甚至透支后代的发展资源和生存环境。生态安全是国土安全的重要屏障,如果土壤、空气、水体等受到污染,就会直接缩减国土的大小、影响国土的质量,保护生态安全,就是保护国土安全。生态安全是资源安全的重要基础,作为一个整体,生态安全不仅关系人类生存空间,而且是人类获取生产、生活资源的来源。只有确保生态安全,才能获得更充分的资源。保护生态环境就是保护生产力,改善生态环境就是发展生产力。良好生态环境是最公平的公共产品,是最普惠的民生福祉。对人的生存来说,金山银山固然重要,但绿水青山是人民幸福生活的重要内容,是金钱不能替代的。

资源安全在国家安全中居于重要地位。任何国家的生存与发展,都建立在资源基础之上。资源作为一种战略保障,是国家战略命脉、国家产业发展基础、国民经济主要支撑和社会稳定的基础。由于资源对国家具有生死攸关的重要性,因此国家间往往会因为资源问题发生激烈冲突甚至战争。资源安全是经济安全和社会安全的依托,同时也是科技安全的有效载体。没有资源要素的投入,人类的生产生活就难以进行,经济就会停滞不前,社会安定就会成为主要问题。资源安全也与科技安全等其他领域安全相关联,没有稳定的资源供应，科技安全就难以得到保障。当前，在国际竞争与战略博弈中，资源安全的广度和深度不断延伸，其支撑作用日益突出。

（二）国土安全、生态安全、资源安全的基本内容

国土是国家主权赖以存在的物质空间，包括领陆、领水和领空三部分，国土安全涵盖领土、自然资源、基础设施等要素，是指领土完整、国家统一、海洋权益及边疆边境不受侵犯或免受威胁的状态。我国疆域东西跨度约5200千米，南北跨度约5500千米。陆地领土面积960多万平方千米，居世界第三。我国大陆海岸线漫长，北起鸭绿江口，南至北仑河口，沿海岛屿、台湾及包括钓鱼岛在内的附属各岛、澎湖列岛、东沙群岛、西沙群岛、中沙群岛、南沙群岛以及其他一切属于中华人民共和国的岛屿都是我国领土。其中，我国领海宽度为12海里，主张管辖海域包括渤海全域和黄海、东海、南海的大部分海区。我国的200海里专属经济区是领海以外并邻接领海的区域，大陆架为领海以外依本国陆地领土的全部自然延伸，扩展到大陆边外缘的海底区域的海床和底土。我国领空为领土和领海以上的整体空域，其外沿与领土、领海的外沿比齐，向上延伸至空气空间与外层空间的交界处。国土安全作为一个相对较新概念，超越了传统的领土安全，涉及国家主权和国民生命财产的安全，是国家统一、民族利益之核心所在。国土安全对一个国家的安全、生存与发展至关重要。

生态安全是指一个国家具有支撑国家生存发展的较为完整、不受威胁的生态系统，以及应对内外重大生态问题的能力。生态安全是国家安全体系的重要组成部分和基石，其具有整体性、不可逆

性、长期性的特点。生态安全包括水、土地生态、大气和生物物种的安全，保障水量水质的安全、防治水污染，预防土地沙化、退化及水土流失使土壤功能受到的破坏，有效治理大气污染并对气候变化的威胁做出预警，保护生物物种的多样性，严禁外来物种的入侵，防止生态服务功能退化。注重生态安全，着力解决生态环境问题，切实维护我国生态系统稳定和国家利益。

资源安全是一个国家或地区可以持续、稳定、及时、足量和经济地获取所需自然资源的状态。从国家资源安全的角度看，资源安全包括可再生资源安全和不可再生资源安全。可再生资源主要指动植物、土地和水资源等。这些资源是人类生产和生活的物质基础，合理利用消耗，可以通过繁殖、施肥和循环等过程不断再生出来。不可再生资源主要指经过漫长的地质年代形成的矿产资源，包括金属矿产和非金属矿产。而资源安全的核心是保证各种重要资源充足、稳定、可持续供应，在此基础上，追求以合理价格获取资源，以集约节约、环境友好的方式利用资源，保证资源供给的协调和可持续。

二、我国国土安全、生态安全、资源安全面临的主要威胁与挑战

近年来，随着我国经济的发展与综合实力的增强，我国国土安全、生态安全、资源安全面临的形势较以往更为复杂、棘手。从国土安全来看，虽然安全形势总体稳定，但同时也存在敏感因素。第一，国土边境和海洋安全面临问题与挑战。我国与邻国仍有部分尚未划定的陆地边界，如中印双方领土主权争议仍涉及十几万平方千米，为此一直进行艰苦的政治、外交纠缠；海洋领土主权问题更为

严峻，南海、东海等争端面临多方问题。第二，反分裂斗争形势依然严峻。反对民族分裂，维护祖国统一，是国家的最高利益所在。我们必须深刻认识反分裂斗争的长期性、复杂性和尖锐性，目前，不仅"台独"分裂活动具有威胁，某些外部势力扶植"港独"势力，此外，"藏独""东突"等分裂势力的分裂倾向也在加剧。第三，国土安全面临严峻的国际舆论环境。在我国综合国力和国际影响力持续提升之际，一些国家不能公正看待我国维护国土安全的措施与政策，频频制造不实的国际舆论，制造不利于我国国土安全的舆情，激化矛盾。我们坚持和平发展，坚决捍卫领土主权和海洋权益。谁要在这个问题上做文章，中国人民决不答应。

我国作为一个领土、人口大国，随着经济社会的快速发展以及生态本身的脆弱，生态环境恶化的趋势日益明显，成为社会关注的焦点问题。生态安全面临的威胁与挑战主要有两方面：一是生态破坏，二是环境污染。生态环境的破坏，会造成工农业生产能力和人民生活水平的下降。具体来看，生态破坏的问题包括水资源的严重短缺对生产、生活及地区安全的影响，水土流失对农业和水利工程的影响，森林草原退化导致生态系统功能的紊乱、失调和衰退，生物多样性丧失对生存环境的影响，气候变化威胁人类生存发展以及生物入侵威胁生物多样性和生产活动，等等。环境污染表现的问题主要在于，地表水、地下水污染威胁生产生活和生态系统健康，土地污染威胁生产生活和生态系统健康，空气污染威胁公众健康、生态环境和农业生产力。

资源安全是国家安全的重要支撑，目前我国的资源处于不同程度的失衡和危机状态。第一，资源供需矛盾形势严峻。其主要表现为资源开采和利用过度，人均资源量少、分布不均，工业生产用地过量、红线保护形势严峻，环境污染导致可利用资源减少，等等。如我国水资源问题，尽管总量居世界第六位，但人均占有水资源仅为世界人均水资源占有量的1/4，且北方地区水资源严重不足。我国耕地资源十分有限，由于无序开发和粗放利用等问题，使植被遭到破坏，地面沉陷、水土流失问题严重，资源供需矛盾进一步加剧。第二，资源对外依存度高。我国一直存在能源与矿产资源短缺的问题，无论是铁、铜还是石油资源，近年的对外依存度持续攀升，对外依存度的加深也意味着进口通道的安全性面临更多威胁。第三，资源开发利用水平不高。从过去数十年对资源的开发利用水平看，其强度远超世界平均水平，非法开采、超指标开采以及粗放的开采方式导致国内资源浪费严重，进一步削弱了我国资源的可持续供应能力。

三、维护我国国土安全、生态安全、资源安全的途径与方法

国土安全、生态安全和资源安全是我国国家安全体系的重要组成部分，必须切实保障各部分的安全。维护我国国土安全，必须把握好四方面重点问题。第一，必须完善国土安全法律和教育体系，建立相关配套体制机制，重视专业人才队伍建设，加强国家版图和国土主权的宣传教育，提高国民危机意识。第二，坚持深入推进兴边富民、守边固边、强边固防，加快推动边境地区经济社会繁荣发展，切实维护边防稳固。第三，坚持陆海统筹，建设海洋强国。陆地和海洋同样是不可分割的生命共同体，破除"重陆轻海"观念，

逐步强化陆海统筹的战略地位，将其上升为国家重大战略。第四，加强国防和外交能力建设，在当代国际社会，当相邻主权国家间存在领土主权争议，和平的、外交的方式是首选的解决办法。因此，加强外交能力建设，是维护国土安全的重要方式。只有具有了完善的法律和教育体系，以及坚实的国内政治、经济、外交和军事等根本的国力基础，才能解决国家领土争端，维护我国国土主权。"我们坚决维护国家主权和领土完整，绝不容忍国家分裂的历史悲剧重演。一切分裂祖国的活动都必将遭到全体中国人坚决反对。我们有坚定的意志、充分的信心、足够的能力挫败任何形式的'台独'分裂图谋。我们绝不允许任何人、任何组织、任何政党、在任何时候、以任何形式、把任何一块中国领土从中国分裂出去。"

生态环境的恶化对人类生存的威胁，如同战争威胁一样生死攸关。建设生态文明，关系人民福祉，关乎民族未来。维护我国生态安全，第一，应健全生态保护和修复制度。生态修复是一项系统工程，要实施重要生态系统保护和修复重大工程；生态红线的观念一定要牢固树立起来，划定永久基本农田、城镇开发边界等；坚持绿色发展，开展国土绿化行动，着力改善生态环境；完善天然林保护制度，扩大退耕还林还草；构建天地一体化的生态安全监测预警和评估体系，保护生态环境必须依靠制度、依靠法治。只有实行最严格的制度、最严密的法治，才能为生态文明建设提供可靠保障。第二，推进重点环境问题治理。加强水生态保护，综合治理荒漠化和水土流失问题；实施大气污染综合防治，推进清洁生产和节能减排，严控多种大气污染物排放量，以改善大气环境质量。完善国家土壤环境的监测网络，加大土壤重金属污染治理修复力度，强化农产品产地安全和污染场地开发利用监管。我们的生态环境问题已经到了很严重的程度，非采取最严厉的措施不可。第三，强化国门安全管理。建立外来有害生物、重大新发突发传染病、动植物疫情防控体系，加强极小种群、重要野生动植物及栖息地恢复，保护濒危动植物，禁止濒危动植物及产品贸易。

资源安全问题不可轻视，资源是各国争夺的焦点，是我国推进工业化、信息化、新型城镇化和农业现代化，以及构建全面小康社会和实现中国梦的重要物质基础。维护我国资源安全必须把握好以下四方面问题。第一，推进绿色发展。中国将贯彻创新、协调、绿色、开放、共享的发展理念，实施一系列政策措施，大力发展清洁能源，优化产业结构，构建低碳能源体系，发展绿色建筑和低碳交通，建立国家碳排放交易市场，等等，不断推进绿色低碳发展，促进人与自然和谐共生。第二，提高资源开发利用水平。高度重视资源节约，降低资源消耗强度。习近平总书记指出：节约资源是保护生态环境的根本之策。扬汤止沸不如釜底抽薪，在保护生态环境问题上尤其要确立这个观点。加强资源开发利用的生态监管，坚持资源开发和环境保护并重。第三，利用好两个市场、两种资源。加大资源勘查力度，增加国内资源储备，强化储备应急能力建设；有效开发原生资源，重视优势资源的保护，保障国内资源安全供应。第四，健全预防预备体系。完善资源安全法律法规体系，统筹国家资源供需战略，打击跨境资源走私，防止、限制外部对我国资源的不当获取和掠夺，维护国家资源利益。

第五节 网络安全、核安全、海外利益安全

网络安全、核安全、海外利益安全是国家安全体系的重要组成部分，与政治安全、经济安全、文化安全、社会安全、军事安全等领域相互交融、相互影响，是国家安全与国家发展的基石与支撑。当前，随着信息技术的日新月异以及新一轮改革开放的全面推进，我国网络安全、核安全、海外利益安全面临着最复杂、最现实、最严峻的挑战，切实维护网络安全、核安全、海外利益安全关乎我国整体发展利益，成为国家安全的一项重要任务。

一、网络安全、核安全、海外利益安全的重要性和基本内容

当今世界，互联网让世界变成"地球村"，网络空间成为与陆地、海洋、天空和太空同等重要的人类活动新领域。维护网络运行安全与信息安全关系着我国人民群众的切身利益，对我国国家安全与社会稳定都具有重要意义。维护核安全既有军事意义也有非军事意义，从其基本内容与目标来看，维护核安全最终应在实现无核武器世界的条件下，确保核材料、核设施的安全。海外利益安全是国家利益的重要组成部分，海外利益安全主要包括海外能源资源安全、海上战略通道以及海外公民、法人的安全。网络安全、核安全、海外利益安全是我国发展和安全利益的一部分，对于构建国家安全体系具有重要的意义。

（一）网络安全、核安全、海外利益安全的重要性

随着世界多极化、经济全球化、文化多样性、社会信息化深

入发展，互联网对人类文明进步将发挥更大促进作用。网络安全和信息化事关国家安全和国家发展，它是国家安全的战略基石，政治安全、经济安全、社会安全、军事安全、科技安全等各个领域的问题，都与网络安全问题紧密关联。互联网也深刻影响和改变着人们的工作生活方式，越来越多的人通过互联网获取信息、学习交流、购物娱乐和创业兴业等。没有网络安全就没有国家安全，没有信息化就没有现代化。建设网络强国的战略部署要与"两个一百年"奋斗目标同步推进，向着网络基础设施基本普及、自主创新能力显著增强、信息经济全面发展、网络安全保障有力的目标不断前进。

我国是拥有核武器的国家，也是和平利用核能的国家。核能的开发利用给人类发展带来了新的动力，但核具有的巨大杀伤力与破坏能量也带来风险与挑战，核恐怖主义危害着人民生命安全，因此，核安全关乎着人民群众的生命和人类的前途命运。此外，核安全也是核能与核科学技术发展的前提和基础。只有确保核安全，防范核犯罪、核事故造成的核危害，防范核材料被盗窃被走私，才能发展核科学技术，和平利用核能。维护核安全也事关我国负责任的大国形象，作为一个爱好和平的国家，我国一贯重视核安全问题，不但对本国人民负责，而且对国际社会负责。我国始终奉行不首先使用核武器的政策，坚持自卫防御的核战略，无条件不对无核武器国家和无核武器地区使用或威胁使用核武器。

海外利益是新时期我国发展和安全利益的重要组成部分，维护海外利益安全是新一轮对外开放的必然要求。当前，我国同国际社会的互联互动和利益融合空前密切，海外利益的广度和深度不断拓展，其在国家整体利益格局中的比重逐步提高，在此背景下，提升海外维权能力，有效保障海外利益安全，更显刻不容缓。海外利益安全是保护国家利益、增进人民福祉的重要保障。中国特色国家安全道路要求我们把维护海外利益安全工作摆到重要位置。走中国特色国家安全道路，坚持国家利益至上，必须为我国海外利益提供坚强有力的保障；坚持以人民安全为宗旨，必须把维护我国公民海外正当权益和生命财产安全放在首位。海外利益安全是统筹国内国际两个大局的时代召唤。在新的历史条件下，特别是我国经济发展进入新常态、外部形势持续发生深刻复杂变化的背景下，维护好、保障好日益扩大的海外利益，同样需要作为统筹国内国际两个大局的一项重要任务抓紧抓好。

（二）网络安全、核安全、海外利益安全的基本内容

作为非传统安全问题，网络安全在信息化与全球化快速发展的时代下，变得越来越重要。网络安全的主要内容包括三个方面：基础设施安全、运行与服务安全和信息安全。其中，基础设施安全主要是关键设施、设备安全。运行与服务安全涵盖防止黑客攻击、防止其他势力渗透，确保信息系统能够连续可靠地运行，保障关键基础设施安全，维护网络软件产品安全，等等。信息安全则主要有数据传输安全，网络信息加密，有害信息监察监管，防范网络诈骗、网络暴力，等等。在互联网时代，一些国家利用掌握的信息技术优势，大规模实施网络监控，窃取他国政治、经济、军事秘密以及个人信息，甚至远程控制他国重要网络与信息系统，严重威胁网络安全。

广义的核安全是指对核设施、核活动、核材料采取必要和充分

的监控、保护、预防和缓解等安全措施，防止由于任何技术原因、人为原因或自然灾害造成事故发生，并最大限度减少事故情况下的放射性后果，从而保护工作人员、公众和环境免受不当辐射危害。狭义的核安全是指在核设施的设计、建造、运行和退役期间，为保护人员、社会和环境免受可能的放射性危害所采取的技术和组织上的措施的综合。核安全的主要内容包括坚持核不扩散立场，确保核设施、核材料的安全，防止和应对核材料的偷窃、蓄意破坏、未经授权的获取、非法贩运等违法行为，防范恐怖分子获取核材料、破坏核设施，等等。

海外利益安全是指国家利益的海外延伸，关乎国家发展和安全大局。在现代世界史上，国家的成长必然伴随着海外利益的拓展。对于正走在民族伟大复兴道路上的中国来说，海外利益是国家战略筹划的重要内容之一。从国内和国际两个维度看，海外利益安全包括两个层面。第一，确保海外中国公民、机构和企业合法权益。中国与国际市场的深度交融，中国的企业和个人将越来越多地向国外流动，因此，必须保障海外公民人身安全和基本权益，确保其资产安全、投资利益的安全。第二，维护海外战略性利益安全。具体应该保障海外战略物资、能源供应和重要海上通道的安全，在国际社会建立良好的国际形象以及为国际社会的发展和国际秩序的完善提供中国方案，参与国际规则的制定。

二、我国网络安全、核安全、海外利益安全面临的主要威胁与挑战

网络安全、核安全和海外利益安全是我国贯彻总体国家安全观的重点领域，虽已建立起完善的管理体制，形成较为成熟的法律法规体系，但也必须看到，各方面的形势依然不容乐观，面临一些严重威胁。作为一个新的生态系统，"互联网+"已经渗透到各个领域，在经济社会中的作用越来越突显。当前我国网络安全面临的主要威胁体现在以下几个方面：第一，外部势力通过互联网进行侵犯，网络信息影响民众意识形态和价值取向。网络的跨时空、跨国界特征，使某些外部势力通过互联网宣扬其推崇的制度，进行意识形态渗透，攻击、破坏和颠覆我国的政治制度和发展模式。不仅如此，网络信息鱼龙混杂，虚假信息与谣言四起，容易误导网民的价值取向。此外，民众网络安全意识也较为薄弱，应对网络安全风险的能力不足。第二，关键信息基础设施遭到攻击破坏，严重威胁着经济安全与公共利益。当前，我国网络安全整体防护能力还不强，基础信息技术水平较为薄弱，存在安全隐患，一旦受到网络攻击，可能会导致金融紊乱，影响社会和谐稳定。第三，网络违法犯罪呈现高发态势，给公共利益带来重大危害。计算机病毒、木马程序在网络空间传播蔓延，网络欺诈、黑客攻击大量存在，一些犯罪团伙肆意窃取用户信息或企业秘密，严重损害个人、企业利益，给国家安全、稳定运行带来重大危害。

当今国际格局正在经历前所未有的深刻演变，使世界核安全形势变得十分严峻。在我国，核安全的形势也不容乐观，主要表现在以下几个方面：第一，核事故风险。核事故是人为错误与机械故障混在一起造成的，对人和环境都有极大的伤害。工作中的核反应堆包含有大量的放射性裂变物质，如果扩散，将会造成很大的危害。第二，周边国家核扩散形势严峻。《不扩散核武器条约》虽然禁止非核武器国家和地区接受、制造或以其他方式获得核武器或核装置，但是，印度和巴基斯坦紧张的国家间关系，仍存有导致核冲突的危险；朝韩、朝美关系的紧张也可能会导致核冲突危险；而日本拥有制造核武器能力，是否会走上核武器国家道路，一直引人注目。此外，恐怖组织攻击和破坏核设施，核材料丢失、被盗事件时有发生，核恐怖威胁也不容忽视。

随着我国自身实力的不断增强以及与世界联系的日益紧密，我国海外利益安全面临的主要威胁不断增加。第一，部分地区局部冲突与政局动荡，影响我国公民人身安全与双边经贸合作。比如，近几年中东地区局势持续动荡、冲突不断，严重威胁我国企业、公民在当地的安全。国际大环境的不安定是影响我国海外利益安全的重要因素。第二，国际恐怖主义活动多发，对我国海外利益安全造成的威胁不容忽视。近年来，全球恐怖主义活动猖獗，严重威胁我国海外项目与人员安全，如恐怖袭击和劫持人质等，屡屡对我国公民的人身、财产安全造成损失。第三，重大自然灾害、重大新发突发传染病、动植物疫情所引发的威胁。例如，2004年印度洋海啸、2011年日本大地震等均有我国公民不幸遇难的事件，目前仍然在全球肆虐的新冠肺炎疫情，对在疫情严重国家工作、生活和学习的我国公民构成严重威胁。

三、维护我国网络安全、核安全、海外利益安全的途径与方法

网络安全、核安全、海外利益安全与政治安全、经济安全、军事安全、文化安全和社会安全等领域相互交融、相互影响，为维

护好国家总体安全，必须切实维护网络安全、核安全、海外利益安全。维护网络安全，涉及法律、管理、技术、意识和人才等多方面的合作与努力，是一项复杂的系统工程。第一，坚持依法治网。网络空间不是"法外之地"，要全面推进网络空间法治化，加强网络安全信息收集、分析、通报和应急处置，建立监测预警与应急处置制度，建立网络安全审查制度等。第二，要精细网络管理。采取监测、记录网络运行状态和网络安全事件的技术措施，采取数据分类、重要数据备份和加密等措施。第三，必须保证安全技术措施同步规划、同步建设、同步运行。支持核心技术创新发展，尽快在核心芯片、操作技术等方面取得突破，确保安全技术领先；必须加大对网络管理、技术、人才等方面的资金投入，加强保护国家关键信息基础设施的安全。第四，加强全社会网络安全意识教育的培训。通过宣传教育和培训，进一步牢固树立"网络安全，人人有责"的理念，并提升广大民众对网络违法有害信息、网络欺诈等违法犯罪活动的辨识和抵御能力。第五，强化网络空间的国际合作。通过积极有效的国际合作，建立多边、民主、透明的国际互联网治理体系，打击网络违法犯罪，共同构建和平、安全、开放、合作、有序的网络空间。

维护我国核安全，要秉持为发展求安全、以安全促发展的理念，使发展和安全两个目标有机融合。第一，践行"四个强化"。强化政治投入，强化国家责任，强化国际合作，强化核安全文化。第二，保持核设施始终处于较高安全水平。加快开展重点核安全保障措施和基础设施建设，提高预防核事故发生的能力，核设施防范和应对自然灾害的能力，放射性废物安全处置能力，核材料、核技术管控能力。第三，做好事故缓解和提升应急处置能力的建设。其主要包括核事故缓解和应急能力建设，核安全应急体系，境外核事件应对机制与预案，核事件社会影响监测和舆情应对。第四，信息公开和舆论引导。依法规范核安全信息公开，加强核安全科普与文化建设，强化科学引导与民众监督。第五，核安全的监督检查。完善核安全法规建设、核安全监督检查制度，提高核安全监管能力和加强人才队伍建设。第六，加强国际合作，维护国际核安全体系。核安全国际组织与国际公约，国际核安全事件应对、援助与信息共享，核安全技术引进和合作开发。中国将坚定不移参与构建国际核安全体系，同各国一道推动建立公平、合作、共赢的国际核安全体系，促进各国共享和平利用核能事业的成果。

维护我国海外利益安全，必须以日益提升的综合国力以及社会主义"集中力量办大事"的制度优势为依托，围绕海外利益保护实际需要和重点难点问题进行战略谋划。第一，健全维护海外利益安全的工作机制。其包括增强海外利益风险监测、评估、预警、沟通及处置能力，加强国家对于海外机构和人员的安全保护力量，构建社会力量和机构广泛参与的维护海外利益的综合性安全网，加强海外安全文明出行的宣传教育，加强维护海外利益安全和保密的宣传教育培训。第二，加强维护海外利益安全的国际合作。面对日益复杂的国际和地区安全风险，任何一个国家都难以凭一己之力维护海外利益安全，因此，同舟共济、携手合作是必然选择。其主要措施应包括建立常态化国际反恐合作机制，加强国际执法合作打击跨国犯罪等。第三，强化海外非战争军事行动。继续推进双多边反恐磋商与务实合作，增强军队海外护航、国际社会反恐力量，最大限度化解我国海外利益涉恐风险。积极开展自然灾害预防和传染病防治等非传统安全领域的合作，控制和减少相关突发事件对我国海外利益的冲击。

第六节　新型领域安全（太空安全、深海安全、极地安全、生物安全）

太空、深海、极地和生物，是"全人类共同财产"，没有任何国家可以专门拥有它们。近年来，中国严格遵守《外层空间条约》《联合国海洋法公约》《南极条约》等国际公约，按照相关规定，在太空、深海和极地开展科学考察、资源勘探和开发利用，已取得了不俗成绩，如"神舟"飞天、"嫦娥"探月、"蛟龙"潜海、"雪龙"科考等。太空、深海和极地这些"战略新疆域"有着现实和潜在的重大国家利益，也面临着国家安全威胁和挑战。为此，我国已将维护这些领域的安全任务纳入《国家安全法》，为新型领域探索开发等活动提供了法律支撑。《国家安全法》规定，国家坚持和平探索和利用外层空间、国际海底区域和极地，增强安全进出、科学考察、开发利用的能力，加强国际合作，维护我国在外层空间、国际海底区域和极地的活动、资产和其他利益的安全。

一、新型领域安全的重要性和基本内容

中国作为大国有义务履行新型领域国际公约，积极在太空、深

海、极地和生物等领域探索开发，有权依法保障自身相关活动、资产和人员的安全。新型领域安全是战略新疆域安全，涉及潜在的重大国家利益，也是未来国际竞争的新焦点。新型领域安全主要包括太空安全、深海安全、极地安全和生物安全，对它们进行合理开发与利用、探索与治理，是新型领域安全的基本内容。

（一）新型领域安全的重要性

太空安全、深海安全、极地安全和生物安全等新型安全已列入《国家安全法》中，成为国家安全体系的重要组成部分，是确保其他领域安全的关键要素，也是实施创新发展战略的基本保障。太空领域及其相关太空技术作为未来战争的战略高点，蕴藏着巨大的政治、经济、军事、科技与外交等价值，已经成为拓展国家利益、提升综合国力的重要手段，已经成为权力政治追逐的对象，大国激烈博弈的新舞台。海洋是世界战略资源的重要基地。深海油气资源、可燃冰、砂矿等，储量之大远超当今人类需求。谁抢占了开发深海的先机，也就掌握了人类赖以生存和发展的巨大资源宝库。当前，许多国家都把极地研究与开发作为国家的一项重要战略，极地是重要资源和能源的主储存地，与国家重大利益相联系，已成为多国争夺的新疆域。生物安全不仅关系到人民群众幸福安康，更直接关系到国家经济社会发展，事关国家兴衰和民族存亡。保护生物就是保护生产力，改善生态环境就是发展生产力，生物安全涉及潜在的重大国家利益。外层空间、国际海底区域、极地和生物等新型领域安全，是支撑国家安全的重要组成部分，事关国家重大利益，事关国家发展与国家安全。

（二）新型领域安全的基本内容

在全球化、信息化时代，对安全主体的认知从人民、地区、国家扩展到整个世界，我们应该对太空、深海、极地和生物等新型领域安全予以重视。从人类历史发展历程看，太空是继陆地、海洋、大气层之后，人类生存和发展的第四空间。谁控制了太空，谁就能占据战略制高点。太空安全包括太空资源的合理开发和利用；太空科学考察与技术研究；太空开发的国际战略竞争。21世纪开始，我国的"神舟""天宫"等系列航天工程、"北斗"导航卫星系统取得了举世瞩目的伟大成就。

深海安全是指国家的深海权益不受侵害或遭遇风险的状态，其主要包括深海资源的合理开发和利用；深海区域科学考察与技术研究。海洋是源源不断地向人类提供各种资源的巨大宝库，特别是近年来，由于陆地上相关资源被大量开采，使得深海矿产资源受到格外关注，在深海勘探技术的进步下，人们对深海资源的认识与利用有了进一步发展。现代以来，对海洋事务的重视不断提高，21世纪更是被誉为海洋的世纪，海洋安全涉及海权、海军战略，海洋军事的发展是海权建设的重要内容。对深海的认识与保护是对海洋可持续利用的基础，对深海区域的科学考察与海地勘探技术等的研究是深海领域安全能够发展的有效支撑。

极地是地球系统的重要组成部分，蕴藏着丰富的能源、矿藏和生物资源，具有重要的交通、军事和科研价值。极地领域安全包括以下三项内容：第一，极地资源的合理利用。北极地区被认为是能源资源的"新中东"，是世界资源的新宝库，我国应重视对极地的开发。第二，极地区域航道的探索与治理。随着极地冰雪融化的加快，北极将连接欧洲、东亚、北美，北极航线成为世界交通的新航路。此外，北极是世界军事的制高点，在未来，保护北极航线，保证本国利益不受侵犯，是我国军事力量新的战略关注点。第三，深入对极地区域科学考察与技术研究。极地是反映全球环境、气候变化最敏感的区域，对极地的研究可以帮助人们了解和分析全球气候变化，考察全球生态系统。我国的极地考察始于1984年，经过30余年的努力，目前已形成由"雪龙"号极地科学考察船，五个极地科学考察站（南极长城站、中山站、昆仑站、泰山站和北极黄河站）和中国极地研究中心组成的科研体系。

生物安全是指国家等行为体有效防范由各类生物因子、生物技术误用滥用及相关活动引起的生物性危害，确保自身安全与利益相对处于没有危险和不受内外威胁状态，以及保障持续安全状态的能力。生物安全是国家安全的重要组成部分，成为国家安全的新疆域。生物安全包括防控重大新发突发传染病、动植物疫情；研究、开发、应用生物技术，保障实验室生物安全；保障人类遗传资源和其他生物资源安全。近年来，伴随着我国生物经济的快速发展，生物安全技术也取得了一定的进步，我国在新发病原体研究、外来生物入侵防控、基因合成与编辑技术等领域取得了突破性进展。

二、我国新型领域安全面临的主要威胁与挑战

21世纪开始至今，我国新型领域安全工作取得了显著发展成就，无论是外层空间开发还是国际海底区域利用，无论是极地资源探索还是生物安全保护，都已发展成为世界主要大国。与此同时，新型领域安全日渐成为关乎未来的重大问题，成为未来国际竞争的新焦点，在激烈博弈中，技术、规划与基础设施等都出现不同程度的问题，面对的挑战也日益明显。

从太空安全领域来看，我国载人航天工程于1992年正式启动，现如今，我国已成为能够独立开展载人航天活动、掌握空间出舱活动技术的世界航天大国。尽管我国在太空技术领域获得了重大进展，但与太空强国相比尚存有一定差距。随着发达国家的军事触角向外层空间延伸，我国面临的太空安全挑战也越来越严峻。第一，开发外层空间面临技术挑战，如在与美国、俄罗斯等国的比较上，一些核心技术仍处于探索阶段；此外，西方发达国家在航空航天科技领域对我国采取严密的封锁政策，在科研交流、技术转让、设备采购、市场准入等环节层层设防，加大了我国太空领域的技术发展难度。第二，太空开发经营面临安全问题，仍没有健全的机制政策，重点领域仍有待落实和完善，监测与研判能力需要进一步加强。第三，卫星频轨资源短缺，尤其是地球静止轨道越来越稀缺；太空碎片越来越多，不仅阻碍人类活动，而且影响航天器进出太空，以及在轨运行等。

在深海安全领域，我国已自主设计了首台作业型深海载人潜水器——"蛟龙"号，它是目前世界上下潜能力最深的作业型载人潜水器。不仅如此，我国完全依靠自己的力量，建设了核潜艇部队。但是，随着深海作战技术的出现，深海战场作战将向全维度、全时段和非对称的作战样式转变，我国深海安全也将面临严重影响，并可能对我国海洋安全带来威胁。第一，在技术层面，开发深海区域仍面临技术挑战，如海上钻井工程在特殊的海上环境中，存在的缺陷始终防不胜防，需要先进的高性能防腐蚀装备材料，相应的高新技术手段和仪器来检验维护设施，因为一个小的故障都有可能引发大的灾难。此外，地震成像、声波感应等技术仍需进一步研究。第二，探索深海面临着诸多的未知风险，存在着极大的不可预知性。如海底地震、海底滑坡和海上飓风等自然因素频发，海洋石油工业漏油事故同样不可避免，这些都为深海领域安全带来威胁。

极地安全领域同样面临着诸多威胁，其暴露出的问题影响着我国重大的国家利益，事关国家发展与安全。第一，在保护、利用极地区域中，面临着技术上的挑战，如对丰富能源、矿藏与生物资源的开采与探索能力，与极地周边国家相比较，技术上相对薄弱。第二，极地是地球系统的重要组成部分，与全球气候、海平面变化、生物地球化学循环、生态系统和人类活动等密切联系，因此，探索极地存在着巨大的未知危险。恶劣的气候条件、冰层的断裂、海岸侵蚀及不可预测的天气也在日益增多。

全球化时代，生物安全领域同样形势严峻，各国在生物威胁面前，脆弱性和不安全感普遍存在。第一，传染病等重大疫情对人类健康的危害。如新冠肺炎疫情在全球的暴发，使各国都卷入其中。近十几年来，世界范围内相继出现了甲型H1N1流感、高致病性H5N1禽流感、高致病性H7N9禽流感、埃博拉、寨卡等重大新发突发传染病疫情，传播速度快、传播范围广，危害着全人类的生命健康。第二，生物因素对民众健康、生态环境造成严重危害。当前，生物威胁已从偶发风险向长期威胁转变，威胁来源从单一变得日益多样化，威胁范围也从局部区域向多区域甚至全球化转变。生物安全形势从温和可控向相对严峻的转向，不仅威胁人类健康，而且影响国家经济发展，对整个社会都会产生危害。因此，生物安全受到各国的关注。我国面临的生物安全形势更加复杂，如生物安全技术方面长期处于跟跑阶段，我国生物技术在重大基础理论和基础技术方面原创成果相对较少，缺乏应对的原创能力及关键核心技术，生物领域顶尖人才缺失，难以支撑我国包括生物安全在内的生物技术快速发展。

三、维护我国新型领域安全的途径与方法

维护我国新型领域安全，应秉持国际公约，依法保障自身相关活动、资产和人员的安全，为相关安全领域工作提供支撑与保障。我国愿意与世界其他国家在相互尊重、平等互利的基础上，在探索外层空间、国际海底区域和极地过程中开展多方面的国际合作，为和平利用外层空间、国际海底区域和极地，造福全人类作出贡献。

太空安全、深海安全、极地安全和生物安全等新型领域具有很强的时代意义，要推进国家安全能力建设，需要从以下方面展开。

第一，推进新型领域安全的顶层设计。尽早出台和完善新型领域《国家安全法》，从法律和战略的高度，建立健全维护和塑造新型领域安全的法律法规体系，制定太空、深海、极地、生物等新型领域的发展规划。如在生物领域，建立健全权责明确、程序规范、执行有力的突发公共卫生危机应对机制；建立国家生物安全委员会，明确中央和地方、政府和部门、行政机关和专业机构的职责，以切实维护国家生物领域安全。

第二，加快新型领域安全的科技创新和人才培养。加强太空安全、深海安全、极地安全和生物安全领域的基础研究，为国家新型领域安全提供科学与技术支撑。加快新型领域核心科技创新与研发，有计划地超前部署太空、深海、极地和生物技术前沿尖端技术研究，补齐我国相关领域的高端装备短板，实现高端装备自主可控。加强太空安全、深海安全、极地安全和生物安全工作人才队伍建设。要建设一批高水平专业学院，加强新型领域的国际合作，着力培养和储备新型领域人才，要围绕专业化发力，要为人才的专业化发展提供土壤和养分。加快新型领域基础设施设备建设，要鼓励运用大数据、人工智能、云计算等数字技术，在开采、监测、分析、调配等方面更好发挥关键作用。

第三，开展新型领域安全国际合作。全球化时代，新型领域安全涉及全球各国，必须发挥各自优势，共治共享，共同合作。我国作为负责任大国，牵头设立太空、深海、极地和生物安全国际大科学计划，组织全球科学家一起，开展国际科技合作研究，提升全球新型领域安全保护利用的能力，构建互利共赢可持续发展的环境。参与和引领新型领域国际治理和规则制定，提升我国制定规则的话语权，推进人类命运共同体建设。加强新型领域安全文化的建设，推动建立以人类文明安全为目的的文化安全体系。随着我国经济实力和自主创新能力的不断增强，以及国际合作的不断加强，我国在"上天入海下地"等前沿科技领域的突破将持续发展，维护我国新型领域安全，关系到经济发展、国防建设、国际关系，以及人民福祉和社会稳定，对于构建总体国家安全观具有重要的意义。

本章小结

总体国家安全观具有五位一体的安全架构，即人民安全是宗旨，政治安全是根本，经济安全是基础，军事安全、文化安全、社会安全是保障，促进国际安全是依托。切实维护重点领域国家安全，需要掌握各领域安全的基本内容，全面分析和准确研判各领域安全的复杂形势及面临威胁，加强对各领域安全工作的战略谋划，防范和化解各类风险。进而按照总体国家安全观的要求，统筹传统安全和非传统安全，构建一个集政治安全、经济安全、军事安全、科技安全、文化安全、社会安全、国土安全、生态安全、资源安全、网络安全、核安全、海外利益安全以及新型领域安全为一体的国家安全体系。

理解反思探究

1. 政治安全、经济安全面临的形势如何？

2. 维护军事安全、科技安全、文化安全、社会安全的对策有哪些？

3. 国土安全、生态安全、资源安全面临的挑战是什么？

4. 维护网络安全、核安全、海外利益安全的途径有哪些？

5. 新型领域安全包括哪几个方面？如何维护我国新型领域安全？

拓展阅读导航

1. 中共中央党史和文献研究院.习近平关于总体国家安全观论述摘编[M].北京：中央文献出版社，2018.

2.《总体国家安全观干部读本》编委会.总体国家安全观干部读本[M].北京：人民出版社，2016.

3.《总体国家安全观教育读本》编写组.总体国家安全观教育读本[M].北京：光明日报出版社，2016.

4.王浦劬等.政治学基础：4版[M].北京：北京大学出版社，2018.

5.胡惠林.国家文化安全学[M].北京：清华大学出版社，2016.

6.王建平.公民安全、社会安全与国家安全[M].成都：四川大学出版社，2018.

7.赵青海.可持续海洋安全：问题与应对[M].北京：世界知识出版社，2013.

8.刘锋.南海开发与安全战略[M].北京：学习出版社，2013.

第五章 中小学国家安全教育的知识图谱

总体国家安全观是习近平新时代中国特色社会主义思想的重要组成部分，其内涵十分丰富，涵盖领域广泛，包括五大要素和五对关系。五大要素是以人民安全为宗旨，以政治安全为根本，以经济安全为基础，以军事、科技、文化、社会安全为保障，以促进国际安全为依托。五对关系是既重视发展问题，又重视安全问题；既重视外部安全，又重视内部安全；既重视国土安全，又重视国民安全；既重视传统安全，又重视非传统安全；既重视自身安全，又重视共同安全。中小学生是国家的未来、民族的希望，在中小学开展国家安全教育成为中小学教育教学体系的重要组成部分。本章以知识图谱的方式，从小学、初中和高中等阶段的课程体系出发，结合学生的身心发展特点及规律，清晰展现各学段总体国家安全观的内容，以更好培养中小学生爱党、爱国、爱人民的情感和情怀，增强国家意识、忧患意识、社会责任意识和国家安全意识。

第一节 小学国家安全教育知识图谱

小学阶段的目标是要学生了解国家安全的基本常识，以启蒙小学生的国家安全意识，培养他们的爱国主义情感。知识图谱中主要包括国家安全的重要性以及总体国家安全观的内涵，国土安全的主要内容和维护国土安全的途径与方法，军事安全的重要性、主要内容以及维护军事安全的途径与方法，文化安全的重要性、主要内容、面临的威胁与挑战以及维护文化安全的途径与方法，社会安全的重要性、主要内容、面临的威胁与挑战以及维护社会安全的途径与方法，科技安全的重要性，网络安全的主要内容、面临的威胁与挑战以及维护网络安全的途径与方法，生态安全的重要性、主要内容、面临的威胁与挑战以及维护生态安全的途径与方法，资源安全的主要内容和维护资源安全的途径与方法，海外利益安全的重要性、面临的威胁与挑战以及维护海外利益安全的途径与方法。

总体国家安全观总论					
领域	知识类别	知识要点		开始讲授起点学段建议	中小学（含中职）学科覆盖建议（大学在公共基础课中全面落实，各学科专业主动结合相关内容落实）
		一级知识点	二级知识点		主要学科	全学段相关学科
国家安全的重要性		直接关乎国家主权独立和领土完整		小学	思政[1]	历史、语文、地理、科学[2]
		人民安居乐业、幸福生活的保障		小学	思政	历史、语文、地理

续表

总体国家安全观总论	国家安全的重要性	社会稳定、长治久安的基石		小学	思政	历史、语文、地理
		实现中华民族伟大复兴中国梦的重要前提		小学	思政	历史、语文、地理、科学、信息科技、信息技术[3]
	总体国家安全观的内涵	总体国家安全观是习近平新时代中国特色社会主义思想的重要组成部分；国家安全内涵十分丰富，涵盖领域广泛	涉及政治安全、国土安全、军事安全、经济安全、文化安全、社会安全、科技安全、网络安全、生态安全、资源安全、核安全、海外利益安全等领域，以及新型领域安全（深海、极地、太空、生物等）	小学	思政	历史、语文、地理、科学、信息科技、信息技术

国土安全					
领域	知识类别	知识要点		开始讲授起点学段建议	中小学（含中职）学科覆盖建议（大学在公共基础课中全面落实，各学科专业主动结合相关内容落实）
		一级知识点	二级知识点	主要学科	全学段相关学科
		基本内涵	领土主权不受侵犯	小学	思政	地理、科学

1.思政，指思想政治课，包括义务教育阶段的道德与法治和普通高中、中等职业学校的思想政治。下同。

2.科学，小学起点包括小学科学、初中科学（或分科设置的物理、化学、生物学），初中起点包括初中科学（或分科设置的物理、化学、生物学）。下同。

3.信息科技、信息技术，指义务教育阶段的信息科技和普通高中、中等职业学校的信息技术。下同。

续表

国土安全	国土安全的主要内容	基本内涵	领土完整不被分裂	小学	思政	地理、科学
			涵盖领土、领海、领空以及自然资源、基础设施等要素	小学	思政	地理
		领土	领土的概念与要素	小学	思政	地理
		领海	领海的概念	小学	思政	地理
			我国的领海范围	小学	思政	地理
		领空	领空的概念	小学	思政	地理
	维护国土安全的途径与方法	完善国土安全法律和教育体系	加强国家版图和国土主权的宣传教育	小学	思政	地理

军事安全

领域	知识类别	知识要点		开始讲授起点学段建议	中小学（含中职）学科覆盖建议（大学在公共基础课中全面落实，各学科专业主动结合相关内容落实）	
		一级知识点	二级知识点		主要学科	全学段相关学科
军事安全	军事安全的重要性	军事手段始终是维护国家安全的保底手段		小学	思政	历史
	军事安全的主要内容	力量组成	中国人民解放军现役部队组成	小学	思政	历史
	维护军事安全的途径与方法	加强军事保密教育	宣传普及军事保密法律法规	小学	思政	信息科技
			加强军事秘密泄密警示教育	小学	思政	信息科技

领域	知识类别	知识要点		开始讲授起点学段建议	中小学（含中职）学科覆盖建议（大学在公共基础课中全面落实，各学科专业主动结合相关内容落实）	
					主要学科	全学段相关学科
		一级知识点	二级知识点			
文化安全	文化安全的重要性	文化是国家和民族的灵魂		小学	思政	语文、历史、地理、艺术（音乐、美术）、外语
		文化安全是国家安全的重要保障		小学	思政	语文、历史、艺术（音乐、美术）
	文化安全的主要内容	国家文化主权	防止文化"全盘西化"	小学	思政	语文、历史、外语
		文化价值观	文化自信	小学	思政	历史、语文、艺术（音乐、美术）、科学、物理
		中华优秀传统文化、革命文化、社会主义先进文化安全	文化遗产（语言、风俗习惯、传统节日、文物）保护	小学	语文	思政、科学、物理、地理、历史、体育与健康、艺术（音乐、美术）、外语
	文化安全面临的威胁与挑战	消极娱乐、享乐和消费文化		小学	思政	信息科技、信息技术、科学、外语
		恶意解构文化传统与文化符号		小学	思政	语文、历史、信息科技、信息技术
	维护文化安全的途径与方法	加强文化遗产保护与利用	保护好文化遗产	小学	思政	语文、历史、地理、艺术（音乐、美术）、外语
			传承好文化遗产	小学	语文	思政、历史、地理、艺术（音乐、美术）、外语

领域	知识类别	知识要点		开始讲授起点学段建议	中小学（含中职）学科覆盖建议（大学在公共基础课中全面落实，各学科专业主动结合相关内容落实）	
					主要学科	全学段相关学科
		一级知识点	二级知识点			
社会安全	社会安全的重要性	国家安全的重要保障		小学	思政	历史
		社会和谐稳定的基础		小学	思政	历史
		社会安全提升人民群众的幸福感和满意度		小学	思政	历史
	社会安全的主要内容	社会安全事件	重大自然灾害	小学	地理	体育与健康、科学、物理、化学
			重大事故灾难	小学	思政	体育与健康、科学、物理、化学
			暴力恐怖活动	小学	思政	历史、地理
		社会舆情	舆情传播	小学	思政	信息科技、信息技术、语文
	社会安全面临的威胁与挑战	境外势力渗透破坏日益严重	文化渗透	小学	思政	语文、信息科技、信息技术
		新型违法犯罪方式多样	电信诈骗	小学	思政	信息科技、信息技术
			网络诈骗	小学	思政	信息科技、信息技术
	维护社会安全的途径与方法	提升应对社会安全事件能力	加强自然灾害、重大疫情等社会安全事件应对能力教育	小学	科学	体育与健康、思政、地理、生物学
		防范外来有害因素侵入	依法加强海关把控、边境安全和出入境管理	小学	思政	地理

科技安全					
领域	知识类别	知识要点		开始讲授起点学段建议	中小学（含中职）学科覆盖建议（大学在公共基础课中全面落实，各学科专业主动结合相关内容落实）
		一级知识点	二级知识点		主要学科 / 全学段相关学科
科技安全	科技安全的重要性	国家安全的重要标志		小学	思政 / 科学、物理、化学、生物学、信息科技、信息技术
		维护国家利益的基础		小学	思政 / 科学、物理、化学、生物学、信息科技、信息技术
		提升国家实力的前提		小学	思政 / 科学、物理、化学、生物学、历史、信息科技、信息技术

网络安全					
领域	知识类别	知识要点		开始讲授起点学段建议	中小学（含中职）学科覆盖建议（大学在公共基础课中全面落实，各学科专业主动结合相关内容落实）
		一级知识点	二级知识点		主要学科 / 全学段相关学科
网络安全	网络安全的主要内容	运行与服务安全	防攻击、防渗透	小学	信息科技 / 信息技术
		信息安全	数据传输安全	小学	信息科技 / 信息技术
			网络信息加密	小学	信息科技 / 信息技术
			有害信息监察监管	小学	信息科技 / 信息技术、思政
			防范网络诈骗、网络暴力	小学	信息科技 / 信息技术、思政
	网络安全面临的威胁与挑战	网络犯罪呈现高发态势	网络违法犯罪造成重大危害	小学	信息科技 / 信息技术、思政
			网络窃密高发、后果严重	小学	信息科技 / 信息技术、思政
	维护网络安全的途径与方法	宣传培训	加强社会网络安全意识的教育	小学	信息科技 / 信息技术、思政

领域	知识类别	知识要点		开始讲授起点学段建议	中小学（含中职）学科覆盖建议（大学在公共基础课中全面落实，各学科专业主动结合相关内容落实）	
		一级知识点	二级知识点		主要学科	全学段相关学科
		生态安全				
生态安全	生态安全的重要性	生存发展的基本条件		小学	科学	思政、生物学、地理
	生态安全的主要内容	土地生态安全	土壤污染	小学	科学	化学、地理、思政
			土壤功能破坏	小学	科学	化学、地理、思政
		大气安全	大气污染	小学	科学	化学、地理、思政
			气候变化威胁	小学	科学	地理、思政
	生态安全面临的威胁与挑战	生态破坏	水资源短缺对生产、生活及地区安全的影响	小学	科学	地理、思政
			水土流失对农业和水利工程的影响	小学	科学	地理、思政
			森林草原退化导致生态系统功能的紊乱、失调和衰退	小学	科学	生物学、地理、思政
			生物多样性丧失对生存环境的影响	小学	科学	生物学、地理、思政
			气候变化威胁人类生存发展	小学	科学	生物学、地理、思政
			生物入侵威胁生物多样性和生产生活	小学	科学	生物学、地理、思政
		环境污染	地表水、地下水污染威胁生产生活和生态系统健康	小学	科学	化学、地理、思政
			土地土壤污染威胁生产生活和生态系统健康	小学	科学	化学、地理、思政
			空气污染威胁公众健康、生态环境和农业生产力	小学	科学	化学、地理、思政

续表

领域	知识类别	一级知识点	二级知识点	开始讲授起点学段建议	主要学科	全学段相关学科
生态安全	维护生态安全的途径与方法	健全生态保护和修复制度	保护野生动物和濒危植物	小学	思政	生物学、科学
		环境治理	大气污染防治	小学	科学	化学、物理、地理
			水污染防治	小学	科学	化学、地理
			土壤污染防治	小学	科学	化学、地理
			荒漠化的防治	小学	科学	地理、生物学、化学
			水土流失防治	小学	科学	地理、生物学、化学
		强化国门安全管理	建立外来有害生物、重大新发突发传染病、动植物疫情防控体系	小学	科学	生物学、地理
			禁止濒危动植物及产品贸易	小学	科学	生物学、地理

资源安全

领域	知识类别	知识要点		开始讲授起点学段建议	中小学（含中职）学科覆盖建议（大学在公共基础课中全面落实，各学科专业主动结合相关内容落实）	
		一级知识点	二级知识点		主要学科	全学段相关学科
资源安全	资源安全的主要内容	可再生资源安全	水资源保护和开发利用	小学	科学	地理、化学
			土地资源保护和开发利用	小学	科学	地理、化学
		不可再生资源安全	不可再生能源保护和开发利用	小学	科学	化学、地理、外语
	维护资源安全的途径与方法	推进绿色发展	实施国家节水行动	小学	科学	思政、地理
			推进资源全面节约和循环利用，倡导绿色低碳的生活方式	小学	科学	思政、地理、化学

海外利益安全						
领域	知识类别	知识要点		开始讲授起点学段建议	中小学（含中职）学科覆盖建议（大学在公共基础课中全面落实，各学科专业主动结合相关内容落实）	
		一级知识点	二级知识点		主要学科	全学段相关学科
海外利益安全	海外利益安全的重要性	是保护国家利益、增进人民福祉的重要保障		小学	思政	地理
	海外利益安全面临的威胁与挑战	国际恐怖主义活动多发	恐怖主义活动严重威胁我国海外项目和人员安全	小学	思政	地理
		重大自然灾害，重大新发突发传染病、动植物疫情等时有发生	地震、海啸等自然灾害，以及重大新发突发传染病疫情对海外中国公民的安全威胁日益凸显	小学	思政	地理、生物学、科学
	维护海外利益安全的途径与方法	健全维护海外利益安全的工作机制	加强海外安全文明出行的宣传教育	小学	思政	地理、外语

第二节 初中国家安全教育知识图谱

初中阶段的目标是要初中生初步了解总体国家安全观，进一步掌握国家安全基础知识，以增强国家安全意识和爱国主义情感。知识图谱中主要包括总体国家安全观的内涵，政治安全的重要性、主要内容、面临的威胁与挑战以及维护政治安全的途径与方法，国土安全的重要性、主要内容、面临的威胁与挑战以及维护国土安全的途径与方法，军事安全的重要性、主要内容以及面临的威胁与挑战，经济安全的重要性、主要内容以及维护经济安全的途径与方法，文化安全的重要性、主要内容、面临的威胁与挑战以及维护文化安全的途径与方法，社会安全的主要内容、面临的威胁与挑战以及维护社会安全的途径与方法，科技安全的重要性、主要内容、面临的威胁与挑战以及维护科技安全的途径与方法，网络安全的重要性、主要内容、面临的威胁与挑战以及维护网络安全的途径与方法，生态安全的重要性、主要内容以及维护生态安全的途径与方法，资源安全的重要性、主要内容、面临的威胁与挑战以及维护资源安全的途径与方法，核安全的重要性、主要内容、面临的威胁与挑战以及维护核安全的途径与方法，海外利益安全的重要性、主要内容以及维护海外利益安全的途径与方法，新型领域安全的重要性、主要内容、面临的威胁与挑战以及维护新型领域安全的途径与方法。

总体国家安全观总论					
领域	知识类别	知识要点		开始讲授起点学段建议	中小学（含中职）学科覆盖建议（大学在公共基础课中全面落实，各学科专业主动结合相关内容落实）
^	^	一级知识点	二级知识点	^	主要学科 / 全学段相关学科
总体国家安全观总论	总体国家安全观内涵	各领域安全相互关联、相互支撑，是有机整体	五大要素：以人民安全为宗旨，以政治安全为根本，以经济安全为基础，以军事、科技、文化、社会安全为保障，以促进国际安全为依托 五对关系：既重视发展问题，又重视安全问题；既重视外部安全，又重视内部安全；既重视国土安全，又重视国民安全；既重视传统安全，又重视非传统安全；既重视自身安全，又重视共同安全	初中	思政 / 历史、语文、地理、科学、信息科技、信息技术
^	^	落实总体国家安全观是每个公民的法定义务	党的集中统一领导，以人民安全为宗旨，国家利益至上，坚持共同安全；加强国家安全人民防线建设	初中	思政 / 历史、语文、地理、科学、信息科技、信息技术

政治安全					
领域	知识类别	知识要点		开始讲授起点学段建议	中小学（含中职）学科覆盖建议（大学在公共基础课中全面落实，各学科专业主动结合相关内容落实）
^	^	一级知识点	二级知识点	^	主要学科 / 全学段相关学科
政治安全	政治安全的重要性	攸关党和国家安危，是国家安全的根本		初中	思政 / 历史
^	^	是维护人民安全和国家利益的根本保证		初中	思政 / 历史
^	^	是坚持和发展中国特色社会主义的根本前提		初中	思政 / 历史

续表

政治安全	政治安全的主要内容	政权安全	坚持党的集中统一领导、人民当家作主、全面依法治国	初中	思政	历史
		制度安全	中国特色社会主义制度	初中	思政	历史
		意识形态安全	坚持马克思主义在意识形态领域的指导地位，坚持学习贯彻习近平新时代中国特色社会主义思想，坚持社会主义核心价值观	初中	思政	历史、语文
	政治安全面临的威胁与挑战		反华敌对势力对我国开展西方意识形态渗透	初中	思政	历史
			民族分裂势力和宗教极端势力的分裂、极端活动	初中	思政	历史、地理、信息科技、信息技术
	维护政治安全的途径与方法	加强党的自身建设	坚持和加强党的领导，做到"两个维护"	初中	思政	历史
			全面从严治党	初中	思政	历史
			坚定理想信念	初中	思政	历史、语文
		坚决抵御"颜色革命"	抵御、依法打击敌对势力渗透颠覆破坏活动	初中	思政	历史
			充分利用抗疫等事例加强"四个自信"教育	初中	思政	历史、语文
			注重群众路线	初中	思政	历史、语文

国土安全							

领域	知识类别	知识要点		开始讲授起点学段建议	中小学（含中职）学科覆盖建议（大学在公共基础课中全面落实，各学科专业主动结合相关内容落实）	
		一级知识点	二级知识点		主要学科	全学段相关学科
国土安全	国土安全的重要性	国家生存和发展的基本条件		初中	思政	地理
		国土安全与其他领域的安全息息相关		初中	地理	思政、科学、外语
		人民幸福生活的基础		初中	思政	地理

续表

领域	知识类别		知识要点		开始讲授起点学段建议	中小学（含中职）学科覆盖建议（大学在公共基础课中全面落实，各学科专业主动结合相关内容落实）
		一级知识点	二级知识点		主要学科	全学段相关学科
国土安全	国土安全的主要内容	领土	领水、领陆和领空的关系		初中	地理	思政、外语
		领空	我国的领空范围	初中	地理	思政、科学、外语
			临近空间的概念	初中	地理	思政、科学、外语
	国土安全面临的威胁与挑战	国土边境、海洋安全面临问题与挑战	围绕领土边界挑起事端	初中	思政	历史、地理、科学、外语
			在南海、东海多方与我国争夺岛礁主权和海洋权益	初中	地理	历史、思政、科学、外语
		反分裂斗争形势依然严峻	反分裂斗争的长期性、复杂性、尖锐性	初中	思政	历史
			"台独""藏独""东突""港独"等分裂活动构成威胁	初中	思政	历史、地理、科学
	维护国土安全的途径与方法	完善国土安全法律和教育体系	完善维护国土安全的法律法规	初中	思政	地理
		加强国防和外交能力建设	加强国防建设捍卫国土安全	初中	思政	地理、科学、历史

军事安全

领域	知识类别		知识要点		开始讲授起点学段建议	中小学（含中职）学科覆盖建议（大学在公共基础课中全面落实，各学科专业主动结合相关内容落实）
		一级知识点	二级知识点		主要学科	全学段相关学科
军事安全	军事安全的重要性	军事安全是建设巩固国防的重要前提		初中	思政	历史
	军事安全主要内容	军事与国防的关系	军事安全的概念	初中	思政	历史
			国防安全的概念	初中	思政	历史
		力量组成	国家武装力量的组成	初中	思政	历史
	军事安全面临的威胁与挑战	缺乏忧患意识	国民战争忧患意识淡薄	初中	思政	

领域	知识类别	知识要点		开始讲授起点学段建议	中小学（含中职）学科覆盖建议（大学在公共基础课中全面落实，各学科专业主动结合相关内容落实）	
					主要学科	全学段相关学科
		一级知识点	二级知识点			

经济安全

领域	知识类别	一级知识点	二级知识点	开始讲授起点学段建议	主要学科	全学段相关学科
经济安全	经济安全的重要性	国家安全的重要基础和组成部分	实现人民安全宗旨的重要基础	初中	思政	历史
			实现政治安全的重要基础	初中	思政	历史、地理
			实现军事、文化、社会安全的重要基础	初中	思政	历史
	经济安全的主要内容	基本经济制度安全	公有制为主体，多种所有制经济共同发展	初中	思政	历史
			按劳分配为主体，多种分配方式并存	初中	思政	历史
			社会主义市场经济体制	初中	思政	历史
		经济主权安全	对内克服地方保护主义	初中	思政	地理
			对外抵御外来经济威胁	初中	思政	地理
	维护经济安全的途径与方法	实现基本经济制度安全的途径与方法	坚持以公有制经济为主体不动摇	初中	思政	历史、地理
			坚持多种所有制经济共同发展不动摇	初中	思政	历史、地理
		实现经济发展安全的途径与方法	坚持新发展理念，促进高质量发展	初中	思政	地理

文化安全

领域	知识类别	一级知识点	二级知识点	开始讲授起点学段建议	主要学科	全学段相关学科
文化安全	文化安全的重要性	建设社会主义文化强国的重要基础		初中	思政	历史、语文、艺术（音乐、美术）、外语
		文化安全是国家安全的关键精神保证		初中	思政	语文、历史、艺术（音乐、美术）、外语

续表

文化安全	文化安全的主要内容	国家文化主权	独立自主选择文化制度	初中	思政	语文
			独立自主选择文化发展道路和政策	初中	思政	语文
			保障文化权益和推动文化发展	初中	思政	语文、历史
		文化价值观	文化认同	初中	思政	历史、语文、艺术（音乐、美术）、科学、物理
		中华优秀传统文化、革命文化、社会主义先进文化安全	创新发展，不能固化僵化	初中	语文	思政、历史、艺术（音乐、美术）、科学、物理
			文化生态	初中	地理	语文、思政、历史、艺术（音乐、美术）、物理、科学、外语
	文化安全面临的威胁与挑战	西方文化和西方意识形态侵蚀		初中	思政	历史、语文、信息科技、信息技术、外语
		文化自信和文化向心力缺失		初中	思政	语文、历史
		文化民粹主义		初中	思政	历史
		不良网络文化威胁		初中	语文	信息科技、信息技术、思政、艺术（音乐、美术）、外语
	维护文化安全的途径与方法	加强文化认同教育	热爱中华优秀文化	初中	语文	思政、历史、地理、体育与健康、艺术（音乐、美术）
			增进文化自信	初中	语文	思政、历史、地理、体育与健康、艺术（音乐、美术）
		坚持党对文化领导，培育和践行社会主义核心价值观	坚持党对文化建设的领导	初中	思政	历史、语文
			培育社会主义核心价值观	初中	思政	历史、语文
			践行社会主义核心价值观	初中	思政	历史、语文
		加强文化遗产保护与利用	利用好文化遗产	初中	地理	思政、语文、历史、艺术（音乐、美术）、科学、外语
		推进文化创新体系与文化安全防线建设	加强文化安全国门把关和防控	初中	语文	地理、信息科技、信息技术、外语

社会安全						
领域	知识类别	知识要点		开始讲授起点学段建议	中小学（含中职）学科覆盖建议（大学在公共基础课中全面落实，各学科专业主动结合相关内容落实）	
^	^	一级知识点	二级知识点	^	主要学科	全学段相关学科
社会安全	社会安全的主要内容	社会治安	暴力性、侵财性犯罪：敲诈勒索、盗窃、抢劫、拐卖人口等	初中	思政	
^	^	^	网络犯罪	初中	信息科技	信息技术、思政
^	^	^	毒品犯罪	初中	思政	体育与健康、地理
^	^	^	有组织犯罪	初中	思政	
^	^	社会安全事件	重大公共卫生事件	初中	地理	生物学、思政、体育与健康、化学、外语
^	^	^	社会群体性事件	初中	思政	
^	^	社会舆情	传统媒体和新媒体影响力	初中	思政	信息科技、信息技术、语文、历史、外语
^	^	^	社会舆情监督	初中	思政	信息科技、信息技术
^	社会安全面临的威胁与挑战	社会群体性事件时发	非正当维权事件	初中	思政	
^	^	^	泄愤事件	初中	思政	
^	^	^	骚乱事件	初中	思政	历史
^	^	境外势力渗透破坏日益严重	非法宗教渗透	初中	思政	历史、地理、外语
^	^	^	互联网煽动	初中	思政	信息科技、信息技术、语文、外语
^	维护社会安全的途径与方法	提升应对社会安全事件能力	加强基层群众动员组织能力	初中	思政	
^	^	防范外来有害因素侵入	建立信息防控机制	初中	思政	信息科技、信息技术

科技安全						
领域	知识类别	知识要点		开始讲授起点学段建议	中小学（含中职）学科覆盖建议（大学在公共基础课中全面落实，各学科专业主动结合相关内容落实）	
^	^	一级知识点	二级知识点	^	主要学科	全学段相关学科
科技安全	科技安全的重要性	保障其他领域安全的技术支撑		初中	思政	物理、化学、生物学、科学、信息科技、信息技术

续表

科技安全	科技安全的主要内容	科技人才	培养各类科技人才	初中	思政	物理、化学、生物学、科学、信息科技、信息技术
		科技活动	研究开发活动	初中	思政	信息科技、信息技术、物理、化学、生物学、科学
			科研诚信	初中	思政	信息科技、信息技术、物理、化学、生物学、科学
			知识产权保护	初中	思政	信息科技、信息技术、物理、化学、生物学、科学
			技术进出口	初中	思政	信息科技、信息技术、物理、化学、生物学、科学
	科技安全面临的威胁与挑战	科技基础薄弱	缺乏足够的新兴科技产业	初中	思政	信息科技、信息技术、物理、化学、生物学、科学
			核心技术安全受威胁	初中	思政	信息科技、信息技术、物理、化学、生物学、科学
		重大科技信息风险	知识产权保护和科技保密工作有待加强	初中	思政	信息科技、信息技术、物理、化学、生物学、科学
	维护科技安全的途径与方法	突破重点领域	加强前沿问题探索，注重原创突破	初中	思政	信息科技、信息技术、物理、化学、生物学、科学
			突破关键技术，扭转受制于人的局面	初中	思政	信息科技、信息技术、物理、化学、生物学、科学
		加强科技人才队伍建设	加大人才奖励制度	初中	思政	信息科技、信息技术
		加强科技安全治理	完善科安全保密法律法规，重视知识产权的保护	初中	思政	信息科技、信息技术、物理、化学、生物学、地理、科学
			加强科技安全宣传和教育培训，提升应对科技安全问题能力	初中	思政	信息科技、信息技术、物理、化学、生物学、地理、科学

领域	知识类别	知识要点		开始讲授起点学段建议	中小学（含中职）学科覆盖建议（大学在公共基础课中全面落实，各学科专业主动结合相关内容落实）	
		一级知识点	二级知识点		主要学科	全学段相关学科
网络安全	网络安全的重要性	事关国家安全和发展、事关国家网络主权、事关广大人民群众生活、事关经济社会稳定运行		初中	信息科技	思政、信息技术、外语
	网络安全的主要内容	基础设施安全	关键设施、设备安全	初中	信息科技	信息技术
		运行与服务安全	信息系统连续可靠运行	初中	信息科技	信息技术
			网络软件产品安全	初中	信息科技	信息技术
	网络安全面临的威胁与挑战	网络信息影响民众意识形态和价值取向	不良不实网络信息误导民众价值取向风险凸显	初中	信息科技	信息技术、思政
			网络意识形态安全问题凸显	初中	信息科技	信息技术、思政、语文
			民众网络安全意识薄弱，应对网络安全风险能力亟待提升	初中	信息科技	信息技术、思政、语文
		关键基础设施面临的安全隐患增大	关键基础设施的低国产化和产品应用现状加大了隐患风险	初中	信息科技	信息技术
			针对国家关键信息基础设施攻击的威胁增大	初中	信息科技	信息技术、思政
	维护网络安全的途径与方法	依法治网	全面推进网络空间法治化	初中	信息科技	信息技术、思政
		网络管理	采取数据分类、重要数据备份和加密等措施	初中	信息科技	信息技术
		技术支持	技术创新，确保安全技术领先	初中	信息科技	信息技术
			加强保护国家关键信息基础设施的安全	初中	信息科技	信息技术
		宣传培训	建立维护国家网络主权的思维	初中	信息科技	信息技术、思政
		国际合作	打击网络违法犯罪	初中	信息科技	信息技术、思政、外语

生态安全					
领域	知识类别	知识要点		开始讲授起点学段建议	中小学（含中职）学科覆盖建议（大学在公共基础课中全面落实，各学科专业主动结合相关内容落实）
		一级知识点	二级知识点		主要学科	全学段相关学科
生态安全	生态安全的重要性	经济安全的基本保障		初中	地理	思政、生物学、科学
		政治安全和社会稳定的坚固基石		初中	思政	生物学
		国土安全的重要屏障		初中	地理	思政
		资源安全的重要基础		初中	地理	思政
	生态安全的主要内容	水安全	水量保障的安全	初中	地理	思政、化学、科学
			水质安全与水污染	初中	地理	化学、科学、思政
		生物物种安全	生物多样性丧失	初中	生物学（科学）	地理、思政
			生物入侵	初中	生物学（科学）	地理、思政
			生态服务功能退化	初中	地理	生物学、科学、思政
	维护生态安全的途径与方法	健全生态保护和修复制度	开展国土绿化行动	初中	地理	生物学、科学
			完善天然林保护制度，扩大退耕还林还草	初中	地理	生物学、科学
			构建天地一体化的生态安全监测预警和评估体系	初中	地理	生物学、科学
			完善相关法律法规和财税制度	初中	地理	思政、科学
			加强生态安全国际合作	初中	地理	科学、思政、外语

资源安全					
领域	知识类别	知识要点		开始讲授起点学段建议	中小学（含中职）学科覆盖建议（大学在公共基础课中全面落实，各学科专业主动结合相关内容落实）
		一级知识点	二级知识点		主要学科	全学段相关学科

续表

资源安全	资源安全的重要性		国家战略命脉、国家产业发展基础、国民经济主要支撑、社会稳定的基础	初中	地理	思政、科学
			经济安全和社会安全的依托，科技安全的有效载体	初中	地理	思政、科学
	资源安全的主要内容	可再生资源安全	生物资源保护和开发利用	初中	生物学(科学)	地理、外语
			海洋资源保护和开发利用	初中	地理	化学、科学、外语
			可再生能源保护和开发利用	初中	生物学(科学)	化学、地理
		不可再生资源安全	矿产资源保护和开发利用	初中	地理	化学、科学、外语
	资源安全面临的威胁与挑战	资源供需矛盾形势严峻	资源开采和利用过度	初中	地理	思政、化学、科学
			人均资源量少，地区分布不均	初中	地理	思政、科学
			工业生产用地过量，红线保护形势严峻	初中	地理	思政、科学
			环境污染导致可利用资源减少	初中	地理	思政、化学、科学、外语
		资源对外依存度高	能源（石油、天然气）大量依赖进口	初中	地理	思政、化学、科学
			矿产资源稀缺程度增高	初中	地理	思政、化学、科学
		资源开发利用水平不高	开发技术不高	初中	地理	思政、化学、科学
			利用效率偏低	初中	地理	思政、化学、科学
			管理水平落后	初中	地理	思政、科学
	维护资源安全的途径与方法	提高资源开发利用水平	强化资源综合利用，提高资源利用效益	初中	地理	思政、化学、科学
			加强再生资源利用	初中	地理	思政、物理、生物学、化学、科学、外语
			保护稀有资源供应可持续性	初中	地理	思政、化学、科学
		健全预防预备体系	打击跨境资源走私，维护国家资源利益	初中	地理	思政

核安全							
领域	知识类别	知识要点		开始讲授起点学段建议	中小学（含中职）学科覆盖建议（大学在公共基础课中全面落实，各学科专业主动结合相关内容落实）	
		一级知识点	二级知识点		主要学科	全学段相关学科
核安全	核安全的重要性	核能与核科学技术发展的前提和基础		初中	物理（科学）	思政
		事关人民群众的生命和人类的前途命运		初中	物理（科学）	思政
	核安全的主要内容	核材料	放射性物质、核材料及相关活动	初中	物理（科学）	化学、地理
			核辐射危害与警示标志	初中	物理（科学）	化学、地理、思政
		核设施	反应堆	初中	物理（科学）	化学
	核安全的主要内容	核设施	核电厂等	初中	物理（科学）	化学
		核扩散	广义核安全	初中	物理（科学）	化学、思政
			狭义核安全	初中	物理（科学）	化学、思政
	核安全面临的威胁与挑战	核事故风险	和平利用核电存在的泄露和污染	初中	物理（科学）	化学、思政
			核废料处理不当	初中	物理（科学）	化学、思政
		核扩散形势严峻	不扩散核武器条约	初中	物理（科学）	化学、思政
			核能核技术核材料扩散流失风险和核恐怖主义威胁	初中	物理（科学）	化学、思政
	维护核安全的途径与方法	践行"四个强化"	强化政治投入	初中	思政	
			强化国家责任	初中	思政	
			强化国际合作	初中	思政	
			强化核安全文化	初中	思政	物理、科学
		保持核设施始终处于较高安全水平	核安全保障措施和基础设施建设	初中	物理（科学）	化学
		提升应急处置能力	核安全应急体系	初中	物理（科学）	化学、地理

续表

领域	知识类别	一级知识点	二级知识点	开始讲授起点学段建议	主要学科	全学段相关学科
核安全	维护核安全的途径与方法	信息公开和舆论引导	核安全相关信息依法公开	初中	思政	物理、化学、科学
			核安全科普与文化建设	初中	物理(科学)	化学
			科学引导与民众监督	初中	思政	物理、化学、科学
		核安全的监督检查	核安全法规建设	初中	思政	物理、化学、科学
		加强国际合作，维护国际核安全体系	核安全国际组织与国际公约	初中	思政	物理、化学、科学、地理、外语

海外利益安全

领域	知识类别	知识要点		开始讲授起点学段建议	中小学（含中职）学科覆盖建议（大学在公共基础课中全面落实，各学科专业主动结合相关内容落实）	
		一级知识点	二级知识点		主要学科	全学段相关学科
海外利益安全	海外利益安全的重要性	是新一轮对外开放的必然要求		初中	思政	地理、历史、外语
	海外利益安全的主要内容	海外中国公民、机构和企业合法权益	海外公民人身安全和基本权益保障、资产安全、投资利益安全保障	初中	思政	
		海外战略性利益安全	战略物资、能源供应和重要海上通道安全保障	初中	地理	思政
	维护海外利益安全的途径与方法	健全维护海外利益安全的工作机制	加强维护海外利益安全和保密的宣传教育培训	初中	思政	信息科技、信息技术
		加强维护海外利益安全的国际合作	加强国际执法合作打击跨国犯罪	初中	思政	外语

新型领域安全（太空安全、深海安全、极地安全、生物安全）					
领域	知识类别	知识要点		开始讲授起点学段建议	中小学（含中职）学科覆盖建议（大学在公共基础课中全面落实，各学科专业主动结合相关内容落实）	
^	^	一级知识点	二级知识点	^	主要学科	全学段相关学科
新型领域安全暨太空安全暨深海安全暨极地安全暨生物安全篇	新型领域安全的重要性	是战略新疆域安全，涉及潜在的重大国家利益		初中	思政	地理、生物学、科学
^	^	是未来国际竞争的新焦点		初中	思政	地理、生物学、科学、历史
^	新型领域安全的主要内容	太空安全	太空资源的合理开发和利用	初中	地理	思政、物理、化学、科学
^	^	^	太空科学考察与技术研究	初中	地理	物理、科学、信息科技、信息技术
^	^	深海安全	深海资源的合理开发和利用	初中	地理	化学、科学
^	^	^	深海区域科学考察与技术研究	初中	地理	
^	^	极地安全	极地资源的合理利用	初中	地理	化学、科学
^	^	^	极地区域航道的探索与治理	初中	地理	
^	^	^	极地区域科学考察与技术研究	初中	地理	物理、化学、科学、信息科技、信息技术
^	^	生物安全	防控重大新发突发传染病、动植物疫情	初中	生物学（科学）	思政、体育与健康
^	新型领域安全面临的威胁与挑战	极地安全面临的威胁与挑战	保护利用极地区域面临技术挑战	初中	物理（科学）	信息技术
^	^	^	探索极地存在的巨大未知危险	初中	地理	
^	^	生物安全面临的威胁与挑战	重大新发突发传染病、动植物疫情对人类健康的危害	初中	生物学（科学）	体育与健康
^	^	^	生物因素对生态环境的危害	初中	生物学（科学）	
^	^	^	生物因素对经济社会发展的危害	初中	生物学（科学）	思政
^	^	^	生物因素对国家利益的危害	初中	生物学（科学）	思政

续表

| 维护新型领域安全的途径与方法 | 推进新型领域安全的顶层设计 | 建立健全维护和塑造新型领域安全法律法规体系 | 初中 | 思政 | 地理、生物学、科学 |
| | 加快新型领域安全的科技创新和人才培养 | 加快新型领域核心科技创新与研发 | 初中 | 思政 | 物理、生物学、科学、信息科技、信息技术 |

第三节　高中国家安全教育知识图谱

高中阶段的教育目标则是要高中学生树立总体国家安全观，全面掌握国家安全基础知识，初步具备维护国家安全的能力。知识图谱中主要包括总体国家安全观的内涵，政治安全面临的威胁与挑战以及维护政治安全的途径与方法，国土安全面临的威胁与挑战以及维护国土安全的途径与方法，军事安全的主要内容、面临的威胁与挑战以及维护军事安全的途径与方法，经济安全的重要性、主要内容、面临的威胁与挑战以及维护经济安全的途径与方法，文化安全的重要性以及维护文化安全的途径与方法，社会安全面临的威胁与挑战以及维护社会安全的途径与方法，科技安全的主要内容、面临的威胁与挑战以及维护科技安全的途径与方法，网络安全面临的威胁与挑战以及维护网络安全的途径与方法，维护生态安全的途径与方法，维护资源安全的途径与方法，核安全的主要内容以及维护核安全的途径与方法，海外利益安全的重要性、主要内容、面临的威胁与挑战以及维护海外利益安全的途径与方法，新型领域安全的主要内容、面临的威胁与挑战以及维护新型领域安全的途径与方法。

总体国家安全观总论

领域	知识类别	知识要点		开始讲授起点学段建议	中小学（含中职）学科覆盖建议（大学在公共基础课中全面落实，各学科专业主动结合相关内容落实）	
		一级知识点	二级知识点		主要学科	全学段相关学科
总体国家安全观总论	总体国家安全观的内涵	总体国家安全观的重大意义	构建了国家安全的中国话语体系，重塑了中国国家安全体制机制，指明了中国特色国家安全道路方向	高中	思政	历史、语文、地理

政治安全

领域	知识类别	知识要点		开始讲授起点学段建议	中小学（含中职）学科覆盖建议（大学在公共基础课中全面落实，各学科专业主动结合相关内容落实）	
		一级知识点	二级知识点		主要学科	全学段相关学科
政治安全	政治安全面临的威胁与挑战	国际反华敌对势力对我国发展道路、社会制度等歪曲诬蔑、遏制打压加剧		高中	思政	历史
		政治认同与政治信仰弱化		高中	思政	历史
		党内"四风"等腐败现象		高中	思政	历史、语文
		社会矛盾交织、演变、传导		高中	思政	历史、语文
	维护政治安全的途径与方法	强化意识形态工作	坚持"两个巩固"	高中	思政	历史、语文
			加强理想信念教育	高中	思政	历史、语文
			深化中国特色社会主义和中国梦宣传教育	高中	思政	历史、语文

国土安全

领域	知识类别	知识要点		开始讲授起点学段建议	中小学（含中职）学科覆盖建议（大学在公共基础课中全面落实，各学科专业主动结合相关内容落实）	
		一级知识点	二级知识点		主要学科	全学段相关学科

续表

领域	知识类别	一级知识点	二级知识点	开始讲授起点学段建议	主要学科	全学段相关学科
国土安全	国土安全面临的威胁与挑战	国土安全面临严峻的国际舆论环境	西方国家频频制造不实的国际舆论	高中	思政	历史、信息技术、外语
			部分周边国家制造舆情激化矛盾	高中	思政	信息技术、地理、外语
	维护国土安全的途径与方法	坚持陆海统筹，建设海洋强国	坚持陆海统筹发展，推进共建"一带一路"	高中	地理	思政、外语
			推进海洋强国战略实施	高中	地理	思政、外语
		加强国防和外交能力建设	加强外交工作塑造良好外部环境	高中	思政	外语

军事安全

领域	知识类别	知识要点		开始讲授起点学段建议	中小学（含中职）学科覆盖建议（大学在公共基础课中全面落实，各学科专业主动结合相关内容落实）	
		一级知识点	二级知识点		主要学科	全学段相关学科
军事安全	军事安全的主要内容	战争与战略	战争内涵与战争样式的变化	高中	思政	历史
			战略思想的历史演进	高中	思政	历史
		领导体制	坚持党指挥枪	高中	思政	历史
		军事外交	军事外交的形式	高中	思政	外语
			军事外交的特点	高中	思政	外语
	军事安全面临的威胁与挑战	军事秘密泄密	境外人员渗透窃密不容乐观	高中	信息技术	
			境内人员失泄密面临新的挑战	高中	信息技术	
			网络军事窃密不容忽视	高中	信息技术	
		缺乏忧患意识	军队存在和平积弊	高中	思政	
	维护军事安全的途径与方法	拓展军事外交	丰富军事外交内涵	高中	思政	外语
			配合国家外交斗争	高中	思政	外语
			加强外交主动预置	高中	思政	外语

领域	知识类别	知识要点		开始讲授起点学段建议	中小学（含中职）学科覆盖建议（大学在公共基础课中全面落实，各学科专业主动结合相关内容落实）	
		一级知识点	二级知识点		主要学科	全学段相关学科
经济安全	经济安全的重要性	国家安全重要基础和组成部分	实现国际安全的重要基础	高中	思政	地理、外语
	经济安全的主要内容	经济秩序安全	生产领域秩序安全	高中	思政	
			流通领域秩序安全	高中	思政	
			其他重点经济领域秩序安全	高中	思政	
		经济发展安全	存在发生经济危机的风险	高中	思政	历史
			防范化解经济危机风险的能力	高中	思政	历史
	经济安全面临的威胁与挑战	国际经济秩序面临变革	"一带一路"倡议为全球经济治理拓展了新实践	高中	思政	
		主要经济领域安全存在风险	金融安全存在风险	高中	思政	地理、信息技术
			财政安全存在风险	高中	思政	地理
			产业安全（含粮食安全）存在风险	高中	思政	地理
			重要经济信息存在泄露风险	高中	信息技术	思政
			走私活动引发的风险	高中	思政	地理
	维护经济安全的途径与方法	实现经济秩序安全的途径与方法	健全和完善经济领域秩序安全的法律法规	高中	思政	
			制止和打击破坏经济领域秩序安全的行为	高中	思政	
		实现经济主权安全的途径与方法	维护参与重要国际经济组织的权利	高中	思政	
			维护自由利用国际市场的权利	高中	思政	

续表

领域	知识类别	知识要点		开始讲授起点学段建议	主要学科	全学段相关学科
		一级知识点	二级知识点			
经济安全	维护经济安全的途径与方法	实现经济发展安全的途径与方法	深化供给侧结构性改革，防范、化解经济领域安全风险	高中	思政	地理
			创新和完善宏观调控	高中	思政	历史、地理
			加强经济领域的保密管理	高中	思政	
			坚持打击走私活动	高中	思政	

文化安全						
领域	知识类别	知识要点		开始讲授起点学段建议	主要学科	中小学（含中职）学科覆盖建议（大学在公共基础课中全面落实，各学科专业主动结合相关内容落实）
		一级知识点	二级知识点			全学段相关学科
文化安全	文化安全的重要性	国际博弈的重要领域		高中	思政	语文、历史、艺术（音乐、美术）、外语
	维护文化安全的途径与方法	加强文化认同教育	文化自觉	高中	语文	思政、历史、地理、体育与健康、艺术（音乐、美术）
			文化自强	高中	语文	思政、历史、地理、体育与健康、艺术（音乐、美术）
		推进文化创新体系与文化安全防线建设	健全文化产业体系、文化市场体系及促进公共文化服务体系	高中	思政	地理、语文、体育与健康
			构筑文化安全阵地防线	高中	思政	语文、信息技术
		营造文化安全国际环境	提高文化软实力	高中	语文	历史、思政

社会安全						
领域	知识类别	知识要点		开始讲授起点学段建议	中小学（含中职）学科覆盖建议（大学在公共基础课中全面落实，各学科专业主动结合相关内容落实）	
		一级知识点	二级知识点		主要学科	全学段相关学科
社会安全	社会安全面临的威胁与挑战	暴力恐怖活动事件时发	内部反动势力事件	高中	思政	历史、地理、信息技术
			外部敌对势力事件	高中	思政	历史、信息技术、外语
		社会舆情复杂	舆情炒作	高中	思政	信息技术
			同情效应	高中	思政	信息技术
			谣言冲击	高中	思政	信息技术
	维护社会安全的途径与方法	健全社会安全法制体制机制	维护社会安全的原则、任务、方式与手段	高中	思政	信息技术
		提升应对社会安全事件能力	加强专业队伍建设	高中	思政	
		预防和妥善处置群体性事件	建立社会安全预警体系	高中	思政	地理、信息技术
		加强反暴力反恐怖斗争	加强反恐专业队伍建设	高中	思政	
			加强暴力事件防控	高中	思政	信息技术
			加强跨境防控合作	高中	思政	信息技术、外语
		加强社会舆情引导管控	掌握舆情传播动态	高中	思政	信息技术
			监控舆情传播途径	高中	思政	信息技术

科技安全						
领域	知识类别	知识要点		开始讲授起点学段建议	中小学（含中职）学科覆盖建议（大学在公共基础课中全面落实，各学科专业主动结合相关内容落实）	
		一级知识点	二级知识点		主要学科	全学段相关学科

续表

科技安全	科技安全的主要内容	设施设备	研究装置	高中	思政	信息技术、物理、化学、生物学
			实验平台	高中	思政	信息技术、物理、化学、生物学
			创新基地	高中	思政	信息技术、物理、化学、生物学
		科技活动	科技情报	高中	思政	信息技术、物理、化学、生物学
			国际科技合作	高中	思政	信息技术、物理、化学、生物学
			科技伦理	高中	思政	物理、化学、生物学、信息技术
			科学数据	高中	信息技术	物理、化学、生物学、思政
			科技保密	高中	思政	信息技术、物理、化学、生物学
			科技安全审查	高中	信息技术	物理、化学、生物学、思政
		成果应用	支撑保障作用	高中	思政	信息技术、物理、化学、生物学、地理
	科技安全面临的威胁与挑战	科技基础薄弱	基础研究和原始创新不强	高中	思政	信息技术、物理、化学、生物学
		重大科技信息风险	科学数据和科技资源存在失控风险	高中	信息技术	物理、化学、生物学
		科技安全风险防范	预警、监督和管理体制处于起步阶段	高中	思政	信息技术、物理、化学、生物学
			识别、防控和应对科技安全问题的能力不足	高中	思政	信息技术、物理、化学、生物学
		人才风险	人才结构不合理	高中	思政	信息技术、物理、化学、生物学
			缺乏领军人才	高中	思政	信息技术、物理、化学、生物学

续表

领域	知识类别	知识要点（一级知识点）	知识要点（二级知识点）	开始讲授起点学段建议	主要学科	中小学（含中职）学科覆盖建议（大学在公共基础课中全面落实，各学科专业主动结合相关内容落实）全学段相关学科
科技安全	维护科技安全的途径与方法	落实战略规划	统筹国家安全与发展，完善国家创新体系	高中	思政	信息技术、物理、化学、生物学
			完善科技创新体制机制，促进技术创新和成果转化	高中	思政	信息技术、物理、化学、生物学
		加强科技人才队伍建设	造就世界水平的创新领军人才	高中	思政	信息技术、物理、化学、生物学
			注重培养中青年科技人才	高中	思政	信息技术
		加强科技安全治理	建立完善科技安全预警体系	高中	思政	信息技术、物理、化学、生物学
			建立完善科技安全审查制度	高中	思政	信息技术、物理、化学、生物学
			加强科学伦理审查	高中	思政	信息技术、物理、化学、生物学

网络安全

领域	知识类别	知识要点（一级知识点）	知识要点（二级知识点）	开始讲授起点学段建议	主要学科	中小学（含中职）学科覆盖建议（大学在公共基础课中全面落实，各学科专业主动结合相关内容落实）全学段相关学科
网络安全	网络安全面临的威胁与挑战	网络信息影响民众意识形态和价值取向	网络舆情事件呈现高发态势	高中	信息技术	思政、语文
	维护网络安全的途径与方法	国际合作	网络空间治理	高中	信息技术	思政
			网络技术研发和标准制定	高中	信息技术	

领域	知识类别	知识要点		开始讲授起点学段建议	中小学（含中职）学科覆盖建议（大学在公共基础课中全面落实，各学科专业主动结合相关内容落实）	
					主要学科	全学段相关学科
		一级知识点	二级知识点			
				生态安全		
生态安全	维护生态安全的途径与方法	健全生态保护和修复制度	实施重要生态系统保护和修复重大工程	高中	地理	生物学、思政
			划定生态保护红线、永久基本农田、城镇开发边界三条控制线	高中	地理	思政
				资源安全		
资源安全	维护资源安全的途径与方法	推进绿色发展	推进能源生产和消费革命，构建清洁低碳、安全高效的能源体系	高中	地理	思政、化学
		推进绿色发展	构建市场导向的绿色技术创新体系和产业发展	高中	地理	思政、外语
			支持资源型地区经济转型发展	高中	地理	思政、化学
		利用好两个市场、两种资源	加大资源勘查力度，增加国内资源储备	高中	地理	思政
			有效开发原生资源	高中	地理	思政
			加大海外资源投资权益保护	高中	地理	思政
		健全预防预备体系	完善资源安全法律法规体系	高中	地理	思政
			统筹国家资源供需战略，建立健全预防预备体系	高中	地理	思政

核安全					
领域	知识类别	知识要点		开始讲授起点学段建议	中小学（含中职）学科覆盖建议（大学在公共基础课中全面落实，各学科专业主动结合相关内容落实）	
^^	^^	一级知识点	二级知识点	^^	主要学科	全学段相关学科
核安全	核安全的主要内容	核设施	核燃料循环和放射性废物处理贮存处置设施	高中	物理	化学
^^	^^	核技术	核技术分类	高中	物理	化学
^^	^^	^^	核技术应用	高中	物理	化学
^^	^^	核事件分级	国际核事件分级表（INES）	高中	物理	化学、外语
^^	维护核安全的途径与方法	保持核设施始终处于较高安全水平	预防核事故发生的能力	高中	物理	化学
^^	^^	^^	核设施防范和应对自然灾害能力	高中	物理	化学、地理
^^	^^	^^	放射性废物安全处置能力	高中	物理	化学
^^	^^	^^	核设施及核材料的安全保护和防范核恐怖主义	高中	物理	化学
^^	^^	^^	核材料、核技术管控能力	高中	物理	化学
^^	^^	提升应急处置能力	核事故缓解和应急能力建设	高中	物理	化学
^^	^^	^^	境外核事件应对机制与预案	高中	思政	地理
^^	^^	^^	核事件社会影响监测和舆情应对	高中	思政	信息技术
^^	^^	核安全的监督检查	核安全监督检查制度	高中	思政	
^^	^^	^^	核安全监管能力和人才队伍建设	高中	思政	
^^	^^	加强国际合作，维护国际核安全体系	核安全峰会进程	高中	思政	物理、化学、科学、外语
^^	^^	^^	国际核安全事件应对、援助与信息共享	高中	思政	物理、化学、地理、外语

领域	知识类别	知识要点		开始讲授起点学段建议	中小学（含中职）学科覆盖建议（大学在公共基础课中全面落实，各学科专业主动结合相关内容落实）	
		一级知识点	二级知识点		主要学科	全学段相关学科
海外利益安全	海外利益安全的重要性	是统筹国内国际两个大局的时代召唤		高中	思政	地理、外语
	海外利益安全的主要内容	海外战略性利益安全	国家形象	高中	思政	
			国际规则	高中	思政	
	海外利益安全面临的威胁与挑战	冲突与政局动荡	部分地区局势动荡与内战冲突威胁我国公民和法人在当地利益安全	高中	思政	地理、历史、外语
			东道国政局不稳影响双边合作进展	高中	思政	地理、历史、外语
	维护海外利益安全的途径与方法	健全维护海外利益安全的工作机制	增强海外利益风险监测、评估、预警、沟通及处置能力	高中	地理	信息技术、思政
			加强国家对于海外机构和人员的安全保护力量	高中	思政	
		加强维护海外利益安全的国际合作	建立常态化国际反恐合作机制	高中	思政	外语
		强化海外非战争军事行动	增强军队海外护航、反恐演习、灾害救援等行动能力	高中	思政	地理、外语

海外利益安全

新型领域安全（太空安全、深海安全、极地安全、生物安全）					
领域	知识类别	知识要点		开始讲授起点学段建议	中小学（含中职）学科覆盖建议（大学在公共基础课中全面落实，各学科专业主动结合相关内容落实）	
^	^	一级知识点	二级知识点	^	主要学科	全学段相关学科
新型领域安全暨太空安全荄深海安全荄极地安全荄生物安全廲	新型领域安全的主要内容	太空安全	太空开发的国际战略竞争	高中	地理	物理、信息技术、外语
^	^	生物安全	研究、开发、应用生物技术，保障实验室生物安全	高中	生物学	
^	^	^	保障人类遗传资源和其他生物资源安全	高中	生物学	思政
^	新型领域安全面临的威胁与挑战	太空安全面临的威胁与挑战	开发外层空间面临技术挑战	高中	物理	信息技术
^	^	^	太空开发经营面临安全问题	高中	思政	
^	^	深海安全面临的威胁与挑战	开发深海区域面临技术挑战	高中	物理	生物学、信息技术
^	维护新型领域安全的途径与方法	推进新型领域安全的顶层设计	制定太空、深海、极地、生物等新型领域发展规划	高中	地理	思政
^	^	加快新型领域安全的科技创新和人才培养	加快培养和储备新型领域人才	高中	思政	物理、生物学、信息技术
^	^	^	加快新型领域基础设施设备建设	高中	思政	物理、生物学、信息技术
^	^	开展新型领域安全国际合作	推进新型领域的国际合作，构建互利共赢可持续发展的环境	高中	思政	地理、外语

第六章 中小学国家安全教育的实现路径

 内容提示

中小学国家安全教育是国家安全战略布局的重要举措，也是落实立德树人根本任务的关键内容。中小学国家安全教育是维护新时代国家安全的迫切需要，是深化新时代爱国主义教育的内在要求，亦是实现中国梦的必然选择。本章在把握中小学生总体国家安全观教育的重要意义、总体目标要求及主要内容的基础上，着力探究具有针对性和实效性的教育路径。中小学国家安全教育的开展必须结合中小学生特点和各地区教育教学实际，合理开发地方课程和校本课程，将国家安全教育融入各学科教育教学，并在发挥课堂教学主阵地作用的基础上，辅以专题教育、讲座、社会实践等多种教学形式，积极利用丰富的校园文化和各种社会资源，结合科学有效的教育评价，合力推进中小学国家安全教育的实施。

目标学习

了解中小学国家安全教育实现路径的整体架构和主要内容，能够针对各学段具体的教育内容和目标，做好教学安排；理解中小学国家安全教育实现路径的评价标准和评价原则，将国家安全观从不同方面、不同角度融入各学科教育教学活动中，使之贯穿人才培养的全过程；掌握中小学国家安全教育教学活动的各种形式，实现国家安全教育进社会、进学校、进教材、进头脑，以培养德智体美劳全面发展的社会主义建设者和接班人，培养担当民族复兴大任的时代新人。

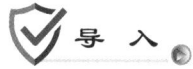导　入

传统安全威胁和非传统安全威胁相互交织是目前我国所面临的国家安全现状，而我国公民的国家安全意识普遍较弱，对中小学生的国家安全教育比较滞后。因此，对于中小学国家安全教育的实施，我们还面临着许多严峻的挑战，例如，以何种形式实现面向中小学生的国家安全教育；采取怎样的措施才能使中小学生通过学习，准确认识我国的国家安全现状，并使之能够接受和认同总体国家安全观；如何保证中小学国家安全教育实施机制更加高效、完善地推行；如何评价中小学生国家安全教育实施的有效性；等等。本章将从四个方面介绍中小学国家安全教育的实现路径。

当前，我国正前所未有地走近世界舞台中心，正前所未有地接近实现中华民族伟大复兴的中国梦。与此同时，我国面临的国家安全形势比历史上任何时候都要复杂。习近平总书记在国家安全委员

会第一次会议上明确指出：保证国家安全是头等大事。党的十九大报告也强调要加强国家安全教育，将坚持总体国家安全观纳入新时代坚持和发展中国特色社会主义的基本方略，并写入党章，同时强调要增强全党全国人民国家安全意识，推动全社会形成维护国家安全的强大合力。

国家安全教育是一种基于未来的教育，应贯穿于基础教育、高等教育、职业教育、成人教育等不同阶段不同类型的教育中，不可中断；国家安全教育是全域性教育，离不开学校、家庭和社会的紧密结合，不能偏废；国家安全教育是全民性教育，既是每一位公民应享有的受教育权利，也是每一位公民应自觉履行的受教育义务，不能缺失。

中小学生国家安全教育是全民国家安全教育的重要组成部分。中小学生是家庭和社会关注的中心，加强中小学生国家安全教育，能够通过中小学生向家长、社会宣传国家安全的有关知识，带动家长，进而带动整个社会提高国家安全意识，形成辐射效应，使更多的民众增强忧患意识，做到居安思危。因此，在中小学中开展国家安全宣传教育，提高他们的国家安全意识，使他们从小树立"国家安全、荣誉和利益高于一切""国家安全，人人有责"的观念，是立德树人的重要任务，是全民国家安全教育的重要内容，是党和国家的一项基础性、长期性、战略性工程，事关人民安居乐业，事关党和国家兴旺发达、长治久安。

2018年4月9日，教育部印发并实施了《关于加强大中小学国家安全教育的实施意见》，意见是为深入贯彻党的十九大精神和习近平总书记总体国家安全观，落实党中央关于加强大中小学国家安全教育有关文件精神和"将国家安全教育纳入国民教育体系"的法定要求。意见要求各地学校结合教育系统实际，做好中小学国家安全教育相关工作，使广大学生牢固树立总体国家安全观，增强国家安全意识。对中小学生进行国家安全教育是学校培养人才的应有之义，国家安全教育理应成为学校思想政治教育和法律基础教育的重要内容。持续推动和深化中小学生国家安全教育，就必须建立常抓不懈和使中小学生入脑入心的有效机制。

第一节 专门课程和专题教育

我国的课程管理经历了由中央统一集中管理到中央、地方两级管理，再到学校成为课程管理的主体之一的三级管理分化过程。20世纪90年代中后期《全日制普通高级中学课程计划（试验）》的颁布成为高中阶段三级课程管理的纲领性文件。2001年5月，《国务院关于基础教育改革与发展的决定》强化了在基础教育阶段学校的三级课程管理体制，鼓励开发地方课程，赋予学校自主开发或选择适合本校特点的课程的权利。从此，国家课程、地方课程和校本课程成为学校课程体系的重要组成部分。

习近平总书记指出，要用好课堂教学这个主渠道。因此，我们要充分发挥学校的主阵地作用，利用好课堂教学这一实施国家安全教育的主渠道，重视各级课程建设，完善课程体系。

除了第一课堂教学，我们还要结合各地区、各学校的实际以及学生的特点，多形式、多视角开展国家安全教育，如举办国家安全教育的专题讲座、参观国家安全教育基地、围绕国家安全进行社区调研与宣传等，开拓"第二课堂"，使其与第一课堂教学形成协同效应，进一步增强国家安全教育的针对性、实效性。

一、地方课程

地方课程是指地方各级教育主管部门根据国家课程政策，以国家课程标准为基础，在一定的教育思想和课程观念的指导下，根据地方经济、政治、文化的发展水平及其对人才的特殊要求，充分利用地方课程资源而开发、设计、实施的课程。2010年《教育部关于深化基础教育课程改革进一步推进素质教育的意见》提出：在达到国家规定的基础教育基本质量要求的前提下，有条件的地区和学校可逐步提高地方课程和学校课程的设置比例。2014年教育部《关于全面深化课程改革 落实立德树人根本任务的意见》再次强调：省级教育行政部门和学校要依据修订后的基础教育国家课程方案，调整完善地方课程和学校课程；各地要结合育人工作实际，开发完善地方课程教材。随着地方课程从理论、开发、管理、实施与评价等方面逐步走向规范、成熟，它也就成为落实立德树人根本任务的重要路径。

地方课程具有地域性、民族性、文化性、针对性、适切性、灵活性等特征。为发挥地方课程在中小学国家安全教育中的作用，应该：

第一，以国家课程为基础，进行课程资源的有效整合，开发合理的地方课程。地方课程的开发目标应该与国家课程的目标一致，如国家在统编教材《道德与法治》八年级上册增设了"树立总体国家安全观"的内容，地方课程应该研发与该内容和主题相似或相关的内容，将国家课程中与国家安全教育相关的内容整合到地方课程中。两者的整合，一方面可以深化学生对国家安全教育内容的认识与理解，从而对国家课程形成有益的补充；另一方面也可以突出地方特色，满足地方经济社会发展的需求和学生个体发展的需求，从而发挥地方课程在个人成长与国家安全教育中间的桥梁作用。

第二，地方各级党委政府和领导干部要树立大局意识、担当意识、实践意识，切实担负起落实国家安全教育工作的主体责任，凝聚思想共识，形成工作合力，以便更好地推动国家安全教育地方课程的建设。例如，江苏省的地方教材《中小学国家安全教育》，该教材是国内首套中小学国家安全教育系列读本，是江苏省贯彻落实总体国家安全观的重要成果，其顺利出版是江苏各级党委政府共同努力的结果，为推动江苏省总体国家安全观教育进校园提供了重要依托，有力地促进了青少年国家安全教育的开展。

第三，各地要因地制宜，积极利用本地的教育资源，开发具有鲜明地域色彩的地方课程，以提高国家安全意识。例如，利用优越的自然地理资源开发地方课程，引导学生关注水污染、大气污染、土壤污染、基因污染等问题，从而树立维护国家生态安全的意识；对于一些特殊地区，如边境地区，可充分利用距离边境线近等自然地理优势，让跨境民族青少年亲临边境线，了解国家与民族的区别，切身体验国家的概念；还可以充分利用本地区的历史资源、红色资源、文化资源、语言资源研发地方课程，让学生了解本地区悠久的历史文化，感受革命先辈为国家、为民族抛头颅洒热血的高尚情怀，体会本地区丰富多彩的文化资源、艺术资源和语言资源等，增强学生对中华民族优秀传统文化的认同感和自豪感，帮助其树立文化安全和科技安全意识，进而促进国家安全意识的养成。

第四，在国家安全教育相关地方课程的实施过程中，要根据国家安全形势及地方社会生活变化而适时调整，以保持其生命活力。在课程目标的设置、课时安排、教学方式、教学评价等方面都要有一定的灵活性和开放性，以利于地方课程有效实施。另外，地方课程的内容设置要具有一定的生活性和实践性，要引导学生回归生活，把国家安全观理解为身边的国家安全，从而使国家安全教育深入生活，进入人心。

总之，科学、合理、优秀的地方课程资源，可以让学生更好地感受从个人到家乡再到国家的情感升华，形成家国同构意识，明确个人在其中的使命担当，帮助学生树立国家安全意识。

二、校本课程

校本课程是以国家课程标准为基本依据，以学校教育理念和教育哲学思想为指导，以学校为课程开发和实施的主要场所，满足学校内部学生发展需要的课程。校本课程的开发主体是学校，体现学校的特色发展，采用自下而上的课程开发模式，突出了课程对学校的适切性。校本课程作为学校课程体系的重要组成部分，与国家课程、地方课程共同构成了学校"三级课程"结构。在中小学国家安全教育培养中开发各具特色的校本课程，能够充分调动地区教育、基层学校和一线教师的积极性，形成自上而下与自下而上相互补充、相辅相成的课程机制。

国家安全教育的校本课程要以《中华人民共和国国家安全法》《中华人民共和国反间谍法》《中华人民共和国反恐怖主义法》《义务教育课程方案及各学科课程标准》等为指导，在有效完成国家课程和地方课程的基础上，以学校为主要开发和实施场所，以学校内部人员为主体，以满足中小学阶段学生国家安全意识的培养为目的，根据学校的教育思想、办学特色、发展实际，通过选择、整合、补充、改编、拓展和新编等方式进行国家安全教育课程开发的实践活动。国家安全教育校本课程的开发程序、组织结构与实施效果评价应该：

第一，国家安全教育校本课程的开发程序应遵从校本课程开发的普遍操作流程：首先应成立由教师、校长、国家安全教育培训专家等组成的课程开发委员会或工作小组；继而进行本地区国家安全教育学情现状的评估分析；再结合学校的教育思想、办学特色、发展实际确定国家安全教育校本课程的教学目标，并选择国家安全教育课程材料和组织形式；然后营造校园国家安全教育开展的条件和氛围，统筹教育资源开展相关教育活动；最后准备评价方案、追踪实施效果、收集反馈意见，不断修订优化课程开发方案。以上五个步骤是一个有机整体，各个学校要根据自己的实际情况以实用性、可接受性、可操作性为基本原则，部署整个国家安全教育校本课程的开发过程，并在开发过程中不断检验、修正，从而使校本课程的教育效果最优化。

第二，国家安全教育校本课程应该内容丰富、形式多样。我们应该积极进行国家课程校本化实施的尝试，立足具体学校的特定学生群体，通过改编国家课程，满足特定学生群体的特殊发展需求。如在《道德与法治》课程实施过程中，教师可安排学生查阅相关报刊资料、观看新闻报道、参观考察等，多渠道认识国家安全形势，了解党和政府采取的应对措施，并在课堂上与大家分享。在这一过程中，学生们会对国家经济安全、政治安全、文化安全、科技安全、生态安全、网络安全等有更为深入的了解，做到居安思危。此外，学校还可以开展内容丰富、适合不同学生需求的校本选修课，如科技课、信息课、传统文化课、民族手工艺课等，使其成为国家安全教育的辅助途径，增强国家安全教育的吸引力、感染力和影响力。学校还可以进行国家安全教育相关的主题班会、小品表演、辩论演讲、影视欣赏、摄影展等主题活动课，调动学生进行国家安全教育课程学习的积极性。

第三，国家安全教育校本课程实施效果评价可以从学生的学习成效、教师的国家安全素养发展以及学校的特色发展三个方面综合考查。考虑到国家安全教育是一个长期、持续教育且不断完善的过程，课程评价也应该坚持发展性原则，关注学生未来的发展样态，遵守"将来关于国家安全"和"未来有助于国家安全"的评价理念。

三、讲座

讲座可以丰富国家安全教育的教学形式，尤其是专家、学者、名人的讲座更具有权威性、针对性、生动性。通过开展讲座的形式推进中小学国家安全教育，可以收到课程教学所实现不了的教学效果。

组织开展热点类讲座。讲座可针对一些非传统安全的时事热点事件邀请专家、学者为教师和学生开展讲座或报告会，进行解释与回应，为学生答疑解惑，帮助学生更深入地理解非传统安全的知识。例如，针对中美贸易战，可邀请国际贸易和经济学的相关专家介绍贸易战的经过和实质，及其对中国的影响和我国的应对之策，在报告的内容中强调经济安全等国家安全的知识。

举办论坛类讲座。学校也可以举办国家安全的交流论坛，设置"文化安全""生态安全""网络安全"等非传统安全的主题，鼓励学生进行学术研究并撰写小论文参与学术论坛，从而了解国家安全问题的研究动态，把握国家安全问题的特点和性质等，以学术研究的视角和体验对国家安全的理解更上一个台阶。

开展名人名家讲座。学校要挖掘名人的社会效应，以名人名家进校园、办讲座为契机，培养学生的爱国情操，强化国家安全教育效果。例如，拥有精湛的技术和顽强的拼搏进取精神的体育名人，他们在赛场上奋力拼搏、为国争光的情景就会在中小学生的心里留下深刻的印象。

开展文化科技类讲座。如定期举办"中国民俗与文化""科技强国与中国梦"等系列专题讲座，并在其中渗透国家安全意识教育，确保总体国家安全观入脑入心。

四、参观调研

首先，国家和地方要积极推进国家安全教育实践基地建设。各级政府要鼓励支持建设符合总体国家安全观要求的综合性教育实践基地和专题性教育实践基地，并推动相关教育实践基地改造升级，以适应总体国家安全观教学实践需要。此外，在建设教育实践基地的基础上，我们还应该积极发挥教育实践基地特色优势，通过讲座展览、网上展示、实践体验、书籍资料分享等多种形式，增强对中小学生的吸引力和传播力，不断提高宣传教育的能力和水平。

其次，学校应充分利用地区资源和优势，组织学生前往历史或军事博物馆、国家安全教育基地、国防教育基地、爱国主义教育基地等各种与国家安全相关的场所参观，在参观的同时还要结合参观对象向学生讲授关于我国国家安全的历史和现状，让学生在实际的氛围中接受相关知识。此外，还可以利用国家安全相关专业力量，邀请领域内专业人士结合参观场所为学生讲解国家安全相关知识。专业人士的权威性可以激发学生在课堂上的兴趣，同时专业人士更注重对实际案例的讲解，相比于理论知识更能让学生切实地感受到我国国家安全的现状，有助于激发学生对国家安全的责任心。

最后，在进行国家安全教育的过程中，学校可以指导学生对相关问题展开社会调查研究。例如，对周边人群的国家安全观念进行调研，了解国情、社情、民情；可以调查了解所在社区或者街道的科技创新举措，以帮助学生认识到科技创新对维护国家安全的重要意义；可以对中小学生在志愿活动、社区服务中宣传总体国家安全观知识和法律法规的情况进行调查，并组织中小学生设计海报或者板报宣传《中华人民共和国国家安全法》，知道维护国家安全的行为，宣传常见的危害国家安全的行为，增强敌情意识和反侦察能力，从而树立国家安全责任意识。

第二节　融入各学科教育教学

综观国家安全问题，我们发现，它既是客观存在的，也是主观感受的结果，是客观性与主观性的有机统一；国家安全问题不是源生的而是衍生的。国家安全问题的内在逻辑使国家安全教育学学科具有独特的横切延伸性特点，正是这种横切延伸性使国家安全教育学科成为一门具有典型兼容性、应用性、跨学科、交叉性的新兴独立学科。它与政治、经济、社会、文化、军事、信息、生态、太空和气象等学科密切相关。学校国家安全教育不能简单地等同于一门"国家安全学"课程，加之中小学受制于课时的限制，一般也很难安排出固定的国家安全教育课时，因此国家安全教育课程体系必然是多科目有机协同的课程群。

目前，国家为引导中学生正确理解和全面把握我国安全形势面临的挑战，提高维护国家安全的意识和能力，自觉肩负起维护国家安全的责任，在统编版教材《道德与法治》八年级上册增设了"树立总体国家安全观"的内容。课程分为"认识总体国家安全观"和"维护国家安全"两个部分。这是首次在义务教育教材中就中学生总体国家安全观教育进行的尝试，由此可以看出，思想政治类课程是中小学国家安全教育体系的重要载体。但我们也要看到，要在教育实践中实现包括总体国家安全观所提到十三种重点安全观领域的教学，绝对不可能是一门课可以完成的，其他学科的教师应该有意识地将总体国家安全观的内容和价值观渗透到课程教学活动当中，与思想政治类课程形成协同效应。

一、课程要求

所谓国家安全教育课程要求是指党和国家、社会对中小学生面对国际国内安全形势而表现在思想素质、政治素质、法纪素质和心理素质方面应达到的规定要求。知识层面，国家安全教育要向学生传递总体国家安全观，让学生改变传统国家安全的狭隘认知，形成关于国家安全的全面、准确的认知。价值层面，要学生认同总体国家安全观，认识到国家安全对中华民族生存发展的重大意义，理解国家安全与每个人命运的紧密联系，形成涵盖忧患意识、防范意识、法律意识、责任意识的国家安全意识，正确处理国家安全威胁，自觉地以实际行动维护国家安全和利益，最终达到增强中小学生的国家认同、政治认同、价值认同、情感认同的目的。

二、课程内容

确定新时代中小学生国家安全教育课程内容体系，应该以总体国家安全观为根本遵循，以国家安全战略需求为导向，全面贯彻总体国家安全观的科学内涵和思维方法，充分彰显其精神实质和价值要求，尊重中小学生的学习规律，力争使国家安全教育达到总体国家安全观要求的高度、广度、深度和力度。

课程内容的制定要厘清以下几点：

第一，清晰界定国家安全概念的科学内涵。总体国家安全观是在继承、借鉴现有综合安全观、新安全观、非传统安全观等系列安全观基础上的理论创新。从范畴来看，总体国家安全观不仅把政治安全、国土安全、军事安全、经济安全等传统安全纳入其中，还涵盖了文化安全、科技安全、生态安全、社会安全、网络安全、资源安全、核安全、海外利益安全等非传统安全领域，并延伸至太空、深海、极地、生物等多个新型领域，在内容上更加丰富完整。

第二，准确研判国家安全问题的最新趋势。当前我们面临的国际环境和国内形势都在发生着深刻变化，影响我国国家安全的热点持续增多，焦点复杂多样，矛盾空前广泛，风险瞬息万变。因此，站在时代高度，综观世界变局，围绕国家利益，科学研判国家安全的阶段性特征和发展趋势，是制定国家安全教育课程内容的首要前提。

第三，对国家安全体系要有立体结构的认识。在所有安全领域中，政治安全事关党的领导和社会主义政治制度，是最根本的安全；经济安全可以为其他领域的安全提供强大的经济支撑，是所有安全的基础。此外，军事安全、文化安全和社会安全为国家安全提供了军事保卫、思想文化和社会秩序的重要保障，而网络安全、科技安全、资源安全、生态安全和核安全处于基础层次。

第四，根据教育部牵头制定的《大中小学国家安全教育指导纲要》科学设置各学段国家安全教育的目标和教育教学内容。根据《关于加强大中小学国家安全教育的实施意见》的要求，教育部牵头制定了旨在加强大中小学国家安全教育的指导纲要，明确提出国家安全教育的目标、教育教学的整体架构和主要内容。各地教育行政部门及各学校要根据《大中小学国家安全教育指导纲要》制定相应科学的、有针对性的教学内容。

基于上述几点，结合基础教育阶段的学生特点，国家安全教育课程内容应主要划分为以下五个方面的内容：

一是马克思主义国家安全理论中国化的基础理论教育，包括国家安全本质、国家安全目标设定依据等。

二是对总体国家安全观提出的"十三个重点安全领域"的安全形势展开的专题教育。

三是对国家安全历史的延伸教育，包括国家安全问题的历史由来、发展演变等。

四是国家安全制度与法规的常规教育。

五是针对当前国际、国内安全形势及国家安全策略的适时教育。

总的来说，国家安全教育不仅包括知识传授，也注重价值引导和能力提升，三者不可偏废，共同构成国家安全教育的三个维度，统一于国家安全教育的全过程。

三、课程实施

课程实施是把课程计划付诸实践的运行过程，是课程达到预期目标的基本途径，在课程体系中起着极其重要的作用。中小学国家安全教育课程实施过程中应重点把握以下几点：

第一，注重学科渗透，将国家安全教育融入各学科教育教学。学科渗透需要任课教师始终重视国家安全教育与学科知识的融合，挖掘学科知识和国家安全教育的契合点，尤其是在语文、历史、思政、地理等人文社科课程中融入国家安全教育。如历史教学中通过对中华民族近代以来的屈辱史、抗争史的讲解，增强青少年维护国家安全、实现民族复兴的决心；地理教学中可以通过对我国资源环境面临的挑战等具体内容的讲解，有效地增进学生维护资源安全、生态安全的紧迫感。下表中提出了一些关于在中小学所开设科目中进行国家安全教育的建议：

知识类别	建议讲授学段	涉及的主要学科	涉及的相关学科
政治安全	初中	思政	历史、语文、外语、地理、信息科技、信息技术
	高中	思政	历史、语文
国土安全	小学	思政	地理、科学
	初中	思政、地理	历史、科学、外语
	高中	思政、地理	历史、信息技术、外语
军事安全	小学	思政	历史、信息科技
	初中	思政、历史	外语
	高中	思政	历史、外语
经济安全	初中	思政	历史、外语、地理
	高中	思政、地理、信息技术	地理、外语、历史
文化安全	小学	思政、语文	历史、地理、外语、艺术、科学、物理、体育、信息科技、信息技术
	初中	思政、语文、地理	历史、外语、艺术、科学、物理、信息科技、信息技术
	高中	思政、语文	历史、外语、艺术、地理、体育、信息技术
社会安全	小学	思政、科学	历史、信息科技、信息技术、地理、物理、化学、语文、外语
	初中	地理、思政	外语、语文、信息科技、信息技术、历史
	高中	思政	信息科技、信息技术、地理、历史、外语
科技安全	小学	思政	信息科技、信息技术、历史
	初中	思政、信息科技	信息技术、外语、科学、物理、化学、生物学、语文、地理
	高中	思政、信息技术	物理、化学、生物学、地理、信息技术、科学

续表

网络安全	小学	信息科技	思政、信息技术
	初中	信息科技	信息技术、思政、外语、语文
	高中	信息技术	思政、外语、语文
生态安全	小学	科学、地理	思政、生物学、化学、物理
	初中	地理、思政、生物	外语、化学、科学
	高中	地理	生物学
资源安全	小学	科学	地理、化学、物理、外语、思政
	初中	科学、生物学、地理	思政、外语、化学、物理
	高中	地理	思政、化学、外语
核安全	初中	科学、物理、思政	地理、外语、化学
	高中	物理、思政	化学、外语、地理、信息技术
海外利益安全	小学	思政	地理、科学
	初中	思政、地理	历史、外语
	高中	思政、地理	外语、历史、信息技术
新型领域安全	初中	思政、地理、物理、生物学	科学、历史、化学、信息科技、信息技术
	高中	物理、地理、生物学、思政	信息技术、外语

第二，改善教育教学方式方法，创新教育形式，增强国家安全教育的实施效果。当教学内容确定之后，教学方法就成为关键。传统的教学形式是教师主导课堂单向地灌输理论知识，在科技飞速发展、信息交流方便快捷的时代已经无法取得良好的教学效果。教师应该创新教学形式，采取理论教学结合课堂实践的形式增强教学吸引力，以新兴媒体技术创造轻松活泼、求知欲浓厚的课堂氛围，提

升学生的学习兴趣。国家安全教育课程建设的重要任务之一就是改变单纯说教、照本宣科的低效教学方式方法。教师可结合国家安全实践中的热点问题启发学生思考讨论，通过互动交流的方式教学，既传授了知识、培养了思维能力，也激发了学生学习的热情和维护国家安全的意识；可在国家安全教育基本理论教学中，结合典型的案例，让教学更加生动、形象；可充分利用微博、论坛、短视频、公众号、"慕课"等网络新媒体平台，以学生易于接受、乐于接受的方式传播给他们，实现国家安全教育"互联网+"；可带领学生参观古战场、现役军队驻地等，或进行反恐防暴演练，培养学生的国家安全意识和能力，强化多种形式的国家安全教育实践教学。

第三，在教学过程中，教师首先要注重学生情感、态度和价值观目标的养成，使学生认识到，每个人都可以为维护国家安全作出自己的贡献。如节约一滴水、一粒粮食，这些看似平凡的小事，实际就是对维护国家的水资源安全、粮食安全，进而对维护国家安全作出了自己的贡献。其次，教师还要引导学生认识、理解和体会党和国家在保障人民安全、维护人民根本利益、为人民创造良好的生存发展条件和安定的工作环境、保障人民的生命财产安全和其他合法权益等方面所作出的不懈努力，以此增强学生对伟大祖国的认同、对中国共产党的认同、对社会主义道路的认同，进而激发学生的爱国意识，提升学生国家安全意识。

第四，要重视教师队伍建设，加强中小学国家安全教育师资队伍的培训，打造一支专业教师为骨干、专兼结合的高素质国家安全教育教师队伍。国家安全教育教师需要有过硬的思想政治素质、高尚的道德修养、渊博的专业知识、高超的教学能力、应有的军事素质、健康的身心。因此，打造高素质国家安全教育教师队伍时，首先要有计划、有针对性地对中小学教师开展培训，不断改善他们的知识结构和教学水平。其次要对从事国家安全教育教学工作的教师进行遴选，提高教师准入门槛。此外还要认真落实相关教师待遇，让他们在工资福利、职称评审、教学条件方面得到该有的平等对待，使他们在国家安全教育事业中获得应有的尊严感和光荣感。

第五，加强组织协调，完善课程建设、评价机制，这是促进国家安全教育课程良性发展的制度保障。由于中小学国家安全教育课程建设发展滞后，涉及多部门、多学科，需要有专门的领导机制、有力的保障机制和科学的评价机制才能确保其良性发展。建立以党委和政府为领导，国家安全教育领导小组为核心，教育行政部门为主导，分管教师为骨干，全员参与的领导工作格局，是中小学生国家安全教育活动深入开展的组织保证。在此基础上，教育部、国家安全教育指导委员会定期或不定期对国家安全教育课程的实施进行业务指导、开展教育督导，这是中小学生国家安全教育课程持续、有效开展的保障。

中小学国家安全教育是国家安全工作的一项奠基工程，是一项长期性、系统性的社会工程，也是贯穿各学段，需要多领域全方位合作的教育工程。中小学开展国家安全教育工作不能是一蹴而就的，而应是螺旋递进、逐层上升的。在党的领导和管理下，国家安全教育进校园、进教材、进头脑的工作正在有组织、有计划、有重点地持续推进。

第三节　校园文化和社会资源

为深入贯彻党的十九大精神和习近平总书记总体国家安全观，根据教育部《关于加强大中小学国家安全教育的实施意见》精神，中小学应重视校园文化对学生品性形成的渗透性、持久性和选择性，充分利用社会资源完善中小学国家安全教育的实现路径，不断改进国家安全教育教学活动，推进国家安全教育实践基地建设，丰富国家安全教育资源，结合教育系统实际做好中小学国家安全教育的实施工作。教育部《关于加强大中小学国家安全教育的实施意见》在重视校园文化和利用社会资源方面提出了一系列重点工作：

第一，依托少先队、共青团、学生党支部、学生会、学生社团等组织，开展知识竞赛、演讲比赛、文艺表演、社会实践等形式多样的国家安全教育主题活动。规范学生成人仪式宣誓词，增加维护国家安全方面的内容。充分利用全民国家安全教育日、《中华人民共和国国家安全法》颁布实施等重要时间节点，组织面向中小学生的系列特色教育活动，确保总体国家安全观入脑入心。

第二，尝试创新方式方法和平台载体，充分发挥互联网优势，建立国家安全教育案例库，分级分类开发在线课程。充分借助社会力量，组织或参与开发体现国家安全教育要求的音乐、美术、戏剧、影视、动漫、游戏等作品，增强教育的吸引力、感染力、影响力。

第三，统筹利用现有资源，建设符合总体国家安全观要求的综合性教育实践基地、满足不同领域国家安全教育需求的专题性教育实践基地。增强对中小学生的吸引力和传播力，不断提高宣传教育的能力和水平。

一、依托平台组织活动

（一）中国少年先锋队

中国少年先锋队是中国少年儿童的群团组织，是少年儿童学习中国特色社会主义和共产主义的学校，是建设社会主义和共产主义的预备队。学校依托中国少年先锋队团结教育少年儿童，通过开展少先队队会和队课、主题教育、仪式教育、实践教育等国家安全教育主题活动，可以更有效地帮助小学生了解国家安全基本常识、启蒙国家安全意识、增强爱国主义情感，帮助小学生努力成长为社会主义现代化建设需要的合格人才，成长为能够担当民族复兴大任的时代新人，做共产主义事业的接班人。

首先，少先队辅导员应通过大队集会、仪式、活动和各种少先队宣传阵地，讲解国家安全基本常识，启蒙小学生国家安全意识，树立小学生国家荣誉感，增强民族自豪感。其次，队会仪式是少先队的基本仪式，定期举行"启蒙国家安全意识，增强爱国主义情感"等国家安全教育主题的队会，可以建立小学生对少先队队会以及国家安全教育活动的仪式感。最后，少先队应以"学雷锋纪念日""中小学生安全教育日""儿童节""九一八事变纪念日""消防宣传日"等重大纪念日为契机，在充分挖掘重大纪念日、重大历史事件蕴含的国家安全教育资源的基础上，开展系列主题教育和庆祝、纪念活动，设置知识竞赛、文化科学、文艺表演、娱乐游戏、军事体育等有意义有趣味的校园文化活动，组织参观、访问、研学等课外文化活动,鼓励参加力所能及的志愿服务、公益劳动和社会实践活动等。

(二)中国共产主义青年团

中国共产主义青年团是中国共产党领导的先进青年的群团组织,是广大青年在实践中学习中国特色社会主义和共产主义的学校,是中国共产党的助手和后备军。学校依托中国共产主义青年团团结教育青年,通过开展团日活动、落实"三会两制一课"制度和主题教育、仪式教育、实践教育等国家安全教育主题活动,可以更有效地帮助中学生初步了解总体国家安全观、掌握国家安全基础知识、增强国家安全意识和爱国主义情感,帮助中学生确立正确的理想、坚定的信念,激发中学生的历史责任感和奋斗精神,造就有理想、有道德、有文化、有纪律的青年中学生,成为社会主义合格建设者和可靠接班人。

首先,团组织可以将总体国家安全观融入团日活动、主题班会等各类主题教育活动之中,向中学生宣传党的基本路线和各项方针政策,引导中学生积极参加社会主义现代化建设,激发中学生的历史责任感和奋斗精神,组织动员广大中学生走在时代前列,切实增强中学生的国家荣誉感。其次,可以将掌握国家安全基础知识融入中华民族重大纪念日中,以"中小学生安全教育日""全民国家安全教育日""五四青年节""建军节""澳门回归纪念日"等中华民族重大纪念日和"国家网络安全宣传周""生命安全教育"等国家重大宣传教育活动日为契机,充分挖掘国家安全教育资源,组织开展系列庆祝或纪念活动和主题教育等各类仪式教育活动,树立中学生的家国情怀和强烈的历史责任感。最后，可以将增强国家安全意识和爱国主义情感融入弘扬"两弹一星"精神、载人航天精神等实践教育活动之中，团结带领广大中学生获得维护国家安全的知识，践行国家安全的行为。理解国家安全是国家生存与发展的重要保障，国家安全是人民幸福安康的前提。组织动员广大中学生走在时代前列，团结全国各族青年坚定不移跟党走，为把我国建设成为富强民主文明和谐美丽的社会主义现代化强国，为最终实现共产主义而奋斗。

（三）学生会

学生会是学校党委领导下、团委指导下的主要学生组织，是学校联系广大学生的桥梁和纽带。学校依托学生会团结服务学生，学生会在校园内策划并协助学校举办丰富多彩的国家安全教育活动。通过组织学生开展学习、文体、社会实践、志愿服务、创新创业创优等丰富多彩的国家安全教育活动，帮助中小学生进一步树立总体国家安全观，并全面系统掌握国家安全基础知识，在活动体验中初步具备维护国家安全的能力，从而促进学生的全面发展。丰富多彩的校园国家安全教育活动，是评价学生国家安全意识和维护国家安全主动性的重要依据。

（四）学生社团

学生社团是学生在自愿基础上形成的各种群众性文化、艺术、学术团体。学校依托学生社团团结服务学生，学生社团主要是通过开展知识竞赛、演讲比赛、文艺表演等形式多样的课外科技文化艺术教育活动，不断地拓宽综合实践渠道，帮助中小学生活跃学习国家安全教育知识的氛围，提高学生自主管理能力，丰富学生的课余生活。当条件成熟时，可以成立与国家安全内容相关的文化、艺术、学术学生社团。社团成立时，需要接受学校团委的领导与指导，并且配备相关专业的指导教师，在专业教师的指导下策划实施活动。指导教师应引导学生探索维护国家安全的具体行动和方法，帮助中小学生在社团活动中自由、自主地树立国家安全意识，增强维护国家安全的能力。

（五）传媒

中小学应充分借助传媒力量，结合时代的特点以及传播媒介的发展，创新国家安全教育传播的方式方法，寻找合适的媒体平台，增强国家安全教育的传播效果。

第一，通过宣传栏、板报、橱窗、校报校刊等传统传媒途径，展示标语口号、宣传挂图，做好宣传。借助报刊、广播、影视等大众传媒，聚焦国家安全的主题，适应信息在青少年中的传播趋势，开展各种形式的宣传教育，使国家安全宣传报道接地气、有生气、有情感、有深度、有温度。依托融媒体等新兴传媒，推出青少年学习总体国家安全观系列专题专栏、新闻报道等，大力传播总体国家安全观。

第二，组织推出国家安全教育精品出版物，针对不同年龄、不同成长阶段，把总体国家安全观作为常写常新的主题，加大现实题材创作力度，推出反映国家安全教育内容的高质量读物，让广大青少年自觉接受爱国主义熏陶。积极推荐爱国主义主题出版物，大力开展国家安全教育读书活动，精选出引导青少年学习国家安全教育知识的优秀作品。

第三，运用新媒体更新国家安全主题活动的样式。采取中小学生感兴趣的方式，借助手机软件传播国家安全教育的相关内涵，例如快闪、灯光秀、有声读物、短视频等方式，培养学生对国家安全等主题教育的学习兴趣。针对中小学阶段的学生存在注意力难以集中的问题，应借助多媒体手段进行国家安全教育，加入动画、声音等辅助信息，吸引学生的注意力，更有效地激发学生的爱国情怀。

第四，加强总体国家安全观网络内容建设，运用视频网站广泛开展网上国家安全主题教育活动，制作推介体现国家安全的内容、适合网络传播的音频、短视频、网络文章、纪录片、微电影等，让国家安全教育充盈网络空间。积极运用微博、微信等社交媒体，生动活泼地开展网上国家安全教育。加强网上舆论引导，引导青少年自觉维护国家安全，抵制损害国家荣誉、否定中华优秀传统文化的错误言行，汇聚网上国家安全教育的力量。

第五，立足传统文化和先进典型，讲好中国故事，推动国家安全教育。培育和弘扬社会主义核心价值观，树立牢固的国家安全意识必须立足中华优秀传统文化。牢固的核心价值观，都有其固有的根本。对我们来说，博大精深的中华优秀传统文化是我们在世界文化激荡中站稳脚跟的根基。在中小学实施国家安全教育过程中，应该立足中华优秀传统文化，注重通过讲好中国故事来推动国家安全教育知识的普及，发挥优秀文化的育人作用、先进典型的引领作用，通过形象化、情感化、榜样化的方式引导中小学生自主了解国家安全教育。

在讲述中国故事时，应该展示中华民族灿烂悠久的历史文化，帮助中小学生树立和增强国家自豪感；大力宣传为中华民族和中国人民作出贡献的英雄，宣传革命、建设、改革时期涌现出的英雄烈士和模范人物，宣传时代楷模、道德模范、最美人物和身边好人，宣传具有爱国情怀的地方先贤、知名人物，以榜样的力量激励鼓舞学生。让学生了解到在革命战争时期，无数人民英雄为了国家安全和民族利益奋斗终生，引导中小学生体会到维护国家利益和人民利益、维护国家安全的行为是光荣的、高尚的、受人尊重的。也可以通过特殊的纪念日，如"中国人民抗日战争胜利纪念日"，讲述中国人民抗日战争和世界反法西斯战争主题故事，铭记历史，缅怀先烈。提高学生们的历史荣誉感，宣传普及国家安全知识。

二、发挥专业力量的作用

充分发挥专业力量的优势，建立国家安全教育案例库，分级分类开发在线课程。结合不同地区、不同领域、不同学段特点，分别编写国家安全教育读本。组织或参与开发体现国家安全教育要求的音乐、美术、戏剧、影视、动漫等作品，增强教育的吸引力、感染力、影响力。

当前，中小学国家安全教育在实施中还存在一些需要解决的问题。例如，在一些课堂中对总体国家安全观认识不到位，以致国家安全教育内容过于狭窄；中小学国家安全教育课程体系不够完善，以致缺少专门的、系统的国家安全教育课程；中小学国家安全教育形式相对单一，以致学生缺少学习兴趣甚至将课程流于形式。基于以上中小学生国家安全教育实践中出现的不足，应尽快建立国家安全教育案例库，分级分类开发在线课程，编写国家安全教育读本，以全面推动中小学国家安全教育。

在开发在线课程时，应以总体国家安全观为指导，以《中华人民共和国国家安全法》为依据，以构建中小学生国家安全意识为追求，依据国民教育特点，传授相关知识，帮助学生建立关心国家安全、维护国家安全的生活方式和思维方式；针对中小学生的身心成长特点，基于生命体验德性论思想来理解教育的本质，注重在教学内容上渗透社会主义核心价值观教育、法治教育和公民素养养成教育。

中小学还应充分联系各类安全领域的专家，发挥专家们在专业领域中的专业力量，组织或参与开发体现国家安全教育要求的音乐、美术、戏剧、影视、动漫等作品，增强国家安全教育的吸引力、感染力、影响力。

在开发过程中，学生也可以加入由各领域专家成立的不同国家安全领域的研究小组。专家们应坚持鼓励引导和学生自主选择相结合的原则，为学生进行讲解和指导，做好历史研究和理论研究，有条件的地方还可以建设创新实验室或者综合实验室，为中小学生营造一个良好的学习氛围。由各领域专家带领中小学生建立的研究小组，体现了中小学国家安全教育的全面推进，夯实了以群众为中心的国家安全教育活动。

三、利用校外基地和设施

推进国家安全教育校外实践基地的建设，可以为中小学国家安全教育实践提供具有可操作的"抓手"，不断丰富国家安全教育资源。要做好这一点，应统筹利用当地现有资源，鼓励支持各地建设一批符合总体国家安全观要求的综合性教育实践基地，满足不同领域国家安全教育需求的专题性教育实践基地；还应该推动现有相关教育实践基地改造升级，以适应总体国家安全观教育实践需要，增强对中小学生的吸引力和传播力，不断提高宣传教育的能力和水平。

（一）利用好综合性和专题性两类教育实践基地

综合性教育实践基地是全国中小学生的研学实践教育基地和营地，在中小学国家安全教育实践中取得了显著的育人成果，既注重了育人功能又突出了实践特色，是多功能、高科技、开放式、综合性的育人基地。学生通过体验式、参与式、互动式的学习实践，不仅能够获得维护国家安全的知识，更有利于学生践行国家安全的行为。

综合性教育实践基地，一般应包括图书馆、文化馆、博物馆、纪念馆、科技馆、青少年活动中心等公共文化设施。在整个国家安全教育过程中，中小学应始终注重引导学生通过调研活动、研学活动开展课程学习活动，理解总体国家安全观，掌握国家安全基础知识，具备一些维护国家安全的能力。综合性教育实践基地一般在安全教育设施方面非常完备，融合了现代最新的科学技术，借助科技设施还原与国家安全相关的虚拟场景，如境外间谍情报渗透、外来物种入侵等；还会有明确的国家安全教育的体验区，如自然安全体验区、防恐防暴实践区、素质拓展活动区等。这种以互动体验为主要方式，全方位、多层次、立体化的安全体验效果可以让学生身临其境，较好地获得国家安全教育体验。

专题性教育实践基地一般是结合地域特点开展的教育实践基地，不断开发、创新使用地区资源、校外资源，注重传承红色基因，利用当地独特的历史革命文化来对学生们进行国家安全教育的熏陶，使学生对国家安全问题产生基本认知、正确态度和情感体验。学生在参与活动的过程中不仅能够获得专题性的维护国家安全的知识，而且能够在专门领域内践行国家安全。

目前，已有一些结合地域特点开展的专题性教育实践基地，如国务院公布的国家级抗战纪念设施、遗址名录、省市县级科普基地、国防教育基地、学生军训基地、青少年校外活动基地、民防宣传教育培训基地、中小学生社会大课堂资源单位、开放性科学实践活动资源单位、安全教育体验馆等各类校外基地。这类基地是中小学开展国家安全教育的基本依托，能够推动中小学国家安全教育实践广泛开展，引导中小学生了解国家安全基本常识，启蒙国家安全意识，增强爱国主义情感，帮助中小学生不断提高思想觉悟、道德水准、文明素养。

专题性教育实践基地要结合各自功能特点有针对性地开展国家安全教育。例如，国家级抗战纪念设施，要以重大纪念日为契机，在中国人民抗日战争胜利纪念日、烈士纪念日、南京大屠杀死难者国家公祭日期间，精心组织公祭、瞻仰纪念碑、祭扫烈士墓等活动，引导中小学生牢记历史、不忘过去、缅怀先烈、面向未来，激发爱国热情、凝聚奋进力量。展示国家安全战线上的英雄事迹，引导学生从小继承和弘扬革命光荣传统，立志全心全意为人民服务，树立为社会主义和共产主义理想奋斗终生的远大理想。再例如，国防教育基地是依托军地资源，具有鲜明的国防特色，功能设施配套完善的专题性教育实践基地，在践行中小学国家安全教育的同时，也有效保护利用了革命纪念设施建设。还有一些基地，加入了国家版图和国土主权的宣传教育，宣传普及军事保密法律法规，加强军事秘密泄密警示教育，通过讲座展览、网上展示、实践体验、书籍资料等多种方式，加强爱国主义教育，引导学生感悟优秀的中华传统文化、革命文化和社会主义先进文化。

（二）重视实践基地的建设

要统筹利用现有资源，鼓励支持各地建设一批符合总体国家安全观要求的满足不同领域国家安全教育需求的综合性和专题性教育实践基地。要加强实践基地内容建设，改进展陈方式，着力打造主题突出、导向鲜明、内涵丰富的精品陈列，强化国家安全教育和爱国主义教育功能，为社会各界群众参观学习提供更好服务。要健全国家安全教育实践基地动态管理机制，进一步完善落实免费开放政策和保障机制，根据实际情况，对国家安全教育实践基地免费开放财政补助进行重新核定。有关部门、地区应不断推动国家安全教育实践基地改造升级，以适应总体国家安全观教育实践需要，指导教育实践基地发挥特色优势，不断增强对中小学生的吸引力和传播力，不断提高宣传教育的能力和水平。

（三）依托教育实践基地丰富国家安全教育资源

要依托现有的国家安全教育实践基地，创新方式方法和平台载体，充分发挥大数据和互联网优势，开展如在线访问、互动体验、视频交流等多种形式的教育实践，使实践基地的资源最大程度地得到开发。要充分借助专业力量，结合青少年兴趣点和接受习惯，利用实践基地各种元素，加大对国家安全题材影视创作、词曲创作等的支持力度,加强对涉及国家安全教育的歌曲、影片的深入挖掘和创新传播。根据各阶段学生的学情特点建立基于实践基地的国家安全教育音频视频资源库,如针对小学生,可以采用动漫视频的形式讲述国家安全的基本常识,启蒙国家安全意识,增强爱国主义情感;对于中学生,可以采用微电影的形式展示总体国家安全观的内涵,阐明国家安全基础知识,增强国家安全意识和爱国主义情感。

第四节 教育评价

一、评价原则

建立健全国家安全教育教学评价机制,制定科学、合理、可行的评价原则,定期组织开展教育教学效果评估,是做好国家安全教育督导工作的基础。在全面探讨中小学国家安全教育实现路径的基础上,必须对实现路径作出具有针对性和实效性的评估,通过一系列基本评价原则,科学、客观检验中小学国家安全教育的实施效果,从而全面落实加强中小学国家安全教育目标任务。

第一,能够科学准确地理解和把握总体国家安全观的内涵。在实施中小学国家安全教育活动过程中,应结合国家安全的现状与形势,阐明国家安全对个人成长、社会发展、国家生存的重要内涵。让学生认识到国家安全内涵和外延的广泛性,高科技、大数据背景下理解国家安全面临的新挑战,增强学生在高科技背景下的敌情意识和防范意识,激发中小学生维护国家安全的主人翁意识,引导学生自觉关注、积极思考、主动参与维护国家安全的重大事件。

第二，能够充分发挥学校在国家安全教育中的主阵地作用。思想政治类课程是落实立德树人根本任务的关键课程，要充分发挥思想政治类课程在国家安全教育中的主渠道作用，引导学生扣好人生第一粒扣子；在国家安全教育中，教师要发挥主导作用，通过真实案例和情景设计让国家安全变得可感可知可行，增强中小学生保卫国家安全的使命感和责任意识；学校活动要结合新生军训、社团活动、研学旅行、社会实践等，让学生在具体情境中亲身感受国家安全的重要性。

第三，能够积极参与构建国家安全教育共同体。国家安全教育是一个永恒课题，需要政府、社会、学校、家庭的共同关注、全员参与。只有不同主体形成国家安全教育的合力，建立多方联动机制，全社会才能营造出重视国家安全教育的良好氛围，形成常态化的安全教育和熏陶培植。政府部门的职能是制定规划，新闻媒体要加强宣传，学校、社区重在落实，家长和社会的责任在于提供支持。构建国家安全教育共同体，需要将家庭教育、社会教育等环节和要素吸纳进来，充分发挥国家安全机关各部门、爱国主义教育基地、国家安全教育展馆等教育资源的作用，形成学校、家庭、社会协同配合的国家安全教育格局。

第四，能够促进青少年国家安全教育的日常化和生活化。国家安全教育不可能一蹴而就，需要注重日常培养和熏陶，真正让国家安全意识扎根青少年思想深处，成为青少年的思想共识。采用青少年喜闻乐见的媒介，如QQ、微信、微博、贴吧、论坛、动漫等，让学生自觉在心中植根国家安全意识，引导青少年将维护国家安全付诸行动。同时，国家安全教育重在生活化和常态化，结合学生生活实际吸引学生、感染学生，通过常态化活动发挥国家安全教育潜移默化的影响。

第五，能够调动学生的主动性与积极性，在国家安全教育全过程体现学生的主体地位。在国家安全教育实施过程中，要始终坚持学生主体地位，让学生在自愿自主参与的基础上，获得积极真实的情感体验，促进其爱国主义情感的养成。学生在参观历史遗迹、国家安全教育展馆、部队营房等过程中，会自然而然、由内而外生发出维护国家安全的意识，从而坚定维护国家安全的意志和习得维护国家安全的方法。这一过程能够促使中小学生内心产生强烈的民族认同感、归属感和自豪感，自愿维护国家安全、荣誉和利益。

二、评价实施

评价实施是中小学国家安全教育实践的重要环节，是检验中小学国家安全教育效果的重要途径。评价实施过程中应该将中小学生国家安全意识的树立情况作为主要标准，应该着眼于中小学生国家安全教育实践大课堂的构建情况，充分参考国家安全教育实践基地和各类公共文化设施在国家安全教育过程中发挥的作用。

第一，评价必须着眼固本培元、凝心铸魂，突出思想内涵，强化价值引领。

中小学生是国家未来的接班人和建设者，维护国家安全意识是不可缺失的公民素养，要牢固地培植中小学生的国家安全意识，要强化教育引导、实践养成、制度保障，通过形象化、情感化、榜样化的方式引导青少年主动学习国家安全知识。国家安全知识的教育和宣传普及应突出思想内涵，尽可能做到生动形象，使学生能够把学习教育成果转化为爱国报国的实际行动。国家安全教育需深入开展国情教育和形势政策教育，要引导学生关注国家安全，及时利用社会热点、国家大事、身边重要事项开展实践活动。同时，也要注意健全创作激励与宣传推介机制，提供寓教于乐的优秀青少年文化精品，帮助学生建立关心国家安全、维护国家安全的生活方式和思维方式。

第二，确保评价活动覆盖到每一所学校、每一个班级、每一位学生。

宣传总体国家安全观，应形成各个学段的特色和可被借鉴推广的成果，提高国家安全教育的科学性和有效性，同时要做好数据汇总，做好资料保存。国家安全教育需要学生在知识素养、思想素质、政治素质、心理素质和行为素质方面达到既定要求，从而成长为社会主义合格建设者和可靠接班人，成长为能够担当民族复兴大任的时代新人。要突出政治启蒙和价值观塑造，充分发挥共青团、少先队组织的育人作用，推动国家安全教育融入贯穿国民教育和精神文明建设全过程。国家安全教育的最佳效果就是做到润物无声，把基本要求和具体实际结合起来，把全面覆盖和突出重点结合起来，遵循规律、创新发展，注重落细落小落实，做到日常经常平常。

第三，精心组织，充分认识国家安全教育的重要性和必要性，增强青少年的国家认同、政治认同。

抓住时机从中小学生认知水平和身心特点出发，对学生维护国家安全、利益的想法和行为进行适当奖励，将维护国家安全与利益在学生心中具体化、神圣化，从而在潜移默化中激励学生自觉形成维护国家安全和利益的意识，不做有损国家利益的事情，引导每个人都要从一点一滴的小事出发来维护国家安全和利益。同时，要广泛开展先进典型、英雄模范学习宣传活动，唤起青少年对过去的记忆，引导中小学生从小努力学习，增长维护国家安全的本领，长大愿意投身维护国家安全的专门工作。

本章小结

本章主要探讨了中小学国家安全教育的实现路径，中小学国家安全教育需要政府、学校、家庭和社会的共同参与、积极配合。学校教育是主渠道、主阵地，社会则提供了丰富的教育资源。中小学国家安全教育的实现路径应该坚持"系统设计、整体谋划，尊重规律、注重实效，部门联动、协同推进"的工作原则，坚持党的领导权、主动权和管理权，做好顶层设计和长远规划，因事而化、因时而进、因势而新，构建国家安全教育体系，为实现"两个一百年"奋斗目标、实现中华民族伟大复兴的中国梦提供坚实的国家安全教育保障。

理解反思探究

1.怎样才能设计出多样的、各具特色的、有效的国家安全教育地方课程和校本课程?

2.如何根据不同学段学生的特点设计科学、合理的国家安全教育内容?

3.在国家安全教育过程中,如何充分发挥家庭、学校、社会三者的力量?

4.国家安全教育中,各学科与思想政治课的协同效应如何实现?

5.在依托学生组织开展形式多样的国家安全教育主题活动的同时,如何开发体现国家安全教育要求的音乐、美术、戏剧、影视、动漫等作品?

拓展阅读导航

1.张金海,马振超,朱旭东,等.总体国家安全观研究的系统性文献综述[J].情报杂志,2020(05).

2.李文良.国家安全:问题、逻辑及其学科建设[J].国际安全研究,2020(04).

3.马振清,修丽.中小学国家安全意识教育的问题与对策[J].中国德育,2015(04).

4.刘跃进.非传统的总体国家安全观[J].国际安全研究,2014(06).

5.赵庆寺.新时代高校国家安全教育的理念、逻辑与路径[J].思想理论教育,2019(07).

6.张振声,沈小龙.中小学国家安全意识教育的定位与方式[J].中国德育,2015(04).

7.谢卓芝,谢撼澜."总体国家安全观"研究综述[J].理论视野,2016(05).

8.卢静.习近平为何要提出总体国家安全观[J].人民论坛,2017(29).

第七章 中小学国家安全教育的机制保障

 内容提示

中小学国家安全教育作为促进社会和谐稳定发展的关键环节、提升青少年群体国家安全意识的重要途径,需要规范化、系统性的机制保障,以确保中小学国家安全教育的有效开展、落细落实。本章结合我国基础教育改革和发展的需要,将切实维护国家安全作为出发点,通过对中小学国家安全教育体制机制建设经验范式的全面总结,对法律法规政策保障、组织领导和督导检查、专业指导以及师资队伍建设等四个方面的深入探讨,形成了关于中小学国家安全教育机制保障的完整论述。

 目标学习

了解中小学国家安全教育的法律法规和有关文件;理解中小

学国家安全教育坚持党的领导原则,以及在此基础上的组织机制和督导检查方式;掌握中小学国家安全教育咨询指导和专业服务的体系、对象、方式等要素;了解当前学界对于中小学国家安全教育的研究现状;将所学所悟应用于中小学国家安全教育师资队伍建设的实践中去。

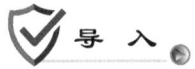

面向中小学生进行的国家安全教育是在何种机制中平稳施行的?我国又遵循了什么原则并运用何种方式和手段积极推进国家安全教育在中小学展现出生机与活力?一支政治上过硬、理论上专业、业务上精通的骨干教师队伍又能够为中小学国家安全教育作出哪些贡献?我们可以从本章中进行探究、分析和总结。

对中小学生进行国家安全教育的主要任务是提高中小学生的国家安全意识和维护国家安全的能力,增强其自觉担当维护国家安全的使命感。对中小学生进行国家安全教育需要经历一个系统的教育过程和漫长的自省内化阶段,这就需要建立一个全方位、宽领域、多层次的有效机制来作保障。既要有法律法规等政策保障,还要有组织领导、督导检查、专业指导、师资队伍建设以及具体的课时保障。

第一节 中小学国家安全教育的法律法规政策保障

与国家安全相关的法律法规是在中小学阶段落实国家安全教育

的重要保障，各类政策制度所体现的精神和原则也是对中小学生进行国家安全教育必须遵循的基本准则。在落实好中小学国家安全教育的过程中，必须不断建立健全国家安全教育的法律法规体系，切实加强合理有效政策的制定和实施力度，助力中小学生树立正确的国家安全观念。

一、《中华人民共和国国家安全法》

法律是治国之重器，良法是善治之前提。《中华人民共和国国家安全法》是依据《中华人民共和国宪法》制定的，在政治、经济、文化、军事等各个方面对国家安全领域作出了总体规划，深入学习了解其立法背景、颁布实施、主要内容和重要意义是加强中小学生国家安全教育的重要保障。

（一）《中华人民共和国国家安全法》的立法背景

当今时代，世界正经历百年未有之大变局，全球范围内的不稳定性和不确定性体现在社会生活的方方面面。各国面临的国家安全威胁逐渐增多，除传统的军事安全问题外，经济安全、金融安全、生态环境安全、信息网络安全、资源与能源安全、粮食安全、生化武器与核武器扩散、恐怖主义活动、危险传染病蔓延、跨国犯罪、走私贩毒、非法移民等非传统安全问题日益突出，呈现出传统安全问题与非传统安全问题、国内安全问题和国际安全问题相互交织的复杂态势。

维护国家安全和社会稳定是改革发展的前提。当前，我国正处在全面建成小康社会、全面深化改革、全面依法治国、全面从严治党的重要时期，面对复杂多变的安全和发展环境，各种可以预见和难以预见的风险因素明显增多，维护国家安全和社会稳定的任务艰巨繁重。当我们面临对外维护国家主权、安全、发展利益，对内维护政治安全和社会稳定的双重压力时，各种可以预见和难以预见的风险因素明显增多，而我们的安全工作体制机制还不能完全适应维护国家安全的需要。同时，伴随国家治理体系和治理能力现代化与全面依法治国的深入推进，国家安全治理法治化的生动实践在中国特色社会主义现代化进程中扮演的角色愈发重要。为此，党和国家高度重视国家安全问题，统筹安排重点工作，不断加大对维护国家安全所需要的物质、技术、法律、人才、机制等保障方面的建设，以更好适应国家安全工作的需要。

（二）《中华人民共和国国家安全法》的制定出台

2013年11月12日，党的十八届三中全会决定成立中央国家安全委员会，统筹协调涉及国家安全的重大事项和重要工作。2014年4月15日，中共中央总书记习近平主持召开中央国家安全委员会第一次会议，系统论述了总体国家安全观，强调当前我国国家安全内涵和外延比历史上任何时候都要丰富，时空领域比历史上任何时候都要宽广，内外因素比历史上任何时候都要复杂，必须坚持总体国家安全观，以人民安全为宗旨，以政治安全为根本，以经济安全为基础，以军事、文化、社会安全为保障，以促进国际安全为依托，走出一条中国特色国家安全道路。总体国家安全观作为中国特色国家安全思想发展的重要里程碑，对于国家安全的价值意义重大。2014年10月20日，党的十八届四中全会提出了全面依法治国总目标，即建设中国特色社会主义法治体系，建设社会主义法治国家，对国安全法治化建设提出现实要求。2015年1月23日，中共中央政治局召开会议，审议通过《国家安全战略纲要》，提出在坚持正确义利观的基础上，实现全面、共同、合作、可持续安全，在切实维护我国利益、进一步参与地区和全球治理的同时，谋求世界各国共同繁荣。《国家安全战略纲要》的通过，是国家安全法治化的重要一步，为《中华人民共和国国家安全法》的颁布奠定了坚实基础。2015年7月1日，第十二届全国人民代表大会常务委员会第十五次会议通过《中华人民共和国国家安全法》。这是我国首部国家安全基本法，为我国的国家安全立法提供了一部综合性范本，以法律的形式确立了"总体国家安全观"在国家安全领域的指导地位。该法律对包括政治安全、国土安全、军事安全、文化安全等在内的多个领域的国家安全任务进行了明确，更好地适应了我国国家安全面临的新形势和新任务，为实现国家治理体系和治理能力现代化、推进国家安全工作迈上新台阶、实现国家和社会的长治久安提供了重要法律保障。

（三）《中华人民共和国国家安全法》的主要内容

《中华人民共和国国家安全法》（以下简称《国家安全法》）共七章，由总则，维护国家安全的任务，维护国家安全的职责，国家安全制度，国家安全保障，公民、组织的义务和权利以及附则构成。全文分为八十四条细则，就什么是国家安全、为什么要高度重视国家安全、如何开展国家安全工作等一系列问题作出了系统性规定。

1.明确了国家安全的含义和国家安全工作的指导思想。《国家安全法》明确指出，国家安全是指国家政权、主权、统一和领土完整、人民福祉、经济社会可持续发展和国家其他重大利益相对处于没有危险和不受内外威胁的状态，以及保障持续安全状态的能力。就指导思想而言，国家安全工作应当坚持总体国家安全观，以人民安全为宗旨，以政治安全为根本，以经济安全为基础，以军事、文化、社会安全为保障，以促进国际安全为依托，维护各领域国家安全，构建国家安全体系，走中国特色国家安全道路。

2.规定了国家安全工作应当遵循的基本原则。一是坚持党的绝对领导，服从服务于党的基本路线；二是坚持法治和保障人权原则，做到依法办事、依策执行；三是坚持维护国家安全与经济社会发展相协调，统筹各领域安全；四是坚持促进共同安全；五是坚持预防为主、标本兼治、专群结合等原则。

3.确立了维护国家安全需要落实的各项任务。深入贯彻以人民为中心的发展理念，将维护国家安全与实现人民幸福有机结合起来。依托国家安全委员会，将维护国家政治安全、国土安全、军事安全、经济安全、文化安全、社会安全、科技安全、网络安全、生态安全、资源安全、核安全、海外利益安全、太空安全、极地安全、深海安全等各方面安全以法律形式落到实处。

4.确立国家安全工作机制和保障体系。由中央国家安全领导机构制定国家安全工作体制机制，完善相关保障体系，切实推进督促检查、责任追究、各部门协同联动、情报信息收集研判、安全风险预警评估等重点工作，确保坚持贯彻国家安全重大战略部署。

5.明确我国公民、组织的权利和义务。《国家安全法》规定：

中华人民共和国公民、一切国家机关和武装力量、各政党和各人民团体、企业事业组织和其他社会组织，都有维护国家安全的责任和义务。中国的主权和领土完整不容侵犯和分割。维护国家主权、统一和领土完整是包括港澳同胞和台湾同胞在内的全中国人民的共同义务。任何公民、组织都不得危害国家安全、伤害国家利益、破坏国家领土主权完整。同时，《国家安全法》还规定了公民和组织的一般性权利与义务，机关、人民团体、企事业组织和其他组织教育动员工作人员防范制止危险行为等应尽义务。

（四）《中华人民共和国国家安全法》的重要意义

首先，《国家安全法》的颁布奠定了国家安全立法的坚实基础，完善了国家安全法律体系。1993年颁布的《国家安全法》主要针对我国反间谍领域作出规定，所以长久以来，我国一直缺乏一部系统性法律对国家安全领域各项问题提供法律依据。国家安全各领域面临专业度高、范围广泛、特点鲜明的现实状况，其审查标准、工作任务、保障措施、相互关系各有不同。因此，我国迫切需要一部综合性基本法统筹协调各领域和有关责任部门。《国家安全法》作为国家安全法律体系的重要基石，其通过与实施，对于创新发展立法模式，践行压实立法经验，促进国家安全立法逐步迈向完善与成熟具有基础性意义。

其次，《国家安全法》的颁布为全方位健全国家安全体系结构性建设提供了法律依据，实现了国家安全战略的法制化。面对当前复杂严峻的国际国内安全态势，从实际出发，依托全局性、综合性法律构建符合我国具体国情的国家安全工作"领导—协调"体制机制，明确规定国家机关各类职权和相关任务，健全由情报采集分析、风险评估预警、审查协调监管和危机预防管控等四大方面共同构成的国家安全体系，以保证对国家安全面临新形势、新任务的深入适应和有效应对。

再次，《国家安全法》的颁布有利于在全社会形成自觉维护国家安全的良好风气，助力提升全党全国人民国家安全意识。习近平总书记在国家安全工作座谈会上指出，我们正在推进具有许多新的历史特点的伟大斗争、党的建设新的伟大工程、中国特色社会主义伟大事业，时刻面对各种风险考验和重大挑战，国家安全在党和国家工作全局中的重要性日益凸显。《国家安全法》的颁布为全党全国人民认识当前我国面临的安全态势、厘清维护国家安全的责任与义务提供法律支撑，引导人民将追求美好生活的努力融入推进维护国家安全稳定的伟大事业中，形成强大思想合力。

最后，《国家安全法》的颁布对于完善中国特色社会主义法治体系建设，推动建设社会主义法治国家具有重要意义。党的十八大以来，党和国家高度重视并强调运用法治思维和法治方式处理国家安全问题，《国家安全法》的制定、出台深刻践行了"国家安全建设法治化"理念，有效整合较为分散的国家安全战略，为国家治理现代化提供了有力支撑。在当前复杂多变的安全发展环境中，国家安全治理作为我国治理体系的重要组成部分，其全面性、系统性实施的要求不断提升。《国家安全法》就重大国家安全问题的预警、应对、管控在法律层面加以规范，为落实中国特色社会主义伟大实践，实现"两个一百年"奋斗目标和中华民族伟大复兴的中国梦提供牢固安全保障。

二、国家安全相关法律法规

当前，我国国家安全工作面临的状况相当复杂。因此，我们必须深入学习了解国家安全相关法律法规。我国国家安全相关法律法规具有形式全、类型多的重要特点。以国家安全领域为标准进行划分，可将其分为国家安全刑事法、国家安全行政法和其他国家安全相关法三大类。

（一）国家安全刑事法

此类规定散见于综合性或单行性的刑事法或其他法律中。如《中华人民共和国刑法》，由于在该法中规定的各类严重侵犯公民人身权利、挑战党和政府权威及执政的合法性、对国家和社会的稳定和谐造成恶劣影响的罪行在事实上危害国家安全，故《中华人民共和国刑法》也被置于国家安全法律体系之中，于1979年7月在第五届全国人大第二次会议上通过，并于1997年修订完善。在第二编分则第一章中，就明确了"危害国家安全罪"，分为背叛国家罪、分裂国家罪、颠覆国家政权罪、叛逃罪、资敌罪、间谍罪等十余种严重危害国家安全的违法犯罪行为，同时作出了与境外勾结的处罚以及危害国家安全罪适用死刑、没收财产的相关规定；对分则第七章"危害国防利益罪"以及第十章"军人违反职责罪"等严重危害国家军事安全和国防安全的犯罪行为依法进行处罚。又如《中华人民共和国反分裂国家法》，于2005年3月在第十届全国人大第三次会议上通过并实施。该法为维护国家领土主权完整提供了坚实的法律保障，为国家在实现统一过程中和国家实现统一后，惩戒"台独"分裂势力提供强有力的刑事责任根据，也在维护台海和平稳定、推进祖国和平统一中发挥重要作用，切实保证我国核心利益和国家安全不受侵犯。我国是一个多民族国家，处理好民族问题一直是维护国家安全的重要抓手，我国专门出台《中华人民共和国民族区域自治法》，推动形成平等团结互助和谐的民族关系，将民族区域自治建立在国家安全统一的重要基础之上，推动社会主义现代化建设事业蓬勃发展。除全国人大及其常委会制定的在全国范围内普遍适用的法律以外，还有专门为特别行政区实现安全、和谐而制定的法律法规，如《全国人民代表大会关于建立健全香港特别行政区维护国家安全的法律制度和执行机制的决定（草案）》《中华人民共和国香港特别行政区维护国家安全法》《中华人民共和国澳门特别行政区维护国家安全法》等，此类法律对于防范、制止和惩治任何企图分裂国家、颠覆国家政权、施行恐怖活动、勾结境外势力危害国家安全的违法犯罪行为具有重要意义。我国依托上述各项法律法规，确保特区政府履职尽责，坚决维护国家安全，保障特区人民生命财产安全和依法享有的各项权利，为特区稳定发展保驾护航。

（二）国家安全行政法

国家安全行政法涉及领域广泛，包含国家秘密、国家情报、网络安全、人员物品出入境管理、境外人员和组织在境内活动的管理、与国家安全相关的行政强制措施、反邪教等多项内容。如《中华人民共和国反间谍法》及以此为根据而制定的《中华人民共和国反间谍法实施细则》，进一步推进我国反间谍工作的规范化、制度化和法治化。该法在隐蔽战线贯彻了总体国家安全观，对防止和惩治间谍行为、维护国家安全起到不可替代的作用。在《中华人民共和国保守国家秘密法》及以此为根据而制定的《中华人民共和国保守国家秘密法实施条例》中，确定了国家保密工作实行的积极防范、突出重点、依法管理的方针，为机关、单位保密工作职责以及国家机密确定、保密和监管等方面的规定提供了法律指导与法律依据。《中华人民共和国国家情报法》对维护国家安全和利益，防范和化解危害国家安全的重大风险具有重要意义。在《中华人民共和国反恐怖主义法》中，就加强反恐怖主义工作，防范和惩治恐怖主义活动时应注重的恐怖主义组织和人员认定、安全防范、情报信息、调查、应对处置等十个方面的内容作出规定，对维护国家安全、公共安全和人民生命财产安全具有重要意义。在《中华人民共和国网络安全法》中，我国从保障网络产品和服务安全、网络运行安全、网络数据安全、网络信息安全等方面进行了制度设计，制定了法律规范。该法的施行进一步完善了国家安全法律体系，维护了网络空间主权和国家安全，推动经济社会持续健康发展。在《中华人民共和国密码法》中，我国从普通密码和核心密码、商用密码、法律责任等方面强调了密码事业对于国家安全发挥的独特作用。该法维护国家安全、社会公共利益和各行为主体合法权益，明确提出密码工作要坚持总体国家安全观。中央密码工作领导机构担负制定重大方针政策、统筹重要工作事项的职责，推进国家密码法治建设。《中华人民共和国境外非政府组织境内活动管理法》指出要在登记和备案、活动规范、便利措施、监督管理等多个环节严格把关，在不危害我国国家安全和国家利益的前提下，积极引导境外非政府组织在境内进行有益于中外交流合作的各类活动。《中华人民共和国国防教育法》强调要通过开展国防教育，使公民增强国防观念，掌握基本的国防知识，学习必要的军事技能，激发爱国热情，自觉履行国防义务，建设和巩固国防基础，增强民族凝聚力。另外，如《中华人民共和国数据安全法（草案）》已由第十三届全国人大常委会第二十次会议进行了审议。以上法律都将不断推进完善我国国家安全的法律体系。

（三）其他国家安全相关法

在国家安全刑事法和国家安全行政法之外，还有诸多与国家安全相关的法律法规。如《中华人民共和国矿产资源法》，对我国矿产资源所有权的厘定，登记审批和勘查开采做出了系统性、制度性的法律规定，保证社会主义现代化建设当前和长远需要，对保障我国资源安全具有重要意义。又如《中华人民共和国核安全法》，从核设施安全、核材料和放射性废物安全、核事故应急等角度出发，将保障核安全以法律的形式确定下来，以安全利用核能为准绳，最大限度保护公众和从业人员的安全与健康，维护国家安全，促进可持续发展。在《中华人民共和国军事设施保护法》中，明确规定了军事禁区、军事管理区及军事设施的保护制度，保证其使用效能和军事活动的正常进行，加强国防现代化建设，维护我国国防安全。

此外，还有大量有关国家安全的法律和行政法规、地方性法规、部门规章和地方政府规章等。本书着重探讨国家安全基本法和各类专门性立法，故对上述内容庞杂的法律法规不再专门论述。

三、加强大中小学国家安全教育的有关文件

为深入贯彻总体国家安全观，培育中小学生国家安全意识，强化责任担当，提高其维护国家安全的能力，党中央和教育部历来重视针对青少年群体的国家安全教育工作，下发了数个关于加强大中小学国家安全教育的有关文件，不断完善中国特色国家安全教育体系。

2007年2月7日，教育部制定的《中小学公共安全教育指导纲要》，经国务院同意转发实施。该文件旨在进一步加强中小学公共安全教育，增强中小学生公共安全意识。通过指导如何预防和应对社会安全、公共卫生、意外伤害、网络、信息安全、自然灾害以及影响学生安全的其他事故或事件，增强中小学生保护自身生命安全的专业技能，引导该群体建立起维护社会公共安全的思维意识，使其能够正确处理个人安全、社会安全和国家安全之间的关系。该文件要求开展公共安全教育必须因地制宜、科学规划，遵循中小学生心理生理发展的客观规律，分学段、分模块循序渐进地设置具体教育内容。

党的十八大以来，中国特色社会主义进入新时代。时代条件的变迁，对大中小学国家安全教育的落实提出了更高要求。为落实党中央有关文件精神和"将国家安全教育纳入国民教育体系"的法定要求，《教育部关于加强大中小学国家安全教育的实施意见》（以下简称《实施意见》）强调要深刻认识加强大中小学国家安全教育的重要性、准确把握加强大中小学国家安全教育的总体要求、全面落实加强大中小学国家安全教育的目标任务。阐明大中小学国家安全教育要重点完善教育体系，对各学段学生参与维护国家安全

实践提出更加契合实际的要求；要研究开发国家安全教育教材，明确教材编辑审查原则，通过当前课程设置的探索和国家安全教育的要求，依据实际情况不断修订完善相关教材，将国家安全意识贯彻教材编审、评选和奖励全过程；推动国家安全学学科建设，设立国家安全学一级学科，依托普通高校和职业院校优势平台，充分调动教师和青年学生积极性，开展国家安全学相关科研项目，为国家安全教育的实施寻求理论支撑；改进国家安全教育教学活动，将国家安全教育纳入国民教育体系，以课堂教学为主线，依托学校社团组织，借助多样化手段进一步改进教育教学方式方法，开展系列特色活动，不断提升国家安全意识在学生群体中的影响力；推进国家安全教育实践基地建设，统筹利用现有资源遴选建设一批综合性、专题性实践教育基地，为国家安全教育实践提供专业化场所，保障教学质量；丰富国家安全教育资源，建立国家安全教育案例库，分类分级开发在线课程，通过编写读本和开发音乐、美术、戏剧、影视作品等手段不断增强国家安全教育的感召力，推动国家安全意识入脑入心；加强国家安全教育师资队伍建设，全面开展教育教学培训，打造一支以专业教师为骨干、专兼结合的国家安全教育师资队伍；建立健全国家安全教育教学评价机制，强化对学校、学校内设机构、教师和学生在国家安全教育方面的考核评估。此外，在《实施意见》中也阐释了大中小学国家安全教育在组织领导、业务指导、教育督导和经费投入等方面的组织保障要求。

  为指导大中小学国家安全教育更好地实施，根据《实施意见》，教育部组织制定《大中小学国家安全教育指导纲要》（以下简称《指导纲要》）。《指导纲要》指出：在贯彻落实宪法和国家安全法的精神原则的基础上，各教育管理部门应当分阶段切实提出合理教育目标、构建完整学科架构、设置有效教学内容。在小学教育阶段，学生要学习掌握国家安全基本常识，充分涵养其爱国主义情怀及国家安全意识萌芽；在中学教育阶段，学生要学习了解国家安全有关知识，充分了解国家安全现状，初步适应维护国家安全能力培养体系；在大学教育阶段，学生要系统完整地接受学习训练，增强维护国家安全能力，将责任感与使命感深深熔铸于维护国家安全的伟大事业中。我们要善于运用符合中国特色社会主义发展要求与适应当前青年成长特点的教育方法指导国家安全教育工作的持续开展、落细落实。

第二节 中小学国家安全教育的组织领导和督导检查

国泰民安是人民群众最基本、最普遍的愿望，要保证人民安居乐业，国家安全是头等大事。深入开展国家安全宣传教育，切实增强全民的国家安全意识，必须要坚持党对国家安全工作的领导，这是做好国家安全工作的基本原则；必须要建立健全国家安全教育组织机制，形成教育行政部门主导、其他部门协作、学校组织实施的工作格局；必须要完善对中小学国家安全教育实施、评价的督导检查机制。

一、坚持党对国家安全工作的绝对领导

国家安全是安邦定国的重要基石，国家安全工作既是中国特色社会主义事业的重要组成部分，也是建设中国特色社会主义事业的坚强保障。坚持党对国家安全工作的绝对领导必然成为国家安全工作的根本政治原则，也是中小学教职工落实立德树人的根本任务、培养担当民族复兴大任的时代新人的基本遵循。

（一）坚持党对国家安全工作的绝对领导是根本政治原则

坚持党对国家安全工作的绝对领导具有极端重要性。究其根本，是因为中国共产党是中国特色社会主义事业的领导核心，坚持党对国家安全工作的绝对领导，是做好国家安全工作的根本原则。

第一，坚持党对国家安全工作的绝对领导，是由国家安全工作的政治属性决定的，关系到社会主义的前途命运。

党是最高政治领导力量，是马克思主义政党学说的基本原则，也是对党领导革命、建设和改革历史经验教训的深刻总结。中国共产党的领导是中国社会历史发展的必然要求，是中国人民选择、拥护的结果，是党和国家的根本所在、命脉所在，是全国各族人民利益所系、幸福所系。

当前，随着改革的不断深化、对外开放的不断扩大，我们面临更加复杂多变的国内外环境，各种思想文化愈发激荡，各种矛盾愈加交织，各种可预见和难以预见的风险因素明显增多。机遇与挑战并存，困难与风险俱在，国家安全形势更加错综复杂，维护国家安全和社会稳定的任务艰巨繁重。我国要顺应浩浩荡荡的历史潮流，承担自己的历史责任，应对和战胜前进道路上的各种风险和挑战，保持经济持续健康发展、社会大局稳定，实现"两个一百年"奋斗

目标，实现中华民族伟大复兴，关键在党，关键在坚持党对国家安全工作的绝对领导。

第二，坚持党对国家安全工作的绝对领导，才能使国家安全工作始终保持正确的政治方向，关系到国家长治久安。

适逢百年未有之大变局，我国正处在一个大有可为的历史机遇期。当前，我国面临的发展形势总体上是好的，但是前进的道路上注定会有艰难险阻。我们越是取得成绩的时候，就越是要如履薄冰般谨慎，越是要有居安思危的忧患意识。面对波谲云诡的国际形势、复杂敏感的周边环境以及艰巨繁重的改革发展稳定任务，我们必须清醒地看到，新形势下我国国家安全和社会安定面临的威胁和挑战增多，特别是各种威胁和挑战联动效应明显。只有坚持党对国家安全工作的绝对领导，确保党始终总揽全局、协调各方，方能真正统筹发展和安全，研判风险、化危为机，抓住当今世界新一轮大发展大变革大调整的关键时期，在世界百年变局这样一个波澜壮阔的时代迎头而上，实现中华民族伟大复兴的中国梦。

（二）切实加强党对国家安全工作的绝对领导

新时代以来，国家安全形势不断复杂化，我们要继续进行具有许多新的历史特点的伟大斗争，准备战胜一切艰难险阻，朝着我们党确立的伟大目标奋勇前进，这就对国家安全工作提出了新的更高要求。必须从提高党的执政能力建设的战略高度出发，切实加强党对国家安全工作的绝对领导，全面提升维护国家安全的能力和水平。

第一，充分认识坚持党对国家安全工作绝对领导的重要性。

首先，必须认识到党的领导是中国特色社会主义事业最本质的特征。这是党的十八大以来习近平总书记提出的一个重要论断。这一论断符合科学社会主义的基本原则，反映中国特色社会主义的历史经验，适应新时代历史使命的实践要求。只有坚持中国共产党的领导，才能保证国家安全工作始终沿正确方向不断推进。

其次，必须认识到党的领导是中国特色社会主义制度的最大优势。中国特色社会主义是中国共产党领导人民创建的，没有中国共产党的领导，也就没有中国特色社会主义制度，国家安全更是无从谈起。党的领导是充分发挥中国特色社会主义制度优势、推进国家安全工作的根本保障。只有坚持中国共产党的领导，才能充分发挥中国特色社会主义制度集中力量办大事的优势，从而有效应对前进道路上的各种风险挑战。

第二，切实加强党对国家安全工作的集中统一领导。

首先，全体教职员工必须树立"四个意识"，始终坚持党对国家安全工作的集中统一领导。这就要求全体中小学教学科研人员都要在政治上、思想上、行动上同党中央保持高度一致，都要服从党中央集中统一领导，坚持以党的旗帜为旗帜、以党的方向为方向、以党的意志为意志，实现全党思想上统一、政治上团结、行动上一致，确保党中央令行禁止。

其次，必须坚持和完善党在国家安全工作领域的领导体制机制。这就需要不断加强党在中小学的干部队伍建设、党员队伍建设和基层党组织建设。坚持党管干部原则，坚持正确的选人用人标准，培养中小学党员干部、教职员工的专业精神和专业能力，以满足新时代中国特色社会主义的发展和总体国家安全观教育的需要对中小学干部队伍的要求。坚持党管人才原则，努力在中小学中形成人人渴望成才、人人努力成才、人人皆可成才、人人尽展其才的良好局面。为国家安全教育工作培养政治可靠、能力突出的基层组织干部和工作人才。

第三，不断提升党对国家安全工作的领导能力。

中国共产党是世界上最大的政党，要领导14亿人口的社会主义大国，我们党既要政治过硬，也要本领高强。党要切实负担起领导国家安全工作的重任，必须以不断提升自身领导能力为根本保障。

首先，要增强学习本领。面对新时代的新特点、新机遇和新挑战，必须在中小学全体党员干部中营造善于学习、勇于实践的浓厚氛围，带动中小学校园的学习氛围。党员干部也要坚持用习近平新时代中国特色社会主义思想武装头脑、指导实践、推动教育教学工作，既要在学习中提高自身维护国家安全的理论水平，又要在教育教学实践中提升解决问题的新本领。

其次，要增强政治本领。习近平总书记强调，要努力培养担当民族复兴大任的时代新人，培养德智体美劳全面发展的社会主义建设者和接班人，必须用新时代中国特色社会主义思想铸魂育人。面对复杂多变的安全和发展环境，中小学教师队伍必须增强政治意识、核心意识、大局意识、风险意识，站稳政治立场，增强中国特色社会主义道路自信、理论自信、制度自信、文化自信，掌握我国国家安全的大政方针和各项规章制度，明确教师肩负的国家使命和社会责任。

最后，要增强创新本领。进入新时代以来，我国发生了根本的、深层次的历史性变革，取得了全方位、开创性历史成就。但同时也要认识到，我国正经历深刻复杂的变化，国际环境错综复杂、国内改革发展稳定任务艰巨繁重，国家安全面临的压力和风险因素增多。面对国家安全形势变化呈现出的新特点，各级党组织、广大党员和教师队伍要保持锐意进取的精神风貌，进一步解放思想、与时俱进，善于结合实际，创造性推动教育教学工作，不断提高信息化条件下学生管理与培育能力。

二、建立健全国家安全教育组织机制

面对新时期国家安全形势变化新情况新特点，必须切实把总体国家安全观教育落实到教育教学工作实践中去，落实到基层中小学去，努力培养担当民族复兴大任的时代新人，培养德智体美劳全面发展的社会主义建设者和接班人。这就需要不断建立健全国家安全教育组织机制，各地各校要加强组织领导，认真落实学生国家安全教育各项任务要求，定期研究国家安全教育工作，形成党委和政府领导、教育行政部门主导、其他部门协作、学校组织实施的工作格局。

（一）各级党委和政府要贯彻落实党中央关于国家安全教育决策部署

各级党委和政府是维护国家安全的责任主体，肩负着维护国家安全、领导国家安全教育的重要职责。要把思想和行动切实统一到党中央关于维护国家安全决策的部署上来，全面落实加强中小学国家安全教育的目标任务，构建中国特色国家安全教育体系。这就要求各级党委和政府要不断强化落实国家安全教育实施的领导责任，切实抓好实施中小学国家安全教育工作。坚持党对国家安全教育工作的绝对领导，各级党委和政府要发挥好在本地区、本部门国家安全教育的职责，坚决落实实施中小学国家安全教育的各项工作要求。分管领导要强化责任、敢于担当，切实履行好工作职责；其他班子成员要自觉把实施国家安全教育与开展各项业务工作紧密结合，体现在实际行动之中。分层分级落实责任，完善职责分明、责任到人、高效有力的责任体系，做到层层传递压力，层层落实责任。

（二）教育行政部门要统筹协调教育系统各学段国家安全教育工作

各级各地教育行政部门是贯彻落实国家安全教育政策，推动国家安全教育切实落地的重要力量。各地教育行政部门要认真落实学校国家安全教育各项任务要求，会同相关部门，根据时代发展的要求和维护我国国家安全的现实需要，研究制定中小学国家安全教育规划，明确责任主体，建立健全针对各地中小学校国家安全教育工作开展情况、教师队伍建设以及教学效果的立体性的评价体系与考核指标。各地教育行政部门要加强同相关部门的协作配合，坚持以问题意识为导向，定期对国家安全教育工作开展多角度研究，总结经验、整改问题，主动向上级教育部门、本级党委汇报工作情况。

教育行政部门要明确中小学学段国家安全教育的培养目标，要以构建中国特色国家安全教育体系为总抓手，切实把国家安全教育覆盖到中小学学段，融入中小学教育教学活动各个层面。在根据《指导纲要》制定国家安全教育相应的实施办法时，要明确培养社会主义建设者和接班人的根本任务，强化中小学生责任担当与使命担当，帮助中小学生树立共产主义理想，将拥护中国共产党的领导和我国社会主义制度深扎在中小学生心中,使广大中小学生立志成为为共产主义而奋斗的有用之才。

(三)其他部门要加强国家安全教育协作工作

国家安全教育不仅要有党的领导,教育行政部门的实施,也要依赖其他部门的组织协作,配合实施中小学国家安全教育各项工作,形成协调联动的组织机制。

各地各部门要充分发挥国家安全教育资源优势,在教育行政部门的主导下,协同推进国家安全教育实践基地建设。截至2015年10月,中国政策科学研究会国家安全政策委员会已在江苏如东、四川邛崃、北京、山东东营等地主导建立了10个国家安全教育示范基地。各地各部门要结合本地现有资源,继续推动国家安全教育实践基地的建设、升级和改造,增强国家安全教育生动性,拓宽国家安全教育的时空范围,为广大中小学生提供课堂之外的国家安全教育形式,以满足国家安全教育的实践需要和中小学生全面发展的培养要求。

此外,其他部门要积极配合开展国家安全教育宣传工作,会同有关部门、地区指导教育实践基地发挥特色优势,把握好全民国家安全教育日,通过进行多种形式普法宣传、开展主题讲座及主题活动、刊印国家安全宣传教育特色书籍资料等多种形式,增强对中小学生的吸引力和感召力,不断提高国家安全教育、宣传的能力和水平。

(四)各地各校要积极组织实施国家安全教育

各地教育行政部门和学校要通过完善国家安全教育目标管理、实施国家安全教育发展规划,全面提高教育教学工作运行效率,提供多样化、高质量的国家安全教育服务，满足不断丰富的国家安全需求。

首先，要健全校长负责制。校长要对国家安全教育教学和相关行政管理工作全面负责，全面贯彻教育行政部门的国家安全教育方针和政策，妥善安排中小学国家安全教育教学工作，依靠教职工实施好国家安全教育。

其次，广大中小学教师要改进教育教学方式方法，将国家安全教育融入相关学科内容的课堂教学中，切实发挥课堂教学在中小学国家安全教育中的主渠道作用，强化中小学国家安全教育。在课堂教学之外，学校要注重国家安全教育实践活动的开展，依托少先队、共青团等群团组织和学生社团等学生活动团体，结合中小学生身心发展的阶段特点，通过文艺表演、演讲比赛等活动多方式多样化组织开展国家安全教育，使国家安全知识内化于中小学生心中。

同时，要加强积极维护国家安全的社会氛围对中小学生的影响和启迪。各地教育行政部门和学校要充分利用全民国家安全教育日、《国家安全法》颁布实施等重要时间节点，充分利用各地现有资源，组织开展面向中小学生的系列国家安全教育活动。

三、建立健全中小学国家安全教育督导检查机制

教育督导是现代教育治理体系的重要组成部分，是我国教育体系中的重要一环。2018年《教育部关于加强大中小学国家安全教育的实施意见》要求，要开展教育督导，完善中小学国家安全教育督导检查机制。

首先，中小学国家安全教育督导检查主要是根据《国家安全

法》和有关国家安全教育各项方针政策等对教育行政部门和各级各类学校对国家安全教育工作实施开展情况进行监督、检查、评估、指导和帮助，其目的主要在于改进和完善中小学学校管理和国家安全教育教学服务质量，改进教师国家安全教育方式、提升教师教学水平，为中小学生国家安全意识的培育提供良好的环境氛围。

其次，各地教育督导部门要定期开展专项督导，注重将国家安全教育督导检查常态化。主要是在中小学国家安全意识教育的考核评估中必须超脱传统的以考试为主的总结性评价，更加注重加强隐形的对中小学生内心德育的形成性评价。要充分考虑到国家安全教育的特殊性，要将中小学国家安全意识教育的督导检查工作逐步落实为常态化督导，注重督导内涵，制定不断发展的检查标准，将督导检查标准多元化，对学校实施国家安全教育教学效果进行多层次、多角度的督导检查，避免督导检查流于形式。

再次，必须充分认识深化教育督导体制机制改革的重要性和必要性，不断统筹完善国家安全教育督导评价制度。教育督导体制机制改革是推进教育治理体系和治理能力现代化的内在要求。2020年2月中共中央办公厅、国务院办公厅联合印发的《关于深化新时代教育督导体制机制改革的意见》，要求加强教育督导评估的专业化、创新化、科学化，就完善教育督政、督学两方面提出重要意见。强化针对中小学国家安全教育督导检查的督政、督学方面工作，亦是深化新时代教育督导体制机制改革、发挥教育督导作用，全面落实加强中小学国家安全教育的应有之意。一是在督政方面，要统筹构建对地方各级政府的分级教育督导机制，结合实际需要开展督导检查工作，督促省、市、县三级政府切实履行好国家安全教育的职责。同时，要健全教育督导机构设置，加强地方各级政府教育督导职能的履行，理顺教育督导管理体制。负责教育督导的机构要独立行使职能，要加强对学校的督导评价，对中小学国家安全教育工作职责的履行、国家安全教育投入经费的保障进行督导，切实保障中小学生群体接受国家安全教育的权利与义务，并将督导评价结果纳入年度考核指标体系。二是在督学方面，要建立国家统筹制定标准、地方为主组织实施，对学校进行督导的工作机制，指导广大中小学校不断提高国家安全教育教学质量。针对中小学国家安全教育实施的督学工作要不断深入化、常规化，把对学校国家安全教育实施工作的督导看作是长期性的任务，注重督导评估结果过程性与结果性的有机结合，与学校自身以往的成效对比，充分调动学校实施国家安全教育的主动性和创造性，激发其内在原动力。注重对发展性教育督导，在开展督导检查工作时要充分考虑广大中小学校的现实情况，关注不同级别学校之间的个体差异，倡导学校结合自身实际实施国家安全教育，提升学校国家安全教育教学成果。

此外，要加强督导人才队伍建设，提高督导督学人员的国家安全方面的专业素质和能力。督学人员除要具备良好的教育教学管理素养，掌握教育教学相关的理论方法以及本地区的教育难点问题及热点问题，还要具备扎实的国家安全方面的理论知识，掌握总体国家安全观，熟悉熟知中央至地方与教育相关的法律法规、大政方针等相关文件。提高督导督学队伍专业能力，要求督导督学人员能够对学校实施国家安全教育提出有建设性的专业化建议，切实提升中小学国家安全教育质量。

第三节　中小学国家安全教育的专业指导

面对国家安全教育的新形势和新任务，必须切实推进中小学生的国家安全意识教育，提高中小学生国家安全教育效率，这就需要努力构建中小学生国家安全教育和学生德育紧密结合起来的长效机制，建立健全中小学国家安全教育咨询指导体系，推进国家安全教育有效落实；积极开展中小学国家安全教育学术研究研讨，提升教育工作者国家安全教育能力水平；逐步完善中小学国家安全教育评估服务体系，开展科学有效的国家安全教育效果评估。

一、建立健全中小学国家安全教育咨询指导体系

国家安全意识教育有着良好的顶层设计，但在贯彻执行中，许多中小学校对其没有给予足够的重视。当前，国家安全形势有了许多新的特点和挑战，必须不断提升中小学生国家安全教育效果，这就需要建立健全中小学国家安全教育咨询指导体系，对中小学国家安全教育实行有效指导。从教材体系的完善、教学案例的选用等各方面进行指导，切实落实国家安全教育宏观规划。这主要是因为当前用于国家安全意识教育的教材，缺少创新的教育理念和系统的理论内容，许多教学内容和教学案例都是一些"陈年旧事"，偏重于传统的政治、军事、间谍等内容，而对与国家安全关系重大的网络、生态、科技等领域的内容严重匮乏，难以适应新形势下国家安

全意识教育的全方位多层次的要求。在学校的教育教学实践中，学校国家安全意识教育教学模式和方法单调，无论课堂教学还是专家讲座，大多仍单纯以教师讲理论、讲原则为主，多停留在西方国家威胁、军事理论、国家安全法等的课堂灌输和大会宣讲层面，同时对中小学生国家安全教育受教程度的评价仍以传统试卷考核为主，这就使得国家安全意识教育在复杂多变的网络时代显得缺乏时代感与趣味性，与中小学生多元的身心发展需求相脱节，与复杂多变的国内外形势认识需求相去甚远，难以引起中小学生对国家安全问题的强烈共鸣，不利于学生国家安全意识的培养和巩固。这就需要发挥智库作用，凝聚政府、社会力量加强国家安全教育专业指导，为教育工作者提供国家安全教育的方式方法、内容等的咨询指导，提高中小学国家安全教育咨询指导体系系统化、科学化水平。

一方面，要充分发挥智库作用，加强国家安全教育咨询指导的专家队伍建设。高素质、高水准的国家安全教育咨询指导专家队伍是国家安全教育纳入国民教育体系、加强中小学国家安全教育的坚实保障，是连接国家安全教育与中小学教育教学的纽带，是新时代国家安全教育不可缺少的基本要素，其专业性直接影响中小学国家安全教育咨询指导的广度和深度，进而影响到一线教师教育教学效果。通过国家安全相关领域专家的智力服务，为中小学国家安全教育方式方法以及课程建设与改革等方面提供咨询指导。我国可以在深化国家安全领域研究的同时，为推动国家安全教育在中小学的开展提供建议与方案，同时协同指导职业教育培育高素质中小学国家安全教育相关人才与高水平的师资队伍。

首先，国家安全教育咨询指导专家队伍要增强专家队伍的专业素养。专家队伍要对国家安全专业知识有充分的理解和掌握，能够把握好我国国家安全形势变化的新特点新趋势，真正认识到国家安全工作的极端重要性，深入理解习近平总书记提出的总体国家安全观的丰富内涵和重大意义，强化国家安全观教育的使命担当与责任担当。其次，咨询指导专家队伍要增强对中小学国家安全教育教学的适应与把握。国家安全教育进入中小学课堂要接地气、要适应中小学生身心发展程度与可接受度，通过多种形式生动活泼地开展国家安全教育，切实增强中小学生国家安全意识、提高中小学生维护国家安全能力，真正使国家安全内化于心、外化于行。

另一方面，要继续完善中小学国家安全专业指导体系，建立健全中小学国家安全教育咨询指导机制。确立与完善中小学国家安全教育专家咨询指导机制是充分发挥国家安全专业专家队伍咨询指导作用、确保国家安全教育真正深入中小学课堂的机制保障。在中小学国家安全专业指导相关工作中，良好的咨询指导机制能够对国家安全教育深入中小学课堂起到全局性、长远性的作用，对打造以专业教师为骨干、专兼结合的国家安全教育师资队伍意义重大。

国家安全意识教育的特殊性与中小学生的身心发展特点决定了中小学国家安全教育方式方法的灵活性，也决定了在指导中小学国家安全教育工作与解答相关疑问时，其方式方法的多样化与指导答疑的多角度化。要全方面、多层次、多角度地完善中小学国家安全专业指导体系，拓宽中小学国家安全教育咨询指导渠道，多元化地开展中小学国家安全教育咨询指导。不断促进完善中小学国家安全教育的方法、流程、步骤，与时俱进地开展中小学国家安全教育咨询指导，利用互联网等技术多渠道地开展中小学国家安全教育答疑、指导等活动，营造良好的国家安全教育社会环境。

二、积极开展中小学国家安全教育学术研究研讨

党和国家一贯重视中小学生的国家安全意识教育，先后制定和印发了一系列包括国家安全意识教育在内的文件和指示。广大学者也围绕这些文件和指示，结合国内安全教育实际进行了卓有成效的研究。

首先，学者们从不同角度阐述了什么是总体国家安全观。何怀远从总体国家安全观的横向范围来理解，把非传统国家安全观的内容融入总体国家安全观，认为总体国家安全观是一种全面安全观：不仅包括领土安全、主权安全等传统国家安全观，还包括经济安全、金融安全、信息安全等非传统安全观。刘跃进从总体国家安全观的纵向范围来理解，认为总体国家安全观不仅突破了国家安全，而且还超越了本国安全，把本国安全与他国安全及整个人类的安全联系起来进行思考。

其次，国内学者也就我国国家安全教育的现实状况开展了研究。2019年11月，上海政法学院会同多部门、多所高等院校，举办了"国家安全学学科建设与中小学国家安全教育"学术研讨会，围绕国家安全学学科建设和中小学国家安全教育的相关议题进行讨论。在具体的学术研究方面，丁磊认为，拓新国家安全教育的路径，总体思路应是主渠道和多渠道并行。在发挥中学思想政治课主渠道、主阵地作用的同时，还要通过实践类活动、组织类途径拓展新路，以及注重利用网络平台等传媒类途径开展国家安全教育活动。由此也可以看出，中小学国家安全教育仍需继续开拓，同时注重信息化时代对中小学国家安全教育的影响。马振清认为现阶段我国中小学国家安全教育存在国家安全意识教育的战略地位重视不够、政策制定与教育实践相脱节以及国家安全意识教育的有效机制尚未建立等主要问题，同时他从理论认知、情感共鸣、实践体验三个维度出发，提出"中小学国家安全教育需系统学习理论知识提升认知水平""以爱国主义强化国家安全意识的情感认同""重视实践教育环节实现国家安全意识的体验式教学"以及"延伸教育效果，占领国家安全意识教育的网络阵地"等加强中小学国家安全教育的四种对策。

总体来看，当前学界对国家安全意识的定义、内容、现状以及对策等的研究较多。但国家安全学学科论证、建设和中小学生国家安全教育研究与教学实施方面仍处于讨论和摸索试验阶段，还不能满足新时代社会发展的需要，仍需进一步拓展和深化。这就要求充分发挥智库在中小学国家安全教育学术研究方面的引领作用，设立区域性国家安全教育研究协同创新中心，不断优化宣教方法和设计，进一步厘清国家安全教育与法治教育的关系，进一步建设国家安全教育教学资源库，进一步完善国家安全教育的制度支持和保障措施建设。

最后，重视高等院校在国家安全学术交流研讨中的作用。2015年5月，中国人民大学成立"国家安全研究中心"，致力于总体国家安全理念下的各种风险与危机治理问题研究。2019年4月，为提升国家安全教育和学科建设水平，华东理工大学揭牌成立"国家安全研究中心"，整合学校国家安全相关的学科资源、积极开展国家安全理论和实证研究。面对新时代新局面下总体国家安全观的需求，必须进一步发挥高等院校在国家安全教育研究研讨方面的平台作用，完善中小学国家安全教育学术体系构建，以高等院校带动中小学国家安全教育学术研究研讨的开展。要依托高校组织开展相关学术研究、研究人才培养等工作，在完善中小学国家安全教育学术研究体系与国家安全教育人才培养体系的同时，加强同中小学的对接工作，定期组织教育师资培训，使国家安全教育学术研究的引领作用落到实处，不断助推中小学国家安全教育教学工作。

三、逐步完善中小学国家安全教育评估服务体系

教育评估服务是加强中小学国家安全意识培育的重要推动力量，也是提升中小学国家安全教育质量的重要途径，是建设高素质中小学国家安全教育教师队伍的重要保障。为评估中小学国家安全教育是否达到预期成效，要统筹建立国家安全教育评价体系，加强对教职工教育水平以及相关单位中小学国家安全教育工作情况的考察评价、加强对中小学生国家安全意识和维护国家安全能力的评价。这就需要建立起机构评价、方案评价、人员评价于一体的评价机制。

中小学国家安全意识教育是中小学思想政治教育的重要组成部分，对中小学生国家安全教育效果的评价既要关注学生对国家安全

理论知识的掌握，又要关注学生国家安全意识的形成和维护国家安全能力的提升。这就需要逐步完善国家安全教育效果评估体系，建立评价形式丰富、评价手段多元的效果评估体系。

一方面，评价形式丰富多样，能够进一步增强国家安全教育的实效性。因此，针对国家安全教育育人性的特点，要注意在对中小学生国家安全教育教学效果评估知、情、意、行等方面的规定性，加强人文精神的培养。在中小学生中要弘扬爱国主义主旋律，厚植爱国主义情怀，把爱国情、强国志、报国行自觉融入坚持和发展中国特色社会主义事业、建设社会主义现代化强国、实现中华民族伟大复兴的奋斗之中。小学生应了解国家安全基本常识，增强爱国主义情感，具有热爱家乡、热爱祖国、热爱社会主义的深厚感情；中学生应深怀热爱祖国的情感态度，掌握国家安全基础知识，增强国家安全意识，增强文化自信，坚定民族自尊心、自信心、自豪感。

另一方面，中小学国家安全教育多样性的特征也决定了效果评价需要多元、多样、多层次地进行。通过爱国主义教育、民族精神教育等方向性教育，要对中小学生在成长过程中是否逐渐具备国家安全意识进行评估评价；通过国情教育、国防知识教育等认知性教育，要对中小学生是否获得与国家安全相关的知识、信息和维护国家安全基本经验进行评估评价；通过社会责任感教育、国家安全法教育等规范性教育，要对中小学生是否明确自己对国家、社会的责任与义务进行评估评价；通过心理教育、危机应对教育等实践性教育，要对中小学生是否具有识别危害国家各方面安全行为的能力以及是否具有维护国家重大利益的意识进行评估评价。

第四节　中小学国家安全教育的师资队伍建设

当前，我国国家安全工作艰巨繁重，但国家安全教育仍未适应各类风险挑战带来的国家安全防范压力，教师在中小学国家安全教育过程中存在缺位现象，教师队伍建设的质量和力度无法满足形势发展与社会需求。这就需要通过国家安全全员培训、专题专项培训，建立一支政治意识坚定、理论功底扎实、教学水平过硬的专业骨干教师团队，推动国家安全教育在我国基础教育领域落地生根。

一、全员培训

国家安全作为中小学教育的重要组成部分，广大教师队伍的整体素质是否能够满足在教给学生系统的科学文化知识的同时把国家安全教育落细落实的需要，就显得尤为重要了。这就需要加强开展面向教师的全员培训，将针对全体教职工的学习培训落实到人，全方位提升教师队伍的国家安全意识。

（一）根本任务

当前，各中小学校中的一大部分教师仅关注学生的文化课，把考试成绩当作评价学生的唯一标准，忽视了包括国家安全教育在内的思想政治教育对学生综合能力的塑造。长此下去，不仅会导致教师队伍缺乏国家安全教育实践经历而使相关教学能力薄弱，而且会阻碍学生世界观、人生观和价值观的正向培育，对青少年的全面发展产生消极影响。

国家安全教育的缺乏以及平静稳定的生活使得学生群体很难

从宏观视角考察我国国家安全面临的复杂态势。"生于忧患，死于安乐"，学校和教师必须帮助广大青少年居安思危，牢牢树立起维护国家安全的意识，这是现实情况对中小学教师队伍提出的必然要求。因此，要从端正思想态度，提高教学能力，保障教育质量的根本任务出发，全面开展中小学国家安全教育的教师队伍全员培训。

（二）目标导向

伴随中国特色社会主义迈入新的发展阶段，我国面临的安全环境发生了深刻变化。各种渗透颠覆破坏活动、暴力恐怖活动、民族分裂活动以及宗教极端活动等不断挑战安全底线，国家安全教育的深度、广度和难度都不断增加。"有所了解"和"简单涉猎"已不再能够解决现实困难，国家安全教育对教师群体的专业化要求不断提升。

这就需要中小学国家安全教育教师队伍的全员培训要以教师专业化发展水平为目标导向，引导教师把握国际国内形势热点、重点，增强国家安全认知能力，通过理智分析了解各类现象背后蕴藏的本质问题并提出专业化见解，结合我国国家安全现状，依托课堂向学生渗透国家安全思想。

（三）实际载体

由于现实状况的需要，中小学国家安全教育必须要精准有效落实。这就要求中小学教师队伍培训不能浮在空中、流于表面，要切实以国家安全教育的必要性和重要性为出发点，就全员培训的整体性、集中性和针对性的特点，结合教师群体理解能力、执行能力、学习能力、共情能力较强的优势，充分考虑教师的学段、层次和年龄等因素对于培训效果的影响，设计诸如国家安全专业理论学习、国家安全思想意识讨论、国家安全教育实践技能比拼等多元化活动作为全员培训过程中的实际载体，不断调控培训进程，确保全员培训任务的顺利完成。

（四）主要内容

教育主管部门和学校领导要切实考量各学校的地理位置、发展前景、师资力量和教育教学质量等现实要素，从实际出发确定中小学国家安全教育教师队伍全员培训的主要内容。

第一，加强中小学教师国家安全专业理论知识的培训。要推动教师队伍从总体上看待国家安全，以宏观与微观相结合的方式考虑影响和危害国家安全的因素，学习符合时代发展潮流的国家安全观和国家安全战略。从中小学教育和教师自身出发，探索国家安全教育的合理方法，最终服务于国家安全现实。

第二，加强中小学教师国家安全教育教学技能的培训。教师队伍的教案设计、课堂教学、语言表达等技能都能够对国家安全教育在基础教育环节的有效落实产生重要影响。通过全员培训，大力增强中小学教师国家安全教育的能力和水平，促进中小学教师队伍的发展。

第三，加强中小学教师师风培养和师德教育。近年来，中小学教师道德缺位问题频发，屡见报端。师风师德作为中小学教育的基础性因素，如果出现问题，所有学习培训成果便付诸东流，国家安全教育就会成为无源之水、无本之木，在青少年学生间规范化系统化建立国家安全意识的重要任务也就无从谈起。因此，必须加强中小学教师师风培养和师德教育。

（五）现实意义

第一，国家安全教育全员培训有助于增强中小学教师队伍的思想素质，有利于增强其国家安全意识和思想政治觉悟，不断强化对中小学国家安全教育的重视程度。推动教师在不同层面、不同领域深入理解国家安全观的重要主旨，进而在该群体间形成维护国家安全人人有责的良好风气。

第二，国家安全教育全员培训有助于提升中小学教师队伍的专业水平。训练将有关理论在教育教学工作中进行有效实践的能力，并对教师队伍的知识结构加以拓展完善，使得青少年在课堂中能够接受更加专业化的国家安全教育教学训练，从重点理论、法律体系、社会问题、现实危机等多角度建构与国家安全有关的思想认识。

二、专题专项培训

在师资队伍建设的过程中，需要落实中小学国家安全教师的专题专项培训，在加深总体国家安全观认识的基础上，培养教职工理想信念，守好思想防线，提升政治意识，推动中小学国家安全教育教学取得更好效果。

（一）深化总体国家安全观认识

新形势下的总体国家安全观，是我国新一代中央领导集体依据国内外形势变化和国家发展需要而作出的重要时代论断。其主要内容涵盖了我国社会生活的方方面面，顺应时代要求统筹传统安全和非传统安全，形成了更加科学合理、全面系统的安全观理论体系。要推动国家安全教育取得良好效果，必须让中小学国家安全教育教师深入理解总体国家安全观的理论内涵，正确把握其重要指导意义。这就要求包括学校在内的教育管理部门面向教师群体，积极开展以总体国家安全观和风险防控体制机制建设为主题的专题培训。从根本上强化广大教职工的国家安全意识，提升教师队伍核心素养和中小学国家安全教育教学质量。

树立总体国家安全观和防范化解重大风险意识，极大地推动了国家安全教育的普及化，塑造了重要群体的主体自觉。中小学教师队伍需依托专题专项培训主动学习，不断把思想理论转化为可操作环节落实到日常教育教学中去，在丰富的实践中不断体悟和传播总体国家安全观，提升以青少年群体为重要组成部分的非国家行为体的防范风险能力。

（二）加强教师队伍理想信念教育

理想信念教育是国家安全教育的重要一环。习近平总书记强调，教育要在坚定理想信念上下功夫。中小学教师和教育工作者必须积极参与以思想理论建设、党性教育和道德建设为主要内容的专题专项培训，既志存高远，为国家和社会培养培育合格接班人，又脚踏实地，扎扎实实做好日常教育教学工作。

针对教师队伍的理想信念教育，首先就是要坚持对马克思主义的信仰，对社会主义和共产主义的信念，增强"四个意识"，坚定"四个自信"，始终做到"两个维护"；其次是要紧跟党的理论创新步伐，抓好党的理论创新成果学习，以习近平新时代中国特色社会主义思想为指导，把中华优秀传统文化融入理想信念教育，用一系列符合中国实际的重大原创社会主义理论来武装头脑，指导实践。

中小学教师只有坚定理想信念，强化国家安全意识，才能教育引导学生热爱拥护党和国家，学习国家安全理论，在树立起共产主义远大理想和中国特色社会主义共同理想的基础上，从小事做起，积极投身于维护国家安全的伟大实践中去。

（三）筑牢教师队伍思想防线

国家安全教育的内容丰富，要求教师队伍要将安全防范技能融会贯通于日常教学工作中，这就必须筑牢国家安全的思想防线，常态化、制度化地开展国家安全相关的专项教育。

爱国主义教育和国家安全教育是相辅相成的。习近平明确指出，好老师心中要有国家和民族，要明确意识到肩负的国家使命和社会责任。爱国主义是中华民族的民族心、民族魂，肩负立德树人、培育时代新人重任的教师队伍在新时代爱国主义教育全过程中占据相当重要的地位。要通过对广大中小学教师进行生动的党史、新中国史、改革开放史、社会主义发展史教育，使其在国际与国内、历史与现实的对比和反思中确立爱国主义立场，提升国家安全意识。

只有做到将爱党、爱国和爱社会主义高度统一，教师队伍才能切实筑牢思想防线，不碰国家安全红线，坚守国家安全教育底线，充分发挥其教育作用和榜样作用，利用课堂渗透国家安全思想，引导青少年学生在维护自身安全利益的基础上，立志为维护国家安全作出更大贡献。

（四）提高教师队伍政治意识

所谓政治意识，就是指教师队伍对党和国家有正确的政治认知和政治态度，对马克思主义有坚定的政治信仰，对中国特色社会主义有强烈的政治认同。作为组织者和实施者，中小学教师对开展国家安全教育的重视程度是影响教育效果的重要因素，这就要求其不仅要有过硬的教学技能和专业素质，更要有敏锐的政治意识。积极召开思想政治专题专项培训，提高教师队伍理论水平和政治觉悟，并以此为依据，培养教师快速分辨严重危害国家安全事件的能力，这对于在中小学校园有效开展国家安全教育具有重要意义。

教师队伍要依托政治意识，突出政治站位，明晰政治任务，理清楚国家安全教育的历史逻辑、理论逻辑和实践逻辑。将政治意识作为培育国家安全意识的土壤，明确国家安全风险，将传授防范化解风险的方法技能与学生思想道德培养相结合。在具备良好政治素养和宽广大局视野的基础上，扎根基础教育环节，多渠道、多平台、多形式推进国家安全教育。

三、专业骨干教师培养

为了使国家安全教育更加规范化和系统化，学校应重点选拔和培育一批精通国家安全教育理论的专业骨干教师，打造一支立场坚定、业务精湛、结构合理的国家安全教育师资队伍。

（一）基本要求

1.增强政治觉悟，强化责任担当

作为国家安全教育的专业骨干教师，必须拥有坚定的共产主义信仰，用马克思主义理论武装头脑、指导实践；必须热爱祖国，坚决拥护中国共产党的领导。在高度的政治觉悟的指引下，牢固树立国家安全教育意识，分辨危害国家安全的各种行为，并与之做坚决斗争。从中小学教育的角度出发，在理论自觉和行动自觉两个方面为坚决维护国家安全作出贡献。

2.强化理论基础，提高理论水平

作为国家安全教育的专业骨干教师，必须熟知各种专业理论知识，熟练掌握有关国家安全的各类法律法规和规章制度。能够充分了解中小学国家安全教育有关要求并结合自身思维形成能落实、有效果、可完善的经验范式，通过学习锻炼能够具备较高的政策理论水平，在中小学课堂上涵养学生国家安全意识，进一步增强其对国家安全教育的理解感悟。

3.提升业务素养，锻炼教学技能

作为国家安全教育的专业骨干教师，必须提高自身的综合素质，锤炼自身的国家安全教育实践能力，通过各类培训努力消除对国家安全教育教学工作的不熟悉、不适应，在备课、授课、课后总结等重点环节中掌握各项业务技能。专业骨干教师不仅要能承担起对外讲授国家安全公开课、参加教育科研、担任管理岗位的任务，也要能践行好在一线教学岗位依托理论优势发挥引领作用的责任，为丰富国家安全教育理论和实践方法宝库贡献力量。

（二）培养方式

1.完善中小学国家安全教育专业骨干教师培养目标体系

一方面，学校要不断提升专业骨干教师政治素养和道德修养，强化师风师德建设，将国家安全教育贯穿培养全过程，深化骨干教师队伍家国情怀，能够处理好个人、社会和国家三者之间的关系，自觉把自身从事的中小学国家安全教育工作同国家的安全稳定和中华民族的伟大复兴有机结合起来。将教师群体培养为具有集体意识、大局意识、纪律意识和安全意识的专业骨干队伍。

另一方面，学校应当遵循专业骨干教师成长规律，根据中小学国家安全教育的现实需要，就不同学段对不同层次的教师提出差异化要求，推进教师加快角色转换，在角色定位、思想认同和教育实践层面开辟一条助力自身进步的独特道路。

2.拓展中小学国家安全教育专业骨干教师教育培训途径

加强中小学国家安全专业骨干教师培训必须依托国家安全学学科建设发展大势，大力引进高端人才，扩充中小学国家安全教育师资队伍，提升国家安全教育综合实力，逐步形成以老带新、专兼结合的教师培养模式；必须注重培养引导教师队伍的成果积累意识，鼓励专业骨干教师在适应中小学国家安全教育规律上下功夫，在提炼教育教学实践经验上下功夫，在总结国家安全教育所取得的有效成果上下功夫，有所积累，不断前行；必须加强教育部门和各中小学间的相互配合，积极开展以国家安全教育为核心要素的各类活动，如示范课、观摩课、教师演讲比赛和课件评比大赛，暴露缺陷、突出优势，针对实际问题进行具体分析，组织好骨干教师队伍。

3.建立中小学国家安全教育专业骨干教师成长鼓励机制

鼓励机制是推动专业骨干教师加快成长的重要手段。通过设立评审督导制度，将全体教师的年度考核、年终效益分配以及职务晋升与国家安全教育落实状况挂钩。对通过择优选拔出来的专业骨干教师队伍，应对其薪资、职称、福利待遇、生活保障等实行激励政策，增强教职工积极性和主动性，保障中小学国家安全教育取得切实成效。

（三）重要意义

加强国家安全教育骨干教师培养，有利于为中小学国家安全教育事业培养人才、积蓄力量。专业骨干教师作为中小学国家安全教育的执行者，其作用无可替代，打造一支视野前瞻、学术精良、责任感强、宣讲技巧过硬的国家安全教育专业教师队伍刻不容缓。不断提升中小学教师的综合素质，挑选一批拥有扎实理论功底和丰富从教经验的核心成员，培养组建专业骨干人才队伍，为中小学国家安全教育的可持续发展储备力量。

有利于推动中小学基础教育与国家安全教育的融合发展。专业骨干教师队伍的培训，极大提升中小学国家安全教育质量，推进国家安全教育展现出磅礴生命力，使广大学生在人生的起步阶段就能够树立国家安全意识，系好人生"第一粒扣子"，坚定不移为国家安全社会稳定作出贡献。

有利于坚持走中国特色国家安全道路，维护国家安全。走中国特色国家安全道路，是国家安全工作能否掌握主动权，迈上新高度的关键所在，是顺应国家安全形势新变化，创造国家安全新局面的迫切需要，这也对中小学国家安全教育提出更加严格的要求。培养专业骨干教师有助于坚定教师队伍政治信仰，坚持国家利益至上，拥护党对国家安全工作的绝对领导，通过落实好中小学国家安全教育来践行人民安全的宗旨，保障中国特色国家安全道路行稳致远。

本章小结

在本章中,我们探究了我国国家安全法律体系和有关政策文件,强化了对中小学国家安全教育的组织领导、督导检查以及专业指导的理解和认识,充分了解了中小学国家安全教育对专业骨干教师的高标准、严要求,以及加强师资队伍建设需要做出的努力和行动。这不仅对深入开展中小学国家安全教育,全面提升教育教学质量提出针对性意见,而且为教育部门和学校管理人员推进国家安全教育工作提供了理论依据。

理解反思探究

1.你还知道哪些有关中小学国家安全教育的法律法规?试举二三例并探究其重要意义。

2.如何理解党对国家安全工作的绝对领导是根本政治原则?

3.现阶段我国中小学国家安全教育的学术研究有什么样的特点?如何完善中小学国家安全教育评估服务体系?

4.师资队伍建设在中小学国家安全教育中发挥何种作用?怎样发挥其作用?

拓展阅读导航

1.中共中央党史和文献研究院.习近平关于总体国家安全观论述摘编[M].北京:中央文献出版社,2018.

2.《总体国家安全观干部读本》编委会.总体国家安全观干部读本[M].北京:人民出版社,2016.

3.《总体国家安全观教育读本》编写组.总体国家安全观教育读本[M].北京:光明日报出版社,2016.

4.《国家安全知识百问》编写组.国家安全知识百问[M].北京：人民出版社，2020.

5.中华人民共和国国家安全法[M].北京：中国法制出版社，2015.

6.全国人大常委会法制工作委员会国家法室.中华人民共和国国家安全法解读[M].北京：中国法制出版社，2016.

7.中华人民共和国国家情报法[M].北京：法律出版社，2017.

8.郑淑娜.《中华人民共和国国家安全法》导读与释义[M].北京：中国民主法制出版社，2016.

9.法律出版社法规中心.中华人民共和国国家安全法律法规汇编：2版[M].北京：法律出版社，2019.

参考文献

[1]习近平.习近平谈治国理政：第一卷[M].北京：外文出版社，2014.

[2]习近平.习近平谈治国理政：第二卷[M].北京：外文出版社，2017.

[3]习近平.习近平谈治国理政：第三卷[M].北京：外文出版社，2020.

[4]中共中央党史和文献研究院.习近平关于总体国家安全观论述摘编[M].北京：中央文献出版社，2018.

[5]习近平.决胜全面建成小康社会夺取新时代中国特色社会主义伟大胜利——在中国共产党第十九次全国代表大会上的报告[M].北京：人民出版社，2017.

[6]习近平.高度警惕国家被侵略被颠覆被分裂的危险[N].解放军报，2016-01-14.

[7]习近平.在国家安全工作座谈会上的讲话[N].人民日报，2017-

2-18.

[8]习近平.在十八届中央政治局第十三次集体学习时的讲话[N].人民日报，2014-2-26.

[9]习近平.在中央国家安全委员会第一次会议上的讲话[N].人民日报，2014-4-16.

[10]《总体国家安全观干部读本》编委会.总体国家安全观干部读本[M].北京：人民出版社，2016.

[11]《总体国家安全观教育读本》编写组.总体国家安全观教育读本[M].北京：光明日报出版社，2016.

[12]中国共产党第十九次全国代表大会文件汇编[M].北京：人民出版社，2017.

[13]中共中央文献研究室.习近平关于社会主义社会建设论述摘编[M].北京：中央文献出版社，2017.

[14]中共中央文献研究室.习近平关于全面深化改革论述摘编[M].北京：中央文献出版社，2014.

[15]中共中央文献研究室.习近平关于社会主义文化建设论述摘编[M].北京：中央文献出版社，2017.

[16]中共中央宣传部.习近平新时代中国特色社会主义思想学习纲要[M].北京：学习出版社，人民出版社，2019.

[17]中共中央宣传部.习近平新时代中国特色社会主义思想三十

讲[M].北京：学习出版社，2018.

[18]国安宣.坚持以总体国家安全观为指导全面深入推进国家安全法治建设——写在国家安全法颁布实施五周年之际[N].人民日报，2020-7-1(13).

[19]十四、坚决维护国家主权、安全、发展利益[N].人民日报，2019-08-09(6).

[20]闻言.深入学习习近平外交思想，努力开创中国特色大国外交新局面[N].人民日报，2020-01-06(6).

[21]许树然.重视国家安全教育办好社会主义学校[N].汕头日报，2020-04-15(4).

[22]王浦劬等.政治学基础：4版[M].北京：北京大学出版社，2018.

[23]胡惠林.国家文化安全学[M].北京：清华大学出版社，2016.

[24]王建平.公民安全、社会安全与国家安全[M].成都：四川大学出版社，2018.

[25]赵青海.可持续海洋安全：问题与应对[M].北京：世界知识出版社，2013.

[26]刘锋.南海开发与安全战略[M].北京：学习出版社，2013.

[27]普通高中课程方案和语文等学科课程标准（2017年版）[M].

人民教育出版社，中华人民共和国教育部，2018.

[28]中华人民共和国教育部.教育部印发《关于加强大中小学国家安全教育的实施意见》[EB/OL].[2018-04-13].http：//www.moe.gov.cn/jyb_xwfb/gzdt_gzdt/s5987/201804/t20180413_333028.html.

[29]刘万侠.当前国际战略形势及中国的战略选择[J].前线，2020(4)：15-18.

[30]蒋熙辉.统筹发展和安全，走中国特色国家安全道路——深入学习习近平总书记总体国家安全观思想[J].人民论坛，2017(32)：48-51.

[31]颜晓峰.习近平总书记关于防范风险挑战重要论述的三维释读[J].求索，2020(04)：22-28.

[32]刘跃进.总体国家安全观：民心基础与理论溯源[J].人民论坛，2014(11)：24-27.

[33]向帅.加强国家安全教育少年儿童不能"缺席"[J].甘肃教育，2020(08)：17.

[34]崔德华.习近平治国理政中的风险防范观研究[J].中共成都市委党校学报，2019(06)：5-11.

[35]马宝成.总体国家安全观：一项战略学的分析[J].公安学研究，2020(03)：1-18.

[36]丁磊.加强总体国家安全观教育的思考[J].思想政治课教学，2017(12)：9-12.

[37]张然,许苏明.习近平总体国家安全观战略思想探析[J].思想理论教育导刊,2017(01):54-58.

[38]李文良.国家安全:问题、逻辑及其学科建设[J].国际安全研究,2020(4):3-23.

[39]黄长健.新时代高校国家安全教育课程建设刍议[J].教育现代化,2019(105):156-157.

[40]王小叶.中小学国家安全教育课程实践及启思——以江苏省中小学国家安全教育课程为例[J].基础教育课程,2018(13):17-23.

[41]郑声文.中外青少年国家安全意识教育的比较[J].中国德育,2015(04):32-36.

[42]严华,朱建纲.坚持总体国家安全观[M].长沙:湖南教育出版社,2017.

[43]尚伟.总体国家安全观[M].北京:人民日报出版社,2020.

[44]侯娜,池志培.总体国家安全观研究新探[M].北京:中国商务出版社,2020.

[45]全国干部培训教材编审指导委员会.全面践行总体国家安全观[M].北京:党建读物出版社,2019.

[46]孙云."百年未有之大变局"背景下中外人文交流的挑战与对策[J].中国社会科学内部文稿,2020(03):57-70.

[47]江锡华.总体国家安全观大格局思维分析[J].毛泽东邓小平理论研究,2020(05):22-26.

[48]孙东方.坚持总体国家安全观防范化解重大风险[J].中国党政干部论坛，2020(05)：59-62.

[49]郑旭涛.总体国家安全观：新时代中国国家治理的重要指导思想[J].学习与探索，2020(01)：44-50.

[50]孙东方.习近平总体国家安全观核心要义与实践要求[J].理论视野，2019(12)：29-34.

[51]杨海.总体国家安全观中的"总体性"探析[J].马克思主义研究，2019(12)：54-63.

[52]陈维.总体国家安全观：全球安全治理的中国智慧[J].党建，2019(06)：21-22.

[53]生忠军.总体国家安全观：形成背景、基本原则和重要任务[J].中共福建省委党校学报，2019(01)：17-23.

[54]鞠丽华.习近平总体国家安全观探析[J].山东社会科学，2018(09)：17-22.

[55]唐永胜.超越传统的国家安全战略[J].世界经济与政治，2004(06)：32-36.

[56]张金海，马振超，朱旭东，等.总体国家安全观研究的系统性文献综述[J].情报杂志，2020(05)：9-16.

[57]本刊编辑部.牢固树立认真贯彻总体国家安全观开创新形势下国家安全工作新局面[J].紫光阁，2017(03)：9.

[58]周叶中，庞远福.论国家安全法：模式、体系与原则[J].社会

科学文摘,2016(07):20-22.

[59]游志强.法教义学视域下的《反分裂国家法》[J].海峡法学,2019,21(02):13-25.

[60]马振清,修丽.中小学国家安全意识教育的问题与对策[J].中国德育,2015(04):23-27.

[61]何怀远.中国特色国家安全道路的新探索[J].思想理论教育导刊,2017(02):37-41.

[62]刘跃进.以总体国家安全观构建国家安全总体布局[J].人民论坛,2017(34):38-40.

[63]尚洪波,王刚.新时代推动理想信念教育常态化、制度化的三重逻辑[J].南京师大学报(社会科学版),2020(04):102-110.

[64]卜浩然.新时代高校国家安全教育体系建设的思考[J].北京教育(高教版),2018(12):62-64.

[65]刘跃进.非传统的总体国家安全观[J].国际安全研究,2014(06):3-25.

[66]赵庆寺.新时代高校国家安全教育的理念、逻辑与路径[J].思想理论教育,2019(07):99-105.

[67]张振声,沈小龙.中小学国家安全意识教育的定位与方式[J].中国德育,2015(04):28-31.

[68]谢卓芝,谢撼澜."总体国家安全观"研究综述[J].理论视野,2016(05):65-70.

[69]卢静.习近平为何要提出总体国家安全观[J].人民论坛,2017(29):38-39.

附　录

中华人民共和国国家安全法

（2015年7月1日第十二届全国人民代表大会常务委员会第十五次会议通过）

目　录

第一章　总则

第二章　维护国家安全的任务

第三章　维护国家安全的职责

第四章　国家安全制度

第一节　一般规定

第二节　情报信息

第三节　风险预防、评估和预警

第四节　审查监管

第五节　危机管控

第五章　国家安全保障

第六章　公民、组织的义务和权利

第七章　附则

第一章　总则

第一条　为了维护国家安全，保卫人民民主专政的政权和中国特色社会主义制度，保护人民的根本利益，保障改革开放和社会主义现代化建设的顺利进行，实现中华民族伟大复兴，根据宪法，制定本法。

第二条　国家安全是指国家政权、主权、统一和领土完整、人民福祉、经济社会可持续发展和国家其他重大利益相对处于没有危险和不受内外威胁的状态，以及保障持续安全状态的能力。

第三条　国家安全工作应当坚持总体国家安全观，以人民安全为宗旨，以政治安全为根本，以经济安全为基础，以军事、文化、社会安全为保障，以促进国际安全为依托，维护各领域国家安全，构建国家安全体系，走中国特色国家安全道路。

第四条　坚持中国共产党对国家安全工作的领导，建立集中统一、高效权威的国家安全领导体制。

第五条　中央国家安全领导机构负责国家安全工作的决策和议事协调，研究制定、指导实施国家安全战略和有关重大方针政策，统筹协调国家安全重大事项和重要工作，推动国家安全法治建设。

第六条　国家制定并不断完善国家安全战略，全面评估国际、国内安全形势，明确国家安全战略的指导方针、中长期目标、重点领域的国家安全政策、工作任务和措施。

第七条　维护国家安全，应当遵守宪法和法律，坚持社会主义法治原则，尊重和保障人权，依法保护公民的权利和自由。

第八条　维护国家安全，应当与经济社会发展相协调。

国家安全工作应当统筹内部安全和外部安全、国土安全和国民安全、传统安全和非传统安全、自身安全和共同安全。

第九条　维护国家安全，应当坚持预防为主、标本兼治，专门工作与群众路线相结合，充分发挥专门机关和其他有关机关维护国家安全的职能作用，广泛动员公民和组织，防范、制止和依法惩治危害国家安全的行为。

第十条　维护国家安全，应当坚持互信、互利、平等、协作，积极同外国政府和国际组织开展安全交流合作，履行国际安全义务，促进共同安全，维护世界和平。

第十一条　中华人民共和国公民、一切国家机关和武装力量、各政党和各人民团体、企业事业组织和其他社会组织，都有维护国家安全的责任和义务。

中国的主权和领土完整不容侵犯和分割。维护国家主权、统一和领土完整是包括港澳同胞和台湾同胞在内的全中国人民的共同义务。

第十二条　国家对在维护国家安全工作中作出突出贡献的个人和组织给予表彰和奖励。

第十三条　国家机关工作人员在国家安全工作和涉及国家安全活动中，滥用职权、玩忽职守、徇私舞弊的，依法追究法律责任。

任何个人和组织违反本法和有关法律，不履行维护国家安全义务或者从事危害国家安全活动的，依法追究法律责任。

第十四条　每年4月15日为全民国家安全教育日。

第二章　维护国家安全的任务

第十五条　国家坚持中国共产党的领导，维护中国特色社会主义制度，发展社会主义民主政治，健全社会主义法治，强化权力运行制约和监督机制，保障人民当家作主的各项权利。

国家防范、制止和依法惩治任何叛国、分裂国家、煽动叛乱、颠覆或者煽动颠覆人民民主专政政权的行为；防范、制止和依法惩治窃取、泄露国家秘密等危害国家安全的行为；防范、制止和依法惩治境外势力的渗透、破坏、颠覆、分裂活动。

第十六条 国家维护和发展最广大人民的根本利益，保卫人民安全，创造良好生存发展条件和安定工作生活环境，保障公民的生命财产安全和其他合法权益。

第十七条 国家加强边防、海防和空防建设，采取一切必要的防卫和管控措施，保卫领陆、内水、领海和领空安全，维护国家领土主权和海洋权益。

第十八条 国家加强武装力量革命化、现代化、正规化建设，建设与保卫国家安全和发展利益需要相适应的武装力量；实施积极防御军事战略方针，防备和抵御侵略，制止武装颠覆和分裂；开展国际军事安全合作，实施联合国维和、国际救援、海上护航和维护国家海外利益的军事行动，维护国家主权、安全、领土完整、发展利益和世界和平。

第十九条 国家维护国家基本经济制度和社会主义市场经济秩序，健全预防和化解经济安全风险的制度机制，保障关系国民经济命脉的重要行业和关键领域、重点产业、重大基础设施和重大建设项目以及其他重大经济利益安全。

第二十条 国家健全金融宏观审慎管理和金融风险防范、处置机制，加强金融基础设施和基础能力建设，防范和化解系统性、区域性金融风险，防范和抵御外部金融风险的冲击。

第二十一条　国家合理利用和保护资源能源，有效管控战略资源能源的开发，加强战略资源能源储备，完善资源能源运输战略通道建设和安全保护措施，加强国际资源能源合作，全面提升应急保障能力，保障经济社会发展所需的资源能源持续、可靠和有效供给。

第二十二条　国家健全粮食安全保障体系，保护和提高粮食综合生产能力，完善粮食储备制度、流通体系和市场调控机制，健全粮食安全预警制度，保障粮食供给和质量安全。

第二十三条　国家坚持社会主义先进文化前进方向，继承和弘扬中华民族优秀传统文化，培育和践行社会主义核心价值观，防范和抵制不良文化的影响，掌握意识形态领域主导权，增强文化整体实力和竞争力。

第二十四条　国家加强自主创新能力建设，加快发展自主可控的战略高新技术和重要领域核心关键技术，加强知识产权的运用、保护和科技保密能力建设，保障重大技术和工程的安全。

第二十五条　国家建设网络与信息安全保障体系，提升网络与信息安全保护能力，加强网络和信息技术的创新研究和开发应用，实现网络和信息核心技术、关键基础设施和重要领域信息系统及数据的安全可控；加强网络管理，防范、制止和依法惩治网络攻击、网络入侵、网络窃密、散布违法有害信息等网络违法犯罪行为，维护国家网络空间主权、安全和发展利益。

第二十六条 国家坚持和完善民族区域自治制度，巩固和发展平等团结互助和谐的社会主义民族关系。坚持各民族一律平等，加强民族交往、交流、交融，防范、制止和依法惩治民族分裂活动，维护国家统一、民族团结和社会和谐，实现各民族共同团结奋斗、共同繁荣发展。

第二十七条 国家依法保护公民宗教信仰自由和正常宗教活动，坚持宗教独立自主自办的原则，防范、制止和依法惩治利用宗教名义进行危害国家安全的违法犯罪活动，反对境外势力干涉境内宗教事务，维护正常宗教活动秩序。

国家依法取缔邪教组织，防范、制止和依法惩治邪教违法犯罪活动。

第二十八条 国家反对一切形式的恐怖主义和极端主义，加强防范和处置恐怖主义的能力建设，依法开展情报、调查、防范、处置以及资金监管等工作，依法取缔恐怖活动组织和严厉惩治暴力恐怖活动。

第二十九条 国家健全有效预防和化解社会矛盾的体制机制，健全公共安全体系，积极预防、减少和化解社会矛盾，妥善处置公共卫生、社会安全等影响国家安全和社会稳定的突发事件，促进社会和谐，维护公共安全和社会安定。

第三十条 国家完善生态环境保护制度体系，加大生态建设和环境保护力度，划定生态保护红线，强化生态风险的预警和防控，妥善处置突发环境事件，保障人民赖以生存发展的大气、水、土壤等自然环境和条件不受威胁和破坏，促进人与自然和谐发展。

第三十一条 国家坚持和平利用核能和核技术，加强国际合作,防止核扩散,完善防扩散机制,加强对核设施、核材料、核活动和核废料处置的安全管理、监管和保护,加强核事故应急体系和应急能力建设,防止、控制和消除核事故对公民生命健康和生态环境的危害,不断增强有效应对和防范核威胁、核攻击的能力。

第三十二条　国家坚持和平探索和利用外层空间、国际海底区域和极地,增强安全进出、科学考察、开发利用的能力,加强国际合作,维护我国在外层空间、国际海底区域和极地的活动、资产和其他利益的安全。

第三十三条　国家依法采取必要措施,保护海外中国公民、组织和机构的安全和正当权益,保护国家的海外利益不受威胁和侵害。

第三十四条　国家根据经济社会发展和国家发展利益的需要,不断完善维护国家安全的任务。

第三章　维护国家安全的职责

第三十五条　全国人民代表大会依照宪法规定,决定战争和和平的问题,行使宪法规定的涉及国家安全的其他职权。

全国人民代表大会常务委员会依照宪法规定,决定战争状态的宣布,决定全国总动员或者局部动员,决定全国或者个别省、自治区、直辖市进入紧急状态,行使宪法规定的和全国人民代表大会授予的涉及国家安全的其他职权。

第三十六条　中华人民共和国主席根据全国人民代表大会的决定和全国人民代表大会常务委员会的决定,宣布进入紧急状态,宣布战争状态,发布动员令,行使宪法规定的涉及国家安全的其他职权。

第三十七条　国务院根据宪法和法律，制定涉及国家安全的行政法规，规定有关行政措施，发布有关决定和命令；实施国家安全法律法规和政策；依照法律规定决定省、自治区、直辖市的范围内部分地区进入紧急状态；行使宪法法律规定的和全国人民代表大会及其常务委员会授予的涉及国家安全的其他职权。

第三十八条　中央军事委员会领导全国武装力量，决定军事战略和武装力量的作战方针，统一指挥维护国家安全的军事行动，制定涉及国家安全的军事法规，发布有关决定和命令。

第三十九条　中央国家机关各部门按照职责分工，贯彻执行国家安全方针政策和法律法规，管理指导本系统、本领域国家安全工作。

第四十条　地方各级人民代表大会和县级以上地方各级人民代表大会常务委员会在本行政区域内，保证国家安全法律法规的遵守和执行。

地方各级人民政府依照法律法规规定管理本行政区域内的国家安全工作。

香港特别行政区、澳门特别行政区应当履行维护国家安全的责任。

第四十一条　人民法院依照法律规定行使审判权，人民检察院依照法律规定行使检察权，惩治危害国家安全的犯罪。

第四十二条　国家安全机关、公安机关依法搜集涉及国家安全的情报信息，在国家安全工作中依法行使侦查、拘留、预审和执行逮捕以及法律规定的其他职权。

有关军事机关在国家安全工作中依法行使相关职权。

第四十三条 国家机关及其工作人员在履行职责时，应当贯彻维护国家安全的原则。

国家机关及其工作人员在国家安全工作和涉及国家安全活动中，应当严格依法履行职责，不得超越职权、滥用职权，不得侵犯个人和组织的合法权益。

第四章 国家安全制度

第一节 一般规定

第四十四条 中央国家安全领导机构实行统分结合、协调高效的国家安全制度与工作机制。

第四十五条 国家建立国家安全重点领域工作协调机制，统筹协调中央有关职能部门推进相关工作。

第四十六条 国家建立国家安全工作督促检查和责任追究机制，确保国家安全战略和重大部署贯彻落实。

第四十七条 各部门、各地区应当采取有效措施，贯彻实施国家安全战略。

第四十八条 国家根据维护国家安全工作需要，建立跨部门会商工作机制，就维护国家安全工作的重大事项进行会商研判，提出意见和建议。

第四十九条 国家建立中央与地方之间、部门之间、军地之间以及地区之间关于国家安全的协同联动机制。

第五十条 国家建立国家安全决策咨询机制，组织专家和有关方面开展对国家安全形势的分析研判，推进国家安全的科学决策。

第二节 情报信息

第五十一条 国家健全统一归口、反应灵敏、准确高效、运转顺畅的情报信息收集、研判和使用制度，建立情报信息工作协调机制，实现情报信息的及时收集、准确研判、有效使用和共享。

第五十二条 国家安全机关、公安机关、有关军事机关根据职责分工，依法搜集涉及国家安全的情报信息。

国家机关各部门在履行职责过程中，对于获取的涉及国家安全的有关信息应当及时上报。

第五十三条 开展情报信息工作，应当充分运用现代科学技术手段，加强对情报信息的鉴别、筛选、综合和研判分析。

第五十四条 情报信息的报送应当及时、准确、客观，不得迟报、漏报、瞒报和谎报。

第三节 风险预防、评估和预警

第五十五条 国家制定完善应对各领域国家安全风险预案。

第五十六条 国家建立国家安全风险评估机制，定期开展各领域国家安全风险调查评估。

有关部门应当定期向中央国家安全领导机构提交国家安全风险评估报告。

第五十七条 国家健全国家安全风险监测预警制度，根据国家安全风险程度，及时发布相应风险预警。

第五十八条 对可能即将发生或者已经发生的危害国家安全的事件，县级以上地方人民政府及其有关主管部门应当立即按照规定向上一级人民政府及其有关主管部门报告，必要时可以越级上报。

第四节 审查监管

第五十九条 国家建立国家安全审查和监管的制度和机制，对影响或者可能影响国家安全的外商投资、特定物项和关键技术、网络信息技术产品和服务、涉及国家安全事项的建设项目，以及其他重大事项和活动，进行国家安全审查，有效预防和化解国家安全风险。

第六十条 中央国家机关各部门依照法律、行政法规行使国家安全审查职责，依法作出国家安全审查决定或者提出安全审查意见并监督执行。

第六十一条 省、自治区、直辖市依法负责本行政区域内有关国家安全审查和监管工作。

第五节 危机管控

第六十二条 国家建立统一领导、协同联动、有序高效的国家安全危机管控制度。

第六十三条 发生危及国家安全的重大事件，中央有关部门和有关地方根据中央国家安全领导机构的统一部署，依法启动应急预案，采取管控处置措施。

第六十四条 发生危及国家安全的特别重大事件，需要进入紧急状态、战争状态或者进行全国总动员、局部动员的，由全国人民代表大会、全国人民代表大会常务委员会或者国务院依照宪法和有关法律规定的权限和程序决定。

第六十五条 国家决定进入紧急状态、战争状态或者实施国防动员后，履行国家安全危机管控职责的有关机关依照法律规定或者全国人民代表大会常务委员会规定，有权采取限制公民和组织权利、增加公民和组织义务的特别措施。

第六十六条 履行国家安全危机管控职责的有关机关依法采取

处置国家安全危机的管控措施，应当与国家安全危机可能造成的危害的性质、程度和范围相适应；有多种措施可供选择的，应当选择有利于最大程度保护公民、组织权益的措施。

第六十七条 国家健全国家安全危机的信息报告和发布机制。

国家安全危机事件发生后，履行国家安全危机管控职责的有关机关，应当按照规定准确、及时报告，并依法将有关国家安全危机事件发生、发展、管控处置及善后情况统一向社会发布。

第六十八条 国家安全威胁和危害得到控制或者消除后，应当及时解除管控处置措施，做好善后工作。

第五章　国家安全保障

第六十九条 国家健全国家安全保障体系，增强维护国家安全的能力。

第七十条 国家健全国家安全法律制度体系，推动国家安全法治建设。

第七十一条 国家加大对国家安全各项建设的投入，保障国家安全工作所需经费和装备。

第七十二条 承担国家安全战略物资储备任务的单位，应当按照国家有关规定和标准对国家安全物资进行收储、保管和维护，定期调整更换，保证储备物资的使用效能和安全。

第七十三条 鼓励国家安全领域科技创新，发挥科技在维护国家安全中的作用。

第七十四条 国家采取必要措施，招录、培养和管理国家安全工作专门人才和特殊人才。

根据维护国家安全工作的需要，国家依法保护有关机关专门从事国家安全工作人员的身份和合法权益，加大人身保护和安置保障力度。

第七十五条 国家安全机关、公安机关、有关军事机关开展国家安全专门工作，可以依法采取必要手段和方式，有关部门和地方应当在职责范围内提供支持和配合。

第七十六条 国家加强国家安全新闻宣传和舆论引导，通过多种形式开展国家安全宣传教育活动，将国家安全教育纳入国民教育体系和公务员教育培训体系，增强全民国家安全意识。

第六章 公民、组织的义务和权利

第七十七条 公民和组织应当履行下列维护国家安全的义务：

（一）遵守宪法、法律法规关于国家安全的有关规定；

（二）及时报告危害国家安全活动的线索；

（三）如实提供所知悉的涉及危害国家安全活动的证据；

（四）为国家安全工作提供便利条件或者其他协助；

（五）向国家安全机关、公安机关和有关军事机关提供必要的支持和协助；

（六）保守所知悉的国家秘密；

（七）法律、行政法规规定的其他义务。

任何个人和组织不得有危害国家安全的行为，不得向危害国家安全的个人或者组织提供任何资助或者协助。

第七十八条　机关、人民团体、企业事业组织和其他社会组织应当对本单位的人员进行维护国家安全的教育，动员、组织本单位的人员防范、制止危害国家安全的行为。

第七十九条　企业事业组织根据国家安全工作的要求，应当配合有关部门采取相关安全措施。

第八十条　公民和组织支持、协助国家安全工作的行为受法律保护。

因支持、协助国家安全工作，本人或者其近亲属的人身安全面临危险的，可以向公安机关、国家安全机关请求予以保护。公安机关、国家安全机关应当会同有关部门依法采取保护措施。

第八十一条　公民和组织因支持、协助国家安全工作导致财产损失的，按照国家有关规定给予补偿；造成人身伤害或者死亡的，按照国家有关规定给予抚恤优待。

第八十二条　公民和组织对国家安全工作有向国家机关提出批评建议的权利，对国家机关及其工作人员在国家安全工作中的违法失职行为有提出申诉、控告和检举的权利。

第八十三条　在国家安全工作中，需要采取限制公民权利和自由的特别措施时，应当依法进行，并以维护国家安全的实际需要为限度。

第七章　附则

第八十四条　本法自公布之日起施行。

后 记

《中小学国家安全教育教程》经历为期近一年的研讨、编写和修改，终于要出版了，我感慨良多。回想编写的初衷、目标以及书稿成型的过程，既有收获的喜悦，又有些许遗憾。两年多来，在相关部门的组织下，陕西师范大学作为组长牵头单位研制了《大中小学国家安全教育指导纲要》。我作为《大中小学国家安全教育指导纲要》研制的核心成员，在协同教育部教材局和其他领导部门召集国内相关领域专家学者研制过程中，深感责任重大，也深感开展中小学国家安全教育的必要性和紧迫性。随着《大中小学国家安全教育指导纲要》的发布，中小学国家安全教育的教材或读本将陆续出版，但作为一个新的教育教学领域，教师如何准确理解和把握其总体要求和教学内容直接关系到教学目标的实现。这是我作为《大中小学国家安全教育指导纲要》研制者一直思考的问题，由此萌发了主编一部服务于教师和教育管理干部的专门教材的想法。2019年底，《大中小学国家安全教育指导纲要》研制基本完成，由于深悉其指导思想、意图及其内容，所以较快地确立了本书编写思路。2020年初，经过多轮研讨，拟定了本书的编写提纲和编写体例。历经数月，完成初稿，并在研讨基础上多次修改。然后，组织统稿、送审和专门研讨会，充分吸收相关专家审稿意见，对书稿进一步修改，保证了书稿的编写质量。

作为国内第一部专门供中小学教师和教育管理干部使用的国家安全教育教材，本书编写坚持以习近平新时代中国特色社会主义思想为指导，全面深入贯彻总体国家安全观，及时准确贯彻《大中小学国家安全教育指导纲要》的要求和精神，充分反映中小学国家安全教育的指导思想、重要意义、总体要求、目标任务、主要内容、实现路径、机制保障等。全书立意高远、内容翔实，有较强的思想性、时代性和可读性，达到了我们编写的预定目标，有助于中小学教师和教育管理干部立足于自己工作岗位推动学校国家安全教育进一步有效开展。

本书编写得到陕西师范大学原党委书记程光旭教授、校长兼国家安全教育研究院院长游旭群教授的悉心指导和大力支持；编写过程中，王涛、李琪、白建才教授等部分《大中小学国家安全教育指导纲要》研制专家，在提纲拟定、书稿撰写、初稿修改、内容审定等环节，提出了大量专业而中肯的指导意见；陕西师范大学副校长任晓伟教授和教师干部教育学院杨晓东院长以及其他高校的多位专家会同数位中小学教师审读了书稿。陕西师范大学出版总社刘东风社长和编辑高效地开展各项工作，为本书的编写和出版提供了专业支持。本书能够在较短时间内面世，离不开上述领导和专家的关心支持，在此一并表示感谢！

本书由相关领域专家共同编写，合作完成。各章撰写情况如下：第一章，马瑞映；第二章，孙云、魏德平；第三章，郭祥超、葛薇、崔靖晨；第四章、第五章，杨松；第六章，柯西钢、游艺、张驰；第七章，张琳、王永和。全书由马瑞映、柯西钢、郭祥超负责统稿，雷文清、肖戈、崔靖晨在文字校对、文献整理等方面做了大量繁杂而细致的工作。在本书即将付梓之际，真诚感谢各位作者的共同努力和团结协作！

本书编写过程中，各章作者吸收借鉴并充分使用了国内诸多相关专家学者的研究成果，由于是教材，不方便将这些研究成果一一列举和注释，只能择其要者以适当方式呈现。在此对启发本书编写工作的所有研究成果的作者一并表达谢意和敬意！对相关研究成果的处理若有不当之处，还望相关学者海涵。

虽然全体作者在本书的总体框架设计、具体内容选择和体例编排上竭尽全力，但由于是国内第一次尝试编写中小学国家安全教育方面的教材，难免有诸多疏漏与不妥之处，恳请广大学者和读者不吝赐教并给予斧正，以便我们今后进一步做好修订工作。

马瑞映

2020年10月于西安